AÇÃO DIRETA DA VÍTIMA NO SEGURO DE RESPONSABILIDADE CIVIL

CONTRACORRENTE

GUSTAVO DE MEDEIROS MELO

AÇÃO DIRETA DA VÍTIMA NO SEGURO DE RESPONSABILIDADE CIVIL

São Paulo

2016

CONTRACORRENTE

Copyright © **EDITORA CONTRACORRENTE**
Rua Dr. Cândido Espinheira, 560 | 3º andar
São Paulo – SP – Brasil | CEP 05004 000
www.editoracontracorrente.com.br
contato@editoracontracorrente.com.br

Editores

Camila Almeida Janela Valim
Gustavo Marinho de Carvalho
Rafael Valim

Conselho Editorial

Augusto Neves Dal Pozzo
(Pontifícia Universidade Católica de São Paulo – PUC/SP)

Daniel Wunder Hachem
(Universidade Federal do Paraná - UFPR)

Emerson Gabardo
(Universidade Federal do Paraná - UFPR)

Gilberto Bercovici
(Universidade de São Paulo - USP)

Heleno Taveira Torres
(Universidade de São Paulo - USP)

Jaime Rodríguez-Arana Muñoz
(Universidade de La Coruña – Espanha)

Pablo Ángel Gutiérrez Colantuono
(Universidade Nacional de Comahue – Argentina)

Pedro Serrano
(Pontifícia Universidade Católica de São Paulo – PUC/SP)

Silvio Luís Ferreira da Rocha
(Pontifícia Universidade Católica de São Paulo – PUC/SP)

Equipe editorial

Carolina Ressurreição (revisão)
Denise Dearo (design gráfico)
Mariela Santos Valim (capa)

Dados Internacionais de Catalogação na Publicação (CIP)
(Ficha Catalográfica elaborada pela Editora Contracorrente)

M527	MELO, Gustavo de Medeiros.
	Ação direta da vítima no seguro de responsabilidade civil	Gustavo de Medeiros Melo – São Paulo: Editora Contracorrente, 2016.
	ISBN: 978-85-69220-14-5
	Inclui bibliografia
	1. Seguros. 2. Direito. 3. Processo Civil. 4. Responsabilidade civil. I. Título.
	CDU - 368.022

Impresso no Brasil
Printed in Brazil

Homenagem

Ao grande jurista *Mário Moacyr Porto*, civilista de primeira linha, modelo de magistrado sensível ao drama da vida, literato e humanista, verdadeiro Dom Quixote do Direito, exemplo para muitas gerações do Rio Grande do Norte e da Paraíba.

SUMÁRIO

AGRADECIMENTOS 13

PREFÁCIO – Nelson Nery Junior 15

APRESENTAÇÃO – José Carlos Moitinho de Almeida 17

APRESENTAÇÃO – Ernesto Tzirulnik.. 21

INTRODUÇÃO 23

CAPÍTULO I – TEMA E PROBLEMÁTICA 25

1. TRÊS DIFICULDADES: CARÊNCIA DOUTRINÁRIA, INSUFICIÊNCIA NORMATIVA E CONFUSÃO JURISPRUDENCIAL 25
2. PROBLEMÁTICA DO TEMA 27

CAPÍTULO II – INFLUÊNCIA DO DIREITO MATERIAL SOBRE O SISTEMA PROCESSUAL 29

1. INFLUÊNCIA DA CONSTITUIÇÃO SOBRE O SISTEMA PROCESSUAL CIVIL... 29
2. INFLUÊNCIA DO DIREITO MATERIAL SOBRE O DIREITO PROCESSUAL CIVIL... 31

CAPÍTULO III – SEGURO DE RESPONSABILIDADE CIVIL ... 37

1. INTRODUÇÃO.. 37

2. TEORIA DO REEMBOLSO NA FILOSOFIA DO CÓDIGO CIVIL DE 1916 38

3. A TEORIA DO REEMBOLSO NA VISÃO DA SUSEP 41

4. CRÍTICA À TEORIA DO REEMBOLSO 44

5. SINISTRO NO SEGURO DE RESPONSABILIDADE CIVIL 46

6. OBJETO DA GARANTIA SECURITÁRIA 51

7. ESTRUTURA E DINÂMICA DO CONTRATO 54

8. ESCOPO DA GARANTIA SECURITÁRIA 57

9. FUNÇÃO SOCIAL DO SEGURO DE RESPONSABILIDADE CIVIL 59

10. TÉCNICAS A SERVIÇO DO DIREITO MATERIAL 61

    10.1 A prática do pagamento direto à vítima 61

    10.2 O acionamento direto da seguradora pela vítima 63

11. TEORIA DA SUB-ROGAÇÃO 65

12. AÇÃO DIRETA NO SEGURO OBRIGATÓRIO DE RESPONSABILIDADE CIVIL 66

13. OBJEÇÕES AO CABIMENTO DA AÇÃO DIRETA NO SEGURO FACULTATIVO 68

    13.1 Necessidade de disposição expressa de lei 69

    13.2 Ausência de vínculo contratual entre terceiro e segurador ... 70

    13.3 Direito de defesa do segurado 71

    13.4 Direito de defesa da seguradora 72

    13.5 Ausência de estipulação em favor de terceiro 72

CAPÍTULO IV – AÇÃO DIRETA NO DIREITO ESTRANGEIRO 75

1. OBSERVANDO A EXPERIÊNCIA ESTRANGEIRA 75

2. DIREITO FRANCÊS 75

3. DIREITO BELGA 77

4. DIREITO ESPANHOL 77

5. DIREITO PORTUGUÊS 78

6. DIREITO ALEMÃO 79

7. DIREITO CANADENSE 80

8. DIREITO MEXICANO 81

9. DIREITO CUBANO 81

10. DIREITO ARGENTINO 82

11. DIREITO PERUANO 83

12. DIREITO COLOMBIANO 84

13. DIREITO PARAGUAIO 85

14. DIREITO BOLIVIANO 86

15. DIREITO CHILENO 86

CAPÍTULO V – REGIME DE INTERVENÇÃO DO SEGURADOR NA RELAÇÃO PROCESSUAL 89

1. INTRODUÇÃO 89

2. ANTIGA INTERVENÇÃO DO SEGURADOR NO PROCESSO: DENUNCIAÇÃO DA LIDE 89

3. ABALOS NA ESTRUTURA DA DENUNCIAÇÃO DA LIDE: EVOLUÇÃO PARA A EXECUÇÃO E CONDENAÇÃO DIRETA 91

4. CORRESPONSABILIDADE SOLIDÁRIA NO CDC 97

5. CHAMAMENTO AO PROCESSO NO CDC 99

6. ACIONAMENTO DIRETO NAS RELAÇÕES DE CONSUMO .. 102

7. CORRESPONSABILIDADE DO SEGURADOR NO CÓDIGO CIVIL 104

8. INTERVENÇÃO DO SEGURADOR NO REGIME DO CÓDIGO CIVIL 107

9. CHAMAMENTO AO PROCESSO NO CÓDIGO CIVIL 109

10. CHAMAMENTO AO PROCESSO NO NOVO CPC/2015 111

11. ASSISTÊNCIA SIMPLES E LITISCONSORCIAL 112

12. INTERVENÇÃO NO PROCEDIMENTO COMUM SUMÁRIO. 117

13. INTERVENÇÃO NO SISTEMA DOS JUIZADOS ESPECIAIS CÍVEIS 118

CAPÍTULO VI – REGIME PROCESSUAL DA AÇÃO DIRETA NO DIREITO BRASILEIRO 119

1. INTRODUÇÃO 119

2. A AÇÃO DIRETA NA JURISPRUDÊNCIA DO SUPERIOR TRIBUNAL DE JUSTIÇA 119

3. OS FUNDAMENTOS DO PRECEDENTE UNIFORMIZADOR . 124

4. CRÍTICA À TESE DO LITISCONSÓRCIO NECESSÁRIO: UM FALSO PROBLEMA 125

5. REFLEXOS DA SENTENÇA CIVIL CONDENATÓRIA 126

6. ASSISTÊNCIA SIMPLES DO SEGURADO 127

7. VANTAGEM PARA QUEM FICA FORA DO PROCESSO: ESCOPO DA GARANTIA 131

8. CHAMAMENTO DO SEGURADO AO PROCESSO 132

9. TÉCNICA DO CHAMAMENTO NA EXCEÇÃO DO CONTRATO NÃO CUMPRIDO 133

10. DEFESAS DA SEGURADORA 136

11. DEFESAS DO SEGURADO 143

12. RELAÇÃO DE PREJUDICIALIDADE COM O PROCESSO PENAL 143

13. LITISCONSÓRCIO FACULTATIVO SIMPLES 147

14. O GRAU DE INFLUÊNCIA DA QUESTÃO PREJUDICIAL ... 149

15. SITUAÇÕES EQUIVALENTES DE LITISCONSÓRCIO FACULTATIVO 153

16. AÇÃO DIRETA EM LITISCONSÓRCIO ATIVO COM O SEGURADO 155

17. AÇÃO DIRETA DE RESSARCIMENTO DE SEGURADORA CONTRA SEGURADORA 157

18. AÇÃO DIRETA NO REGIME DO COSSEGURO 159

19. AÇÃO DIRETA CONTRA O RESSEGURADOR 163

20. AÇÃO DIRETA COLETIVA 168

21. AÇÃO DIRETA PARA EXIBIÇÃO DE DOCUMENTOS 170

22. VANTAGENS E DESVANTAGENS DO ACIONAMENTO DIRETO 174

23. PROJETO DE LEI DO CONTRATO DE SEGURO – PL N. 8.290/2014 176

CAPÍTULO VII – FUNDAMENTOS DA AÇÃO DIRETA 181

1. DIREITO PRÓPRIO DA VÍTIMA 181

2. VALORES CONSAGRADOS PELA TÉCNICA DA AÇÃO DIRETA 184

   2.1 Mais eficácia ao sistema de responsabilidade civil 184

   2.2 Função social do contrato 186

   2.3 Acesso à Justiça 187

CONCLUSÕES 191

REFERÊNCIAS BIBLIOGRÁFICAS 197

AGRADECIMENTOS

Agradeço a *Deus* pela luz do Espírito Santo que sempre guiou minha trajetória pessoal e profissional. À minha doce esposa *Roberta* e aos meus pequenos *André* e *Gabriel*, de quem extraí estímulo e alegria para superar a fadiga da dupla paternidade de primeira viagem. Aos meus pais, Sr. *Ernani* e Dona *Mariêta Melo* (*in memoriam*), pela estrutura, amor e formação que recebi.

Ao Professor *Nelson Nery Júnior*, pela mão de apoio, acesso e orientação que me abriram caminhos seguros de reflexão.

Aos Professores *Humberto Theodoro Jr., Teresa Arruda Alvim Wambier, Gilson Delgado Miranda* e *Paulo Luiz de Toledo Piza*, pela honrosa presença na banca examinadora, cujas sugestões e críticas foram fundamentais para o aperfeiçoamento do trabalho.

Aos amigos *William Santos Ferreira* e *Rodrigo Barioni*, pelas atentas observações e correções no exame de qualificação.

Aos Professores *José Manoel de Arruda Alvim Netto, Thereza Alvim, Paulo de Barros Carvalho, Donaldo Armelin, Cassio Scarpinella Bueno* e *Eduardo Arruda Alvim*, pelas lições de dentro e fora da sala de aula.

Aos queridos Mestres da Universidade Potiguar (UnP), minha Escola de formação, Professores *Múcio Vilar Ribeiro Dantas (in memoriam), Carlos Roberto de Miranda Gomes, Paulo Lopo Saraiva, Marcelo Navarro*

Ribeiro Dantas, Rogério Tadeu Romano, Roberto Trigueiro Fontes e *Miguel Josino Neto (in memoriam)*, responsáveis pelos primeiros clarões que me encantaram na introdução de um mundo até então desconhecido.

Aos amigos *Benedicto Pereira Porto Neto, Pedro Paulo de Rezende Porto Filho, Rodrigo Mauro Dias Chohfi, Valéria Hadlich Camargo Sampaio, Daniel Mota Gutiérrez, Eduardo Chemale Selistre Peña, Rodrigo César de Oliveira Marinho* e *Juliano Barbosa de Araújo*, pelo incentivo constante que me levou até a reta final.

Ao *Instituto Brasileiro de Direito do Seguro (IBDS)*, pelo apoio e livre acesso à sua magistral biblioteca, especialmente na pessoa de *Ernesto Tzirulnik, Flávio Queiroz de Bezerra Cavalcanti (in memoriam)* e *José Carlos Moitinho de Almeida*. Aos amigos do escritório *ETAD*, pelo prazeroso convívio e aprendizado de todos os dias.

PREFÁCIO

O livro que tenho a honra de apresentar, *Ação direta da vítima no seguro de responsabilidade civil,* é a versão comercial da tese de doutorado do autor, trabalho que tive a honra e o privilégio de orientar.

A defesa da tese de doutorado do autor ocorreu na Pontifícia Universidade Católica de São Paulo com a participação de prestigiosos professores: Teresa Celina de Arruda Alvim Wambier, Gilson Delgado Miranda, Humberto Theodoro Júnior e Paulo Luiz de Toledo Piza.

Todos os integrantes da banca examinadora concederam a nota máxima para a tese, com distinção e louvor, e recomendaram sua publicação.

Outro fator que corrobora a grandiosidade da obra é sua apresentação realizada por dois juristas que são referência em direito securitário: o brasileiro Ernesto Tzirulnik e o português José Carlos Moitinho de Almeida.

O tema central da ação direta é apresentado ao longo do livro em sete capítulos: a) tema e problemática; b) influência do direito material sobre o sistema processual; c) seguro de responsabilidade civil; d) ação direta no direito estrangeiro; e) regime de intervenção do segurador na relação processual; f) regime processual da ação direta no direito brasileiro e g) fundamentos da ação direta.

Nesses sete capítulos, o autor demonstra todo seu conhecimento sobre direito material e processual referentes ao tema do direito securitário. O livro apresenta temática complexa e inovadora, possui leitura agradável sustentada em ampla pesquisa doutrinária nacional e estrangeira.

No que se refere ao autor da obra, tive o privilégio de ser seu orientador no doutorado. Gustavo de Medeiros Melo, além de qualificado pesquisador, é advogado de destaque em Direito Securitário.

Por essas razões, a obra ora prefaciada é de fundamental importância para compreendermos os novos caminhos que se apresentam para o Direito Securitário. Certamente, o livro de Gustavo será referência na área.

São Paulo, maio de 2016.

Nelson Nery Junior

*Professor Titular da Faculdade de Direito da
Pontifícia Universidade Católica de São Paulo – PUC/SP
Livre-Docente, Doutor e Mestre em Direito pela PUC/SP*

APRESENTAÇÃO DE JOSÉ CARLOS MOITINHO DE ALMEIDA

A "Ação Directa do Terceiro Prejudicado no Seguro de Responsabilidade Civil", título original do tema abordado neste livro, de forma exaustiva, pelo Doutor Gustavo de Medeiros Melo é talvez aquele que mais tem dividido a doutrina, constituindo objecto de opções legislativas divergentes. O Autor apoia-se no direito dos seguros, nacional e comparado, em regras de processo civil e em princípios constitucionais que exigem uma protecção jurídica efectiva para justificar soluções não só juridicamente bem estruturadas como de ampla e positiva repercussão social.

As leis que não admitem tal acção assentam no "princípio da separação" em termos materiais e processuais entre a demanda do lesado contra o civilmente responsável e a deste contra a seguradora. Na Europa, por exemplo, as leis alemã, austríaca, irlandesa, inglesa, dinamarquesa, italiana, suíça e portuguesa consagram este princípio, por vezes com medidas expressamente previstas ou consagradas pela jurisprudência, que visam a proteger os direitos dos lesados. Assim, na Alemanha, estes beneficiam de um direito próprio contra a seguradora que escapa à concorrência dos credores, em caso de insolvência do segurado (§ 110, da Lei relativa ao Contrato de Seguro) e a decisão proferida contra o segurado vincula a seguradora, a menos que esta não tenha sido informada pelo lesado da demanda por este introduzida contra o tomador do seguro, como exige o n. 2 do §119 da mesma Lei. A acção directa é admitida, na Inglaterra, em caso de insolvência do segurado e, em Portugal, quando o contrato de seguro a preveja ou quando o segurado tenha informado o lesado da existência do seguro "com consequente início de negociações directas entre este e o segurador" (artigo 104º, n. 3 da Lei relativa ao Contrato de Seguro). Enfim, na Itália, a jurisprudência admite que possa ser exercida por via de sub-rogação, em caso de inércia do segurado ou de perigo de extinção do crédito, ou quando a seguradora decida propor ao lesado determinada quantia a título de ressarcimento. Enfim, tratando-se de seguros obrigatórios, a acção directa é admitida em Portugal, e, em certas condições, na Alemanha.

Outros países europeus contemplam expressamente a acção directa, designadamente, a Bélgica, o Luxemburgo, a Espanha (artigos 86º, 89º e 76º, das respectivas leis) e a França (artigo 124º, 3 do Código dos Seguros), tanto nos seguros facultativos como nos obrigatórios. Neste último, a jurisprudência considera que, em caso de acidente nele ocorrido, ela é imposta como *loi de police* mesmo que a lei aplicável a exclua, e admitida quando o responsável beneficie de imunidade diplomática. Em regra, é afastada a exigência da demanda conjunta da seguradora e do segurado (litisconsórcio necessário).

Como se observa no livro, também nas leis em vigor no México assim como nos países sul-americanos se assiste à mesma clivagem que se explica face aos interesses em conflicto.

Importa admitir que os tribunais reconhecem mais facilmente a culpa no caso de existir seguro, o que se repercute nos prémios e tem consequências na reputação dos profissionais em causa (médicos, advogados, arquitectos…). E um aumento dos custos para as seguradoras é possível, resultante da sua demanda no estrangeiro, autorizada pelas regras de conflito e de direito processual internacional aplicáveis. Assim, um alemão, residente na Alemanha, vítima de acidente de caça em França, causado por pessoa segura neste país, pode demandar a respectiva seguradora na Alemanha uma vez que a lei aplicável ao contrato, a francesa, autoriza a acção directa.

No que respeita aos lesados, a ausência de acção directa cria insegurança jurídica e gera custos processuais indesejáveis. Com efeito, a decisão condenatória do civilmente responsável, mesmo vinculativa para a seguradora, não impede que esta invoque a exclusão do risco em causa ou outra excepção que determine a perda dos direitos do segurado. Daí que, por exemplo, na Alemanha, se admita a demanda da seguradora numa acção de simples apreciação (Feststellungsklage) destinada a verificar a existência de cobertura. Face aos meandros processuais à sua frente, não raro o lesado acabará por desistir do ressarcimento. E a situação complica-se nos países, e Portugal é um deles, onde o lesado não beneficia de um direito próprio contra a seguradora, mas apenas de um privilégio creditório. Em caso de insolência do responsável fica, pois, sujeito ao concurso de outros credores.

Como foi justamente observado,[1] a apreciação do peso dos argumentos a favor das soluções possíveis é aqui tão difícil como em qualquer outro domínio político. Os inconvenientes da acção directa acima mencionados são reais, mas carecem das dimensões com frequência alardeadas. Assim, nada justifica afirmações gratuitas, como a feita no decurso dos trabalhos preparatórios da lei alemã segundo a qual a admissibilidade da acção directa teria como efeito deverem 12.000 arquitectos renunciar à sua profissão... Com o Doutor Gustavo de Medeiros Melo, entendemos que o contrato de seguro, como outros contratos de que é paradigma o arrendamento, tem uma função social que justifica se dê prevalência aos interesses dos lesados. Ao referir o princípio da relatividade dos contratos para justificar as restrições à acção directa introduzidas na lei portuguesa, o legislador mostra-se, assim, alheio a esta função do contrato de seguro.

Em apoio da sua interpretação, o Autor invoca o princípio constitucional da "tutela jurisdicional adequada", e discorda da jurisprudência do Superior Tribunal de Justiça que embora admita a acção directa exige a demanda conjunta de seguradora e segurado. Na linha do que os tribunais franceses também há muito consagraram, demonstra convincentemente a desnecessidade de tal litisconsórcio.

O exercício da acção directa seria gravemente dificultado no caso de o lesado desconhecer a existência do seguro. Daí que, em Espanha, o Tribunal Supremo entenda recair não apenas sobre o segurado mas também sobre a seguradora o dever de informação previsto na lei (artigo 76º). O que se encontra expressamente consagrado no artigo 106º do projecto

---

[1] WANDT, Manfred. *Versicherungsrecht*. Munique: Vahlen, 2009, p. 383, n. 1031.

de lei brasileiro n. 8.034/2010, em tramitação na Câmara dos Deputados. Mas, como se observa no livro, importa ir mais longe e estender tal obrigação ao organismo de controlo da actividade seguradora, dispensando, assim, o lesado de contactar todas as seguradoras existentes no mercado.

Outro domínio em que as opções políticas divergem prende-se com a oponibilidade aos lesados de excepções contratuais. No que respeita aos seguros facultativos, as leis belga (artigo 87º, segundo parágrafo), luxemburguesa (artigo 90º, n. 2) e francesa (artigo R 124-1, do Código dos Seguros) só admitem a oponibilidade das resultantes de facto anterior ao sinistro. A lei espanhola (artigo 76º) vai mais longe, abrangendo mesmo as excepções anteriores, no que se não inclui a ausência de cobertura. Tratando-se de seguros obrigatórios, vários países europeus admitem a inoponibilidade de quaisquer excepções (§ 117,1 da lei alemã, § 158 c, 1 da austríaca, artigo 87º, primeiro parágrafo da lei belga e 90º, n. 1, da luxemburguesa. O que faz sentido pois as razões de política social determinantes da obrigatoriedade do seguro exigem uma cobertura independente de eventuais comportamentos do tomador. Observe-se a este respeito que o seguro garante a reparação de danos não cobertos pela segurança social bem como indemnizações muito para além das por esta asseguradas. O Autor constata a inexistência no Código Civil brasileiro de normas sobre a matéria, entendendo, porém, que a lógica do sistema impõe que sejam apenas oponíveis as excepções assentes em factos ocorridos antes do sinistro. É esta a jurisprudência do Tribunal da Cassação francês, iniciada com um acórdão proferido em 15 de Junho de 1931.

Nos aspectos fundamentais da acção directa, detalhada e brilhantemente analisados no livro, concordamos, pois, com o Autor. Esta acção é ainda abordada nos domínios do co-seguro, do resseguro e das acções colectivas, bem como são tidas em conta as regras de processo aplicáveis, designadamente no que se prende com o caso julgado. Esperamos que, como merece, este trabalho em muito contribua para a evolução do direito dos seguros no Brasil.

José Carlos Moitinho de Almeida

Juiz Conselheiro do Supremo Tribunal de Justiça de Portugal (jubilado)
Ex-juiz do Tribunal de Justiça da União Europeia

APRESENTAÇÃO DE ERNESTO TZIRULNIK

São raros os processualistas brasileiros que trabalham o sistema processual como meio de concretização das garantias constitucionais e do chamado direito material. Ainda mais raros os que têm conhecimento vertical sobre áreas especializadas do direito material. O Doutor Gustavo de Medeiros Melo é um destes juristas que conhecem profundamente não apenas o direito processual como o material e os articula com o objetivo de servirem melhor à sociedade.

Distingue-se da regra, o jurista. É frequente a produção acadêmica para promover temas e posicionamentos do interesse de potenciais clientes. Quase ninguém escreve para a comunidade, nestes dias; os minoritários não têm porta vozes, nem as vítimas têm. Sempre envolvido, no seio do Instituto Brasileiro de Direito do Seguro – IBDS e na vida prática, com a luta por uma sociedade securitária livre, justa e solidária, o Doutor Gustavo concedeu às vítimas dos acidentes e aos demais personagens do seguro de responsabilidade civil – verdadeiro estuário de preconceitos ultra individualistas – sua pesquisa de doutoramento, produzindo aquela que é a principal obra já publicada a respeito da ação direta da vítima contra as seguradoras de responsabilidade civil.

Embora entenda que não há vínculo contratual entre a seguradora e os terceiros que se identificam em razão do sinistro, as vítimas, é encantador verificar como o jurista se debruçou competentemente para identificar, discutir e posicionar-se sobre cada ponto. A clareza, o profundo conhecimento e o espírito público do autor desta obra formam um conjunto indispensável para a maturidade que o acompanha desde cedo. Conheci-o quando cursava o mestrado na *Faculdade Paulista de Direito* da Pontifícia Universidade Católica de São Paulo. Mal havia chegado de Natal (RN) para iniciar sua primeira experiência de pós-graduação e já exalava imenso domínio técnico, compreensão crítica e votos cidadãos. Logo tive a oportunidade de frui-lo além do ambiente acadêmico; amigo e colega de escritório, revelou-se extraordinário, com a mesma simplicidade e denodo que caracterizam sua produção intelectual e este prazeroso livro que ensina verdadeiramente o direito do seguro e a serventia da técnica processual civil.

Ernesto Tzirulnik

Doutor pela Universidade de São Paulo
Presidente do Instituto Brasileiro de Direito do Seguro

INTRODUÇÃO

Este livro constitui a versão comercial de nossa tese de doutoramento defendida com o título *Ação direta do terceiro prejudicado no seguro de responsabilidade civil: uma técnica processual a serviço do direito material*, perante banca examinadora da Pontifícia Universidade Católica de São Paulo (PUC/SP). Nasceu inspirada pela vontade de trabalhar problemas *processuais* diretamente relacionados com o direito material. Com esse propósito, fomos buscar no sistema de Direito Civil questões fundamentais do Contrato de Seguro que precisam ser investigadas em nível científico, a fim de lhes propor caminhos adequados de solução.

No complexo domínio do Direito Securitário, existe um ramo dos seguros conhecido mundialmente pelo nome de Seguro de Responsabilidade Civil. Eis o foco de nossa investigação. A ideia foi desvendar essa figura contratual para, a partir de sua estrutura e função, abrir caminhos no campo *processual* que facilitem o acesso das vítimas aos *instrumentos* previstos no sistema para sua adequada recomposição patrimonial.

Um desses instrumentos é a chamada *ação direta* do terceiro prejudicado contra a companhia seguradora do responsável pelo dano, assunto já razoavelmente desenvolvido em países da Europa, América do Norte e até da América Latina, cujos sistemas serão oportunamente apresentados no capítulo dedicado ao Direito estrangeiro.

Em termos metodológicos, antes de enfrentar o tema, o trabalho pretende estabelecer as linhas fundamentais que justificam o cabimento dessa técnica de acionamento direto. Para isso, a investigação partirá do direito material para depois ingressar nas várias questões processuais que envolvem o instituto da intervenção de terceiros, com foco nos sistemas do Código de Defesa do Consumidor, do Código Civil e do novo Código de Processo Civil brasileiro, instituído pela Lei n. 13.105, de 16 de março de 2015 (CPC/2015).

Ao final, *de lege ferenda*, será analisado o Projeto de Lei n. 8.290/2014, em tramitação na Câmara dos Deputados, que pretende instituir uma lei específica para os contratos de seguro no Brasil (continuação do PL n. 3.555/2004, em paralelo ao PLS n. 477/2013), de forma a situar o problema no Direito em perspectiva.

A intenção é analisar as formas de intervenção do segurador na lide formada entre terceiro e segurado, como também o regime processual da ação direta exclusivamente voltada contra a seguradora, com destaque para os meios através dos quais o segurado pode participar da relação processual, seja por intervenção voluntária, seja como litisconsorte convocado à lide. Nesse ponto, a tese apresentará uma crítica à posição predominante hoje na jurisprudência brasileira, que só admite a ação direta do terceiro condicionada à citação do segurado para integrar o processo em litisconsórcio necessário (STJ, Súmula 529).[1]

O assunto, com todos os seus desdobramentos processuais, continua praticamente inexplorado pela doutrina no Brasil e, possivelmente por essa razão, ainda mal resolvido na prática judiciária dos tribunais. Chegou a hora de enfrentá-lo.

---

[1] STJ, Súmula 529: "*No seguro de responsabilidade civil facultativo, não cabe o ajuizamento de ação pelo terceiro prejudicado direta e exclusivamente em face da seguradora do apontado causador do dano*".

Capítulo I
TEMA E PROBLEMÁTICA

1. TRÊS DIFICULDADES: CARÊNCIA DOUTRINÁRIA, INSUFICIÊNCIA NORMATIVA E CONFUSÃO JURISPRUDENCIAL

Ao contrário do que acontece em outros países, sobretudo da Europa, o seguro de responsabilidade civil, no Brasil, é *carente* de um tratamento dogmático que facilite sua compreensão. A produção científica sobre esse assunto não passa de poucos artigos publicados nos últimos 60 anos, cujo propósito era mais apresentar o tema desconhecido do que propriamente resolver os problemas que ele é capaz de gerar na prática dos conflitos.

Não bastasse a escassez doutrinária, o regime jurídico do seguro de responsabilidade civil entre nós é *insuficiente* para disciplinar as múltiplas questões processuais e materiais que decorrem de sua dinâmica aplicação. Ainda que representando um avanço em relação ao Código Civil anterior, que nada falava sobre o assunto, o Código Civil vigente lhe reservou dois artigos de lei para tratar do seguro *facultativo* e *obrigatório*, o primeiro deles desdobrado em quatro parágrafos até hoje não muito bem explicados (CC, art. 787 e 788).

Em verdade, essa carência normativa não é um problema só do seguro de responsabilidade. Ela atinge todo o universo do contrato de seguro, cuja complexidade e relevância social não se comportam nos setenta dispositivos do Código Civil brasileiro que estabelecem apenas diretrizes gerais.[2] O fenômeno aqui descrito implica um outro problema não menos grave. As lacunas do sistema jurídico dão brecha à proliferação de normas administrativas que, muitas vezes, não se contentam em regulamentar os institutos do Direito Securitário previstos na lei federal.[3]

Uma terceira dificuldade que se tem pela frente é a pouca maturidade do instituto no âmbito da jurisprudência dos tribunais brasileiros.[4] Nesse ponto, apresentaremos uma crítica construtiva à concepção que por vários anos vingou no Superior Tribunal de Justiça sobre a natureza jurídica do seguro facultativo de responsabilidade civil, investigando os fundamentos que legitimam o cabimento da ação direta pela vítima e seus desdobramentos no campo do litisconsórcio.

Nesse cenário de dificuldades, o trabalho pretende, num primeiro momento, repor as bases teóricas do seguro de responsabilidade, identificando seu *escopo* e *função social*. Em seguida, proporemos soluções práticas que facilitem o *acesso* das vítimas à Justiça através dessa espécie contratual da mais alta importância para o desenvolvimento da moderna e hipercomplexa sociedade de consumo dos dias de hoje.

---

[2] POLIDO, Walter Antonio. *Resseguro:* Cláusulas Contratuais e Particularidades sobre Responsabilidade Civil. 2ª ed. Rio de Janeiro: Funenseg, 2011, p. 15.

[3] O grande Clóvis do Couto e Silva já dizia que "São poucos os setores – pelo menos no Direito brasileiro – em que a regulamentação estatal é tão intensa ou tão ampla como no Direito dos Seguros. As novas modalidades foram surgindo à margem do CC, no compasso das modificações de outros institutos" ("O seguro no Brasil e a situação das seguradoras". *In:* FRADERA, Vera Maria Jacob de (coord.). *O Direito Privado brasileiro na visão de Clóvis do Couto e Silva.* Porto Alegre: Livraria do Advogado, 1997, p. 98).

[4] Nos anos 70, o grande Moitinho de Almeida classificava a atividade dos tribunais portugueses de *"jurisprudência sentimental"* ou de *"equidade"*, que gera *"a incerteza e de modo algum satisfaz a necessidade de uma superestrutura jurídica clara e precisa da indústria seguradora"* ("Prefácio". *O Contrato de Seguro no Direito Português e Comparado.* Lisboa: Livraria Sá da Costa, 1971).

CAPÍTULO I - TEMA E PROBLEMÁTICA

2. PROBLEMÁTICA DO TEMA

A ação direta do terceiro envolve sérios problemas que tradicionalmente geraram e continuam gerando muita discussão no ambiente acadêmico e judiciário. A grande controvérsia que logo aparece reside no seguinte ponto: alguém que sofreu um acidente tem autorização do sistema jurídico para acionar judicialmente, para fins de indenização, uma sociedade seguradora mesmo sem nunca ter celebrado com ela um contrato de seguro? Pode uma seguradora ser obrigada a responder perante quem nunca manteve com ela relação contratual?

As conclusões da tese responderão de modo *afirmativo*. Conforme será demonstrado ao longo dos próximos capítulos, o terceiro (vítima) pode acionar diretamente o segurador contratado por quem lhe causou o dano. E mais. A intenção é demonstrar não só o cabimento da ação direta, mas também o direito de escolha entre acionar apenas o causador do acidente ou apenas a empresa de seguros que celebrou com este um seguro de responsabilidade, ou ambos em conjunto, em regime de litisconsórcio passivo.

Aqui, o trabalho apresentará uma crítica à jurisprudência predominante do Superior Tribunal de Justiça, objeto hoje da Súmula 529. Diferentemente do que ficou estabelecido em sede de uniformização de jurisprudência, tentaremos mostrar que, para exercer o direito de ação direta contra a seguradora, a vítima não precisa obrigatoriamente requerer a citação do segurado para compor o polo passivo da demanda.

Eis o cerne do trabalho, o maior desafio que se tem pela frente: sustentar a tese de que a vítima pode demandar a companhia seguradora do causador do dano sem a convocação deste para o processo. Nesse aspecto, a proposta pode-se dizer *inédita*, ao menos em nível de monografia científica.

Capítulo II

INFLUÊNCIA DO DIREITO MATERIAL SOBRE O SISTEMA PROCESSUAL

1. INFLUÊNCIA DA CONSTITUIÇÃO SOBRE O SISTEMA PROCESSUAL CIVIL

O fenômeno do constitucionalismo moderno invadiu todos os ramos do Direito no século XX, com especial penetração no Direito Processual Civil. A partir dos anos 80, uma nova metodologia de ação e pensamento passou a conformar a interpretação de suas regras e princípios sob o enfoque da instrumentalidade do processo.

A moderna filosofia do Direito Constitucional estabeleceu um corte metodológico no estudo e na compreensão do processo civil contemporâneo. Não há mais espaço para uma visão hermética dos institutos processuais, como se fossem ferramentas que trabalham mecanicamente em função de sua própria engrenagem. Como método de pensamento, a análise que se faça atualmente sobre qualquer assunto do Direito Processual Civil deve ser monitorada de perto pela garantia do acesso à Justiça, que tem hoje dimensão transnacional no contexto dos direitos fundamentais.

As ondas renovatórias trazidas para esse lado de cá do Atlântico chegaram com a missão de superar a profunda frustração que a fase científica do Direito Processual, no Brasil, provocou nos destinatários da atividade jurisdicional. A embriaguez do cientificismo e o formalismo exacerbado, fundados na imatura concepção de processo como fim em si mesmo, causaram lesões profundas na sociedade e no funcionamento da Justiça. Isso impôs uma mudança de rota na metodologia de trabalho do processo civil moderno.[5]

A problemática do acesso à Justiça envolve atualmente um assunto que vem sendo investigado a todo vapor pelos estudiosos do Direito Constitucional e Processual. É a questão do *justo processo*. O justo processo é a espinha dorsal que move a ideia mais moderna de acesso aos canais de jurisdição, congregando as condições mínimas sem as quais não será possível ao Estado aplicar o direito material com justiça no seio das relações em conflito.

O escopo clássico da jurisdição voltada para a *justa composição da lide* pode ser relido, em tempos mais recentes, com ares de universalidade, como sinônimo de *processo justo*, porque calcado nas garantias fundamentais,[6] apto a produzir não uma tutela jurisdicional qualquer, mas, sim, uma *tutela adequada* à composição da lide.

O foco de atenção do Estado moderno se volta para o elemento humano e suas peculiaridades culturais, econômicas e sociais, as instituições e os processos através dos quais o Direito vive, forma-se, desenvolve-se e impõe-se no seio de um ordenamento social complexo. Essa natural complexidade fortalece a esperança de que o Direito é uma linguagem a ser pensada de acordo com os múltiplos fatores subjacentes em uma sociedade dinâmica e heterogênea.[7]

---

[5] CAPPELLETTI, Mauro. "L'accesso alla giustizia dei consumatori". *Dimensioni della giustizia nelle società contemporanee:* Studi di diritto giudiziario comparato. Bologna: Il Mulino, 1994, p. 130.

[6] COMOGLIO, Luigi Paolo. "Garanzie costituzionali e *giusto processo* (Modelli a confronto)". *RePro*, 90/101-102; BORDALÍ, Andrés S. "El debido proceso civil". *La constitucionalizacion del derecho chileno*. Santiago: Juridica de Chile, 2003, pp. 257/258.

[7] CAPPELLETTI, Mauro. "La dimensione sociale: l'accesso alla giustizia". *Dimensioni della giustizia nelle società contemporanee:* Studi di diritto giudiziario comparato. Bologna: Il Mulino, 1994, pp. 77/78.

Nesse contexto, a Constituição Federal brasileira assegura a todos aquilo que temos denominado de *acesso adequado à Justiça* (CF, art. 5º, XXXV e LXXVIII).[8] Essa garantia fundamental tem várias dimensões. Por meio dela, a Constituição impõe oferecer ao indivíduo e à coletividade o *acesso adequado* ao modelo constitucional do processo, o que corresponde à obtenção de uma tutela *legítima* quanto ao seu conteúdo, *tempestiva* quanto à sua prestação, *universal* quanto à gama de conflitos abarcados e seus beneficiários, e *efetiva* quanto aos resultados concretos atingidos.[9]

O espírito que anima essa nova concepção de acesso adequado à Justiça certamente tem muito a contribuir para facilitar a solução das questões que envolvem a participação do terceiro prejudicado na dinâmica do seguro de responsabilidade civil. Além disso, a Constituição de 1988 colocou o consumidor de bens e serviços da sociedade de massas na plataforma de atenções especiais do Estado (CF, art. 5º, XXXII).

2. INFLUÊNCIA DO DIREITO MATERIAL SOBRE O DIREITO PROCESSUAL CIVIL

Outra ordem de influência atingiu o Direito Processual Civil. Aqui, a própria finalidade do processo como um método de solução adequada de conflitos justifica seja ele condicionado pela estrutura do direito material. Em nossa literatura clássica já se disse que a *forma* é tão necessária ao processo de produção da norma jurídica individual quanto o corpo é à alma que nele se oculta.[10] Mas convém evitar que o

---

[8] MELO, Gustavo de Medeiros. "O acesso adequado à Justiça na perspectiva do justo processo". *In:* FUX, Luiz; NERY Jr., Nelson; ARRUDA ALVIM WAMBIER, Teresa (Coord.). *Processo e Constituição:* estudos em homenagem ao Prof. José Carlos Barbosa Moreira. São Paulo: RT, 2006, p. 684.

[9] MELO, Gustavo de Medeiros. "A tutela adequada na Reforma Constitucional de 2004". *Revista de Processo.* n. 124, São Paulo: RT, junho, 2005, p. 76. Interessante acórdão do STJ aborda essa ideia da *tutela jurisdicional adequada* na temática das ações coletivas: 4ª T., REsp 1.213.614-RJ, Min. Luis Felipe Salomão, j. 01.10.2015.

[10] AMARAL SANTOS, Moacyr. *Primeiras linhas de direito processual civil.* 15ª ed. Vol. 2. São Paulo: Saraiva, 1993, p. 61.

formalismo – inspirado pelo culto cego à forma – constitua um embaraço ao cumprimento do escopo maior do processo, a ponto de sufocar o próprio direito material.[11 e 12]

Hoje, os tempos são outros. As instituições acadêmicas e os órgãos judiciários estão razoavelmente compenetrados de que o processo civil moderno é um *instrumento* a serviço do direito material. O processo é um meio, um método, um caminho. O instrumento de diálogo mais civilizado que se criou para a solução dos conflitos sociais no Estado democrático de Direito.

O princípio da *instrumentalidade das formas* é o vetor mais importante a orientar o funcionamento de todo o sistema processual civil contemporâneo.[13] O legislador brasileiro, na linha do regime anterior (1973), dotou o novo Código de Processo Civil de dois comandos de aplicação genérica, determinando que os atos e termos processuais não dependem de forma determinada senão quando a lei expressamente a exigir, reputando-se válidos os que, realizados de outro modo, atinjam sua finalidade essencial (CPC/2015, art. 277).

A filosofia da instrumentalidade se propõe a consolidar a cultura de que o processo constitui um instrumento de realização do direito

---

[11] LIEBMAN, Enrico Tullio. *Manuale di diritto processuale civile:* principi. 5ª ed. Milano: Giuffrè, 1992, § 101, pp. 215/216.

[12] De fato, as formas dão a tônica de que a formalidade é necessária na atividade jurisdicional, porque na prática de determinados atos é condição essencial para a convivência estável e segura. A noção de forma é consentânea com a totalidade formal do processo, a compreender não só a forma ou as formalidades, mas a delimitação dos poderes, faculdades e deveres dos sujeitos processuais, a coordenação de suas respectivas atividades, a ordenação do procedimento e a organização do processo. Sua tarefa é indicar as fronteiras do começo e fim, circunscrever o material a ser formado e estabelecer dentro de quais limites devem cooperar e agir as pessoas atuantes no processo (ARRUDA ALVIM, J. M. *Manual de direito processual civil:* Parte geral. 7ª ed. Vol. 1. São Paulo: RT, 2001, p. 471; OLIVEIRA, Carlos Alberto Alvaro de. *Do formalismo no processo civil.* 2ª ed. São Paulo: Saraiva, 2003, pp. 6/7).

[13] No Brasil: DINAMARCO, Cândido Rangel. *A instrumentalidade do processo.* 10ª ed. São Paulo: Malheiros, 2002. Na doutrina estrangeira: MONTESANO, Luigi. "Questioni attuali su formalismo, antiformalismo e garantismo". *Rivista Trimestrale di Diritto e Procedura Civile.* Anno XLIV, n. 1, p. 1.

CAPÍTULO II - INFLUÊNCIA DO DIREITO MATERIAL SOBRE...

material com justiça. Tudo parte do princípio de que a sua razão de ser repousa na necessidade de restaurar a estabilidade nas relações sociais, solucionando a situação conflituosa com adequação.

O processo, por outro lado, não é um instrumento *neutro*, como se fosse indiferente ao seu produto final. O processo é um instrumento *ético* comprometido com a concretização de um programa superior de valores consagrados em nível constitucional,[14] um instrumento de democratização das decisões do Estado. A realização desses valores requer o cumprimento de um conjunto de direitos, princípios e garantias fundamentais que constituem o *devido processo constitucional*.[15]

Se o processo é um instrumento de realização das normas que disciplinam a convivência social, não há dúvida de que esse meio haverá de se ajustar às necessidades do objeto que constitui sua razão de ser. Para tanto, o processo deve se munir de *técnicas* voltadas a facilitar a tutela do direito material.

---

[14] CAPPELLETTI, Mauro. "Aspectos sociais e políticos do processo civil: reformas e tendências evolutivas na Europa Ocidental e Oriental". *Processo, ideologias e sociedade*. Porto Alegre: *safE*, 2008, p. 364; DINAMARCO, Cândido Rangel. *A instrumentalidade do processo*. 10ª ed. São Paulo: Malheiros, 2002, p. 39; BEDAQUE, José Roberto dos Santos. *Direito e processo*: influência do direito material sobre o processo. 2ª ed. São Paulo: Malheiros, 2001, p. 19; MELO, Gustavo de Medeiros. "O princípio da fungibilidade no sistema de tutelas de urgência: um departamento do processo civil ainda carente de tratamento adequado". *In:* WAMBIER, Luiz Rodrigues; ARRUDA ALVIM WAMBIER, Teresa (Coord.). *Doutrinas Essenciais: Processo Civil*. Vol. V. São Paulo: RT, 2011, p. 296; *Revista de Processo*. n. 167, p. 79. São Paulo: RT, jan. 2009.

[15] Feliz denominação que tem sido empregada por alguns autores de prestígio: CALMON DE PASSOS, J. J. *Direito, poder, justiça e processo*: Julgando os que nos julgam. Rio de Janeiro: Forense, 1999, p. 69; e seu polêmico ensaio "Instrumentalidade do processo e devido processo legal". *RF*, n. 351/110; BEDAQUE, José Roberto dos Santos. *Poderes instrutórios do juiz*. 3ª ed. São Paulo: RT, 2001, p. 22, também presente em outros estudos: "Os elementos objetivos da demanda examinados à luz do contraditório". *In:* CRUZ E TUCCI. José Rogério, BEDAQUE, José Roberto dos Santos (Coord.). *Causa de pedir e pedido no processo civil (questões polêmicas)*. São Paulo: RT, 2002, p. 14; "Garantia da amplitude de produção probatória". *In:* CRUZ E TUCCI. José Rogério (Coord.). *Garantias constitucionais do processo civil*: homenagem aos 10 anos da Constituição Federal de 1988. São Paulo: RT, 1999, pp. 152 e 166.

É verdade que existe uma relação jurídica processual autônoma com institutos e princípios próprios. Contudo, todo esse aparato só existe em função de uma *crise de certeza* instalada no seio da relação jurídica de direito material. Se o processo é um instrumento, sua utilidade pode ser medida em função dos benefícios que ele (processo) é capaz de proporcionar ao titular de um interesse juridicamente protegido.[16]

A filosofia da instrumentalidade consolidou a cultura de que o processo deve trabalhar em harmonia com o direito material. A intenção é constituir uma maior aderência possível, fortalecendo os laços que unem esses dois departamentos do fenômeno jurídico, à semelhança do que ocorre com as águas de dois rios que deságuam no mesmo estuário.[17] No passado, falava-se numa relação *lógico-circular* entre direito material e processo.[18] Hoje, a doutrina tem incentivado cada vez mais essa união, na medida em que um depende do outro.

Com essa conexão, a evolução do Direito impõe uma adaptação constante do processo e seus institutos.[19] Isso tem explicação. É a evolução da sociedade e a complexidade de suas relações de vida que reclamam equivalente aprimoramento do seu ferramental de solução de controvérsias. A *técnica processual* deve ser a mais adequada possível ao seu objeto.[20]

---

[16] BEDAQUE, José Roberto dos Santos. *Direito e processo:* influência do direito material sobre o processo. 2ª ed. São Paulo: Malheiros, 2001, p. 15.

[17] WATANABE, Kazuo. *Da cognição no processo civil.* 2ª ed. Campinas: Bookseller, 2000, p. 21.

[18] Locução utilizada por Carnelutti em conferência magna intitulada *"Profilo dei rapporti tra Diritto e Processo"*, proferida na Universidade de Lisboa. Afirmava ele que o processo serve ao direito, mas, para atingir tal desiderato, deve ser por ele servido (CARNELUTTI, Francesco. "Profilo dei rapporti tra Diritto e Processo". *Três Conferências.* Lisboa, 1962, p. 24). A ideia dessa relação entre direito material e processo foi também externada pelo autor, em tradução espanhola, como sendo *dúplice* e *recíproca* (*Instituciones del proceso civil.* Vol. I. Buenos Aires: EJEA, 1973, p. 22).

[19] MORANDI, Juan Carlos Félix. "Seguro de responsabilidade civil". *Revista Iberolatinoamericana de Seguros.* n. 08, Bogotá: Javegraf, p. 13, 1996.

[20] Na melhor doutrina: "O processo é um instrumento, e, como tal, deve adequar-se ao objeto com que opera. Suas regras técnicas devem ser aptas a servir ao fim a que se

CAPÍTULO II - INFLUÊNCIA DO DIREITO MATERIAL SOBRE...

Portanto, uma das premissas básicas do presente trabalho é a seguinte: *a forma pela qual o processo deve operar está submetida à vontade do sistema jurídico que congrega as normas de âmbito material*. Isso significa que o tratamento processual a ser dado aos litígios que emergem do contrato de seguro depende do próprio *regime jurídico estabelecido pelo direito substancial*.

É essa a metodologia que será empregada para analisar a posição ocupada pela companhia seguradora e pelo segurado no processo ajuizado pela vítima no âmbito do seguro de responsabilidade civil.

Como se verá adiante, a ação direta da vítima em matéria securitária, longe de representar uma anomalia que a muitos incomoda ou assombra, constitui uma *técnica processual* a serviço do moderno escopo perseguido pelo seguro de responsabilidade. Voltaremos a esse ponto.

---

destinam, motivo pelo qual se pode afirmar ser relativa a autonomia do direito processual. (...) Por isso, o direito processual deve adaptar-se às necessidades específicas de seu objeto, apresentando formas de tutela e de procedimento adequadas às situações de vantagem asseguradas pela forma substancial" (BEDAQUE, José Roberto dos Santos. *Direito e processo*: influência do direito material sobre o processo. 2ª ed. São Paulo: Malheiros, 2001, pp. 18/19).

Capítulo III
SEGURO DE RESPONSABILIDADE CIVIL

1. INTRODUÇÃO

No plano dogmático, o Direito do Seguro congrega dois grandes grupos: o seguro de *danos* e o seguro de *pessoas* (seguro de vida e acidentes pessoais). O seguro de responsabilidade civil é um ramo do primeiro grupo.[21]

A história do seguro de responsabilidade faz parte da história da responsabilidade civil.[22] A literatura registra que, até meados do século XIX, era comum haver forte resistência à ideia de que alguém poderia ter um seguro para cobrir a "negligência" de seus próprios atos. Tal era fruto ainda da primitiva suposição de que o seguro seria algo capaz de "isentar" o segurado de responsabilidade perante terceiros, ou torná-lo imune à prática da ilicitude.[23]

---

[21] VITERBO, Camilo. *El seguro de la responsabilidad civil*. Buenos Aires: Depalma, 1944, p. 61.

[22] COUTO E SILVA, Clóvis do. "O seguro no Brasil e a situação das seguradoras". *In:* FRADERA, Vera Maria Jacob de (Org.). *O Direito Privado brasileiro na visão de Clóvis do Couto e Silva*. Porto Alegre: Livraria do Advogado, 1997, p. 97.

[23] Como se verá mais à frente, a garantia do seguro, particularmente desse de que estamos a tratar, não isenta ninguém de responsabilidade. O seguro pode apenas evitar, no todo ou em parte, que o segurado sofra as *consequências* econômico-financeiras de um sinistro.

No Brasil, a doutrina clássica noticia essa visão preconceituosa que, no fundo, foi influenciada pela própria linguagem do Código de 1916.[24] Ali, o legislador dizia ser nulo o contrato quando o risco estivesse ligado a *atos ilícitos* do segurado, beneficiário, seus representantes ou prepostos (CC/16, art. 1.436).[25] Com essa redação, o mentor do velho estatuto civil não teve dúvida em afirmar que, frente àquele dispositivo, era impossível o "seguro da culpa" no Direito brasileiro.[26]

O seguro de responsabilidade se desenvolveu como instrumento de proteção do segurado em relação aos atos lesivos que ele viesse a causar na vida de terceiros. Mas qual era a função dessa espécie securitária? Para saber o que move o segurado ao procurar um seguro dessa espécie, é necessário responder à seguinte pergunta: o interesse do segurado consiste em se *reembolsar* dos prejuízos que venha a ter com o pagamento de indenizações? Ou seria – antes – *evitar* o desfalque do seu patrimônio com o pagamento de indenizações?

As questões acima constituem uma provocação necessária para definir os rumos que a presente tese pretende tomar. Passemos a examinar o escopo do seguro de responsabilidade na sociedade contemporânea. Duas correntes se formaram ao longo do tempo, a primeira delas construída com base na teoria do *reembolso*.

2. TEORIA DO REEMBOLSO NA FILOSOFIA DO CÓDIGO CIVIL DE 1916

No Brasil, o velho Código Civil de 1916 não dispunha de uma disciplina própria para o seguro de responsabilidade.[27] Diante dessa

---

[24] PONTES DE MIRANDA, F. C. *Tratado de Direito Privado:* parte Especial. 3ª ed. Tomo XLVI, § 4970. Rio de Janeiro: Borsoi, 1972, p. 47.

[25] Hoje, em versão moderna, o Código Civil de 2002 vincula o vício de nulidade ao *"ato doloso do segurado, do beneficiário, ou de representante de um ou de outro"* (art. 762). Abordagem interessante sobre a evolução desses conceitos: DIAS, José de Aguiar. *Da Responsabilidade Civil.* 5ª ed. Vol. 2. Rio de Janeiro: Forense, 1973, p. 495 e seguintes.

[26] BEVILAQUA, Clovis. *Código Civil dos Estados Unidos do Brasil.* 3ª ed. Vol. 5. Tomo. 2. Rio de Janeiro: Francisco Alves, 1934, p. 198.

[27] A literatura registra que o Código Civil de 1916 teve como principal fonte, no capítulo do contrato de seguro, o Código Civil do Cantão de Zurique: PONTES DE

CAPÍTULO III – SEGURO DE RESPONSABILIDADE CIVIL

lacuna, o mesmo foi estudado a partir da disposição genérica do art. 1.432, que dizia: "*considera-se contrato de seguro aquele pelo qual uma das partes se obriga para com a outra, mediante a paga de um prêmio, a indenizá-la do prejuízo resultante de riscos futuros, previstos no contrato*".

A filosofia do Código Civil de 1916 era de cunho individualista, focada exclusivamente na figura do contrato entre duas partes, típica de uma sociedade cuja estrutura econômica era predominantemente colonial e agrária, onde o desenvolvimento industrial ainda não havia começado.[28]

No seguro de responsabilidade, o segurador, mediante a contraprestação do prêmio, se obrigava a pagar uma indenização ao segurado se porventura este viesse a ser condenado por decisão judicial definitiva. Mas não basta a condenação do segurado. É necessária a prova do *desembolso* efetuado por ele. A partir daí, na via *regressiva*, o segurado poderá requerer o *reembolso* da despesa, a título de quantia gasta em benefício do terceiro, nos termos, condições e limites da apólice.

Com essa fisionomia, o seguro foi concebido como instrumento de *reembolso*, representando para a seguradora uma simples obrigação de *recomposição* patrimonial do segurado. O compromisso da companhia seria somente o de repor os valores que o segurado despendeu junto à

MIRANDA, F. C. *Fontes e Evolução do Direito Civil Brasileiro*. 2ª ed. Rio de Janeiro: Forense, 1981, p. 324.

[28] Um retrato da República Velha pode ser visto na seguinte passagem de Orlando Gomes: "A esse tempo não se iniciara o processo de transformação da economia brasileira, que a guerra mundial de 14 viria desencadear. A estrutura agrária mantinha no país o sistema colonial, que reduzia a sua vida econômica ao binômio da exportação de matérias-primas e gêneros alimentares e da importação de artigos fabricados. A indústria nacional não ensaiara os primeiros passos. Predominavam os interesses dos fazendeiros e dos comerciantes, aqueles produzindo para o mercado internacional e estes importando para o comércio interno. Esses interesses eram coincidentes. Não havia, em consequência, descontentamentos que suscitassem grandes agitações sociais". (*Raízes históricas e sociológicas do Código Civil brasileiro*. São Paulo: Martins Fontes, 2006, p. 25). Para uma visão mais profunda da sociedade patriarcal da época, o coronelismo arraigado, a política dos governadores, o patrimonialismo e o estamento burocrático do Estado: FAORO, Raymundo. *Os donos do poder*: formação do patronato político brasileiro. 3ª ed. São Paulo: Globo, 2001, p. 444; COMPARATO, Fábio Konder. "Obstáculos Históricos à Democracia em Portugal e no Brasil". *Rumo à Justiça*. São Paulo: Saraiva, 2010, p. 389.

vítima do sinistro após o reconhecimento de sua responsabilidade por sentença condenatória transitada em julgado.[29]

O contrato compreendia uma relação jurídica *bipolar* envolvendo basicamente segurado e segurador. O centro de atenção era o restabelecimento do patrimônio do segurado. Uma visão microscópica do fenômeno.[30]

O terceiro vítima do acidente era um elemento absolutamente estranho ao negócio. Conta-se que, no mercado, as seguradoras costumavam operar no escuro, mantendo certa distância dos terceiros lesados, a ponto de haver nas apólices cláusula proibitiva de divulgação do seguro ou de chamamento delas ao processo instaurado contra o segurado.[31]

É claro que essa atmosfera do Direito Privado do século XIX e início do século XX teve reflexos na ordem *processual*. A posição da vítima, como elemento estranho ao contrato de seguro, só lhe credenciava o direito de reclamar em juízo perante aquele que lhe causou o dano. A pretensão que a vítima viesse a exercer para obter sua

---

[29] SANTOS, Ricardo Bechara. "Seguro de responsabilidade civil. Ação direta do terceiro contra o segurador. Inviabilidade". *Direito de Seguro no cotidiano*. 3ª ed. Rio de Janeiro: Forense, 2000, p. 507; GODOY, Claudio Luiz Bueno de. *Código Civil Comentad:* doutrina e jurisprudência. *In:* PELUSO, Ministro Cezar (Coord.). Barueri: Manole, 2007, p. 658; SILVA, Washington Luiz Bezerra da. "O seguro de responsabilidade civil, algumas formas de contratação e sua inserção no desenvolvimento das empresas e para o consumidor". *In:* CARLINI, Angélica L.; SANTOS, Ricardo Bechara (Org.). *Estudos de Direito do Seguro em Homenagem a Pedro Alvim*. Rio de Janeiro: Funenseg, 2011, p. 89.

[30] THEODORO Jr., Humberto. "O Novo Código Civil e as Regras Heterotópicas de Natureza Processual". *In:* DIDIER Jr., Fredie; MAZZEI, Rodrigo (Coord.). *Reflexos do novo Código Civil no direito processual*. 2ª ed. Salvador: JusPodivm, 2007, p. 148; FARIA, Juliana Cordeiro de. "O Código Civil de 2002 e o novo paradigma do contrato de seguro de responsabilidade civil: a viabilidade do direito de ação da vítima contra a seguradora". *IV Fórum de Direito do Seguro José Sollero Filho*. Contrato de Seguro: Uma Lei para todos. São Paulo: IBDS, 2006, p. 376.

[31] A doutrina clássica aponta uma relação *clandestina*: DONATI, Antigono. *Trattato del Diritto delle Assicurazioni Private*. Vol. 3, n. 724, Milano: Giuffrè, 1956, p. 328; MORANDI, Juan Carlos Félix. "Seguro de responsabilidad civil". *Revista Ibero-latinoamericana de Seguros*. Bogotá: Javegraf, n. 08, 1996, p. 08; VITERBO, Camilo. *El seguro de la responsabilidad civil*. Buenos Aires: Depalma, 1944, p. 174; CAMPOS, Diogo José Paredes Leite de. *Seguro da Responsabilidade Civil Fundada em Acidentes de Viação:* da Natureza Jurídica. Coimbra: Almedina, 1971, p. 38.

CAPÍTULO III – SEGURO DE RESPONSABILIDADE CIVIL

correspondente indenização estava visceralmente atrelada à pessoa do responsável pelo sinistro.[32]

Dentro dessa concepção, a ideia de uma ação direta do terceiro contra a empresa de seguros estava certamente descartada. Esse entendimento restritivo teve apoio doutrinário no Brasil[33] e no exterior.[34]

3. A TEORIA DO REEMBOLSO NA VISÃO DA SUSEP

A Superintendência de Seguros Privados (SUSEP) é uma autarquia federal vinculada ao Ministério da Fazenda, encarregada de executar as normas editadas pelo Conselho Nacional de Seguros Privados (CNSP). A SUSEP fiscaliza a constituição, organização, funcionamento e as operações das sociedades seguradoras.[35]

O Decreto-lei n. 73/66 dispõe que o controle dessa atividade pelo Estado, através dos órgãos ali instituídos, será exercido fundamentalmente *"no interesse dos segurados e beneficiários dos contratos de*

---

[32] Na Colômbia: JARAMILLO, Carlos Ignacio. "La acción directa en el seguro voluntario de responsabilidad civil y en el seguro obligatorio de automoviles: su proyección en America Latina: radiografia de una lenta conquista". *Revista Ibero-latinoamericana de Seguros*. Bogotá: Javegraf, n. 08, 1996, p. 118. Na Espanha: CALERO, Fernando Sánchez. "La acción directa del tercero damnificado contra el asegurador". *Revista Ibero-latinoamericana de Seguros*, n. 10, Bogotá: Javegraf, 1997, p. 60. Na Argentina: MORANDI, Juan Carlos Félix. "Seguro de responsabilidad civil". *Revista Ibero-latinoamericana de Seguros*, n. 08, Bogotá: Javegraf, 1996, p. 08.

[33] PONTES DE MIRANDA, F. C. *Tratado de Direito Privado:* Parte Especial. 3ª ed. Tomo XLVI, § 4973. Rio de Janeiro: Borsoi, 1972, p. 56; FIGUEIRA, Andrade. J. G. de. "A ação direta da vítima contra a companhia seguradora de responsabilidade civil". *RT*, n. 139, 1942, p. 440; PORTO, Mário Moacyr. "Seguro de responsabilidade: Ação direta da vítima contra a seguradora". *Ação de responsabilidade civil e outros estudos*. São Paulo: RT, 1966, p. 47.

[34] Na Itália: VITERBO, Camilo. *El seguro de la responsabilidad civil*. Buenos Aires: Depalma, 1944, p. 197. Na Argentina: STIGLITZ, Rubén S. "El tercero en el contrato de seguro de responsabilidad civil". *Revista del Derecho Comercial y de las Obligaciones*. Año 3, n.13 a 18, Buenos Aires: Depalma, 1970, p. 569.

[35] Pode-se dizer que, no mercado de seguros, o CNSP está para o Conselho Monetário Nacional (CMN) na formulação das normas e diretrizes do mercado, assim como a SUSEP está para o Banco Central (BACEN) quanto à execução de tais diretrizes. *Cf.* COUTO E SILVA, Clóvis do. "O seguro no Brasil e a situação das seguradoras". *In:* FRADERA, Vera Maria Jacob de (Org.). *O Direito Privado brasileiro na visão de Clóvis do Couto e Silva.* Porto Alegre: Livraria do Advogado, 1997, p. 109.

seguro" (art. 2º).³⁶ Para isso, o sistema exige uma adequada gestão empresarial como forma de assegurar a higidez do mercado³⁷ e, sobretudo, a integridade patrimonial dos consumidores que aderem a esses modelos preconcebidos de contrato,³⁸ qualificados pela doutrina³⁹ e pela jurisprudência como instrumentos de *adesão*.⁴⁰

---

³⁶ O Anteprojeto de Código Civil, que redundou no estatuto atual, também foi informado pela ideia de "preservar a situação do segurado, sem prejuízo da certeza e segurança indispensáveis a tal tipo de negócio" (REALE, Miguel. *Anteprojeto de Código Civil*. Brasília: Ministério da Justiça, Comissão de Estudos Legislativos, 1972, p. 20).

³⁷ *Empresarialidade* é hoje elemento indispensável na indústria de seguros, conforme exigido pelo art. 757, § único, do Código Civil. Algumas atividades empresariais – assinala Comparato, referindo-se às sociedades seguradoras – "não podem ser encetadas sem que preceda uma autorização do Poder Público, tendo em vista a relevância do empreendimento no que tange ao interesse nacional – econômico, social ou político" ("A reforma da empresa". *Direito Empresarial:* Estudos e Pareceres. São Paulo: Saraiva, 1990, p. 08). A doutrina mais moderna tem qualificado a *empresarialidade* como elemento ínsito ao contrato de seguro: TZIRULNIK, Ernesto. "O contrato de seguro". *In:* COELHO, Fábio Ulhoa (Coord.). *Tratado de Direito Comercial:* Obrigações e Contratos Empresariais. vol. 5, São Paulo: Saraiva, 2015, p. 398. Na lição dos clássicos: VIVANTE, Cesare. *Instituições de Direito Commercial*. 2ª ed. Lisboa: Clássica Editora, 1918, p. 270; ASCARELLI, Tullio. "O conceito unitário do contrato de seguro". *Problemas das Sociedades Anônimas e Direito Comparado*. São Paulo: Saraiva, 1945, p. 229.

³⁸ STIGLITZ, Rubén S. "Controle do Estado sobre a atividade seguradora". *II Fórum de Direito do Seguro José Sollero Filho*. São Paulo: EMTS, 2002, p. 50; RIBEIRO, Amadeu Carvalhaes. *Direito de Seguros:* Resseguro, Seguro Direito e Distribuição de Serviços. São Paulo: Atlas, 2006, p. 143; BERCOVICI, Gilberto. "Seguro como instrumento de política de desenvolvimento produtivo". *I Congresso Internacional de Direito do Seguro do Conselho da Justiça Federal e Superior Tribunal de Justiça: VI Fórum de Direito do Seguro José Sollero Filho*. São Paulo: Roncarati, 2015, p. 402. No passado mais distante, Clovis Bevilacqua advertia que "Constituindo o seguro, ordinariamente, objecto de exploração de companhias ou empresas, estão estas submettidas à fiscalização do Estado, para que, melhormente, sejam garantidos os interesses particulares confiados a essas empresas" (*Código Civil dos Estados Unidos do Brasil*. 3ª ed. Vol. V, Tomo 2. Rio de Janeiro: Francisco Alves, 1934, p. 192).

³⁹ STIGLITZ, Rubén S. "La póliza. Condiciones particulares y generales". *Revista del Derecho Comercial y de las Obligaciones*. Año 13, n. 73, Buenos Aires: Depalma, 1980, p. 88. No Brasil: GOMES, Orlando. *Transformações gerais do direito das obrigações*. São Paulo: RT, 1967, p. 26; CARVALHO SANTOS, J. M. *Código Civil Brasileiro Interpretad:* Direito das Obrigações (arts. 1.363-1.504). 10ª ed. Rio de Janeiro: Freitas Bastos, 1981, v. XIX, p. 267. Na doutrina mais moderna: COELHO, Fábio Ulhoa. "A aplicação do Código de Defesa do Consumidor aos contratos de seguro". *1º Fórum de Direito do Seguro José Sollero Filho*. São Paulo: Max Limonad, 2000, p. 274.

⁴⁰ STJ, 4ª T., REsp 205.966-SP, Min. Ruy Rosado de Aguiar, j. 04.11.99. Com excelente construção exegética fora da relação de consumo: TJSP, 2ª Câmara de Dir.

CAPÍTULO III – SEGURO DE RESPONSABILIDADE CIVIL

Tudo isso submetido ao arcabouço constitucional que assegura como cláusula pétrea a dignidade da pessoa humana (CF, art. 1º, III), institui como objetivos fundamentais da República a construção de uma sociedade livre, justa e solidária, e o desenvolvimento nacional (CF, art. 3º, I e II), determina ao Estado a defesa do consumidor (CF, art. 5º, XXXII), e impõe que o sistema financeiro nacional, como garantia da ordem pública econômica, seja estruturado de forma a promover o desenvolvimento equilibrado do País e a servir aos interesses da coletividade em todas as partes que o compõem (CF, art. 192).[41]

Muito bem. A SUSEP há muito dispõe, pelo menos desde os anos 80, que o seguro de responsabilidade tem por objeto *"reembolsar o segurado, até o limite máximo da importância segurada, das quantias pelas quais vier a ser responsável civilmente, em sentença judicial transitada em julgado ou em acordo autorizado de modo expresso pela seguradora, relativas a reparações por danos involuntários, pessoais e/ou materiais causados a terceiros, ocorridos durante a vigência deste Contrato e que decorram de riscos cobertos nele previstos"*.[42]

Privado, Ap. 4003746-45.2013.8.26.0002, Des. Guilherme Santini Teodoro, j. 02.08.2016. Até mesmo nos grandes riscos, para efeito de formalização em separado de eventual cláusula compromissória de foro arbitral, consoante ficou decidido no polêmico caso da Usina Hidrelétrica de Jirau: TJSP, 6ª Câmara de Direito Privado, Agravo de Instrumento 0304979-49.2011.8.26.0000, Des. Paulo Alcides, j. 19.04.2012. Na doutrina: WARDE Jr, Walfrido Jorge. "Os contratos de seguro de grandes riscos como contratos de adesão". *I Congresso Internacional de Direito do Seguro do Conselho da Justiça Federal e Superior Tribunal de Justiça: VI Fórum de Direito do Seguro José Sollero Filho*. São Paulo: Roncarati, 2015, p. 391.

[41] TZIRULNIK, Ernesto. *Seguro de riscos de engenharia: instrumento do desenvolvimento*. São Paulo: Roncarati, 2015, p. 138; BERCOVICI, Gilberto. "Seguro como instrumento de política de desenvolvimento produtivo". *I Congresso Internacional de Direito do Seguro do Conselho da Justiça Federal e Superior Tribunal de Justiça: VI Fórum de Direito do Seguro José Sollero Filho*. São Paulo: Roncarati, 2015, p. 409; NEVES, José Roberto de Castro. "O contrato de seguro, sua perspectiva civil-constitucional e sua lógica econômica". *I Congresso Internacional de Direito do Seguro do Conselho da Justiça Federal e Superior Tribunal de Justiça: VI Fórum de Direito do Seguro José Sollero Filho*. São Paulo: Roncarati, 2015, p. 137.

[42] Item 01 das Condições Gerais da Circular SUSEP n. 57, de 04 de novembro de 1981, que dispunha sobre as Condições Gerais, Condições Especiais e Disposições Tarifárias para os Seguros de Responsabilidade Civil Geral (RCG).

Ainda hoje, a autarquia parece não aceitar os avanços obtidos com o seguro de responsabilidade, reconhecidos inclusive pelos tribunais brasileiros à luz do Código de Defesa do Consumidor. Sua última norma baixada para regulamentar o Seguro de Responsabilidade Civil Geral (RCG) tornou a afirmar que: " *no Seguro de Responsabilidade Civil, a Sociedade seguradora garante ao segurado, quando responsabilizado por danos causados a terceiros, o reembolso das indenizações que for obrigado a pagar, a título de reparação, por sentença judicial transitada em julgado, ou por acordo com os terceiros prejudicados, com a anuência da Sociedade seguradora, desde que atendidas as disposições do contrato*".[43]

A filosofia da entidade é uniforme para as modalidades de seguro de responsabilidade. Exemplo disso é o que a SUSEP dispõe para o Seguro de Responsabilidade Civil do Transportador Rodoviário por Desaparecimento de Carga (RCF-DC),[44] consagrando, aqui também, o modelo de seguro como instrumento de *reembolso* do segurado.

Entretanto, a prática do reembolso não atende à finalidade dessa espécie securitária e tampouco se coaduna com a legítima expectativa de quem procura e contrata esse tipo de proteção patrimonial.

4. CRÍTICA À TEORIA DO REEMBOLSO

O seguro de responsabilidade civil fundado na teoria tradicional do reembolso constitui um instrumento *tardio* de restauração patrimonial, de *duvidosa* eficácia e *injusta* aplicação.[45]

---

[43] Art. 5º da Circular SUSEP n. 437, de 14 de junho de 2012, que estabelece as regras básicas para a comercialização do Seguro de Responsabilidade Civil Geral e disponibiliza as condições contratuais do Plano Padronizado.

[44] Circular SUSEP n. 422, de 1º de abril de 2001, que estabelece regras básicas para a comercialização do Seguro de Responsabilidade Civil do Transportador Rodoviário por Desaparecimento de Carga (RCF-DC): "*No Seguro de Responsabilidade Civil do Transportador Rodoviário por Desaparecimento de Carga (RCF-DC), a Sociedade Seguradora garante ao Segurado, quando responsabilizado pelo desaparecimento de bens ou mercadorias que lhe foram entregues para transportar, o reembolso a que for obrigado, a título de reparação, por sentença judicial transitada em julgado, ou por acordo com os terceiros prejudicados, com a anuência da Sociedade Seguradora, desde que atendidas as disposições do contrato*" (art. 5º).

[45] POLIDO, Walter A. *Contrato de Seguro:* Novos Paradigmas. São Paulo: Roncarati, 2010, p. 202.

CAPÍTULO III – SEGURO DE RESPONSABILIDADE CIVIL

Duvidosa eficácia porque, já fragilizado com o sinistro que causou e suas possíveis consequências, o segurado é obrigado a esperar o reconhecimento definitivo de sua responsabilidade para, só depois, indenizar a vítima com dinheiro de seu orçamento pessoal ou proveniente de empréstimo. Após uma verdadeira *via crucis*, de posse do comprovante de pagamento, o segurado poderá solicitar o reembolso à sua companhia seguradora.

Injusta aplicação porque, se acaso não tiver condição financeira de arcar com o prejuízo junto à vítima, o segurado simplesmente não tem como acionar o seguro que ele próprio contratou. Vale registrar que o fato de não ter recursos para indenizar o terceiro é algo relativamente comum de acontecer, dependendo dos efeitos que muitas vezes atingem não só a vítima, mas também o causador do sinistro.

Em termos práticos, isso significa que, por falta de dinheiro, possivelmente em função da situação calamitosa deixada pelo sinistro,[46] o segurado também não teria como se valer da garantia do seguro. Sem o pagamento à vítima, não há sinistro; sem sinistro, não há obrigação a cargo da seguradora.[47] Esta, por sua vez, a tudo assistiria de longe, impassível, sob o consolo de que, quando for definida a responsabilidade do segurado e comprovado perante ela o pagamento feito por este à vítima, poder-se-á então dar continuidade ao procedimento de reembolso.[48]

---

[46] A doutrina observa que "*muitas empresas, depois de um sinistro, principalmente empresas de tamanho médio e pequeno, não teriam condições de sobreviver, se não fosse o seguro; muitos empreendimentos não seriam levados a cabo se não fosse a existência do seguro*" (BRAGA, Francisco de Assis. "Bases técnicas da empresa securitária". *Seguros:* uma questão atual. São Paulo: Max Limonad, 2001, p. 21).

[47] No Brasil, esse problema foi há muito percebido por Pontes de Miranda (*Tratado de Direito Privado:* Parte Especial. 3ª ed. Tomo XLVI. Rio de Janeiro: Borsoi, 1972, p. 55). *Cf.* MAGALLANES, Pablo Medina. "La acción directa del tercero en contra del asegurador en los seguros del Responsabilidad Civil en México". *1º Fórum de Direito do Seguro José Sollero Filho*. São Paulo: Max Limonad, 2000, p. 244.

[48] Em precedente dos anos 60, o Tribunal de Justiça do então Estado da Guanabara assentou, favoravelmente à ação direta, que "*Seria ilusória a proteção que o Poder Público quer, dessa maneira, estabelecer para os usuários e para os terceiros se, após o sinistro, à companhia*

Certamente, não foi esse o resultado que o tomador da garantia buscou obter. Um verdadeiro contrassenso imaginar semelhante estado de coisas, antes de tudo paradoxal diante do escopo *preventivo* que deve desempenhar esse seguro para quem o contratou sob a *legítima expectativa* de que não terá seu patrimônio afetado por conta de indenizações devidas a terceiros.[49]

Atualmente, existem sinais de repúdio à teoria do reembolso em algumas legislações mais modernas. No Peru, por exemplo, a recente Lei n. 29.946, de 06 de novembro de 2012, veio taxativa ao classificar de *nulas* as cláusulas que conferem ao segurador a obrigação principal de unicamente reembolsar o segurado do pagamento que este tiver realizado para indenizar a vítima.[50]

5. SINISTRO NO SEGURO DE RESPONSABILIDADE CIVIL

A crítica à teoria do reembolso abre caminho para um debate dos mais interessantes em matéria securitária, tendo relação direta com as premissas que procuramos expor anteriormente. Discute-se a respeito do momento de caracterização do sinistro no seguro de responsabilidade. O ponto é particularmente problemático porque a responsabilidade constitui um risco complexo que se desdobra no tempo.[51]

---

seguradora fosse dado furtar-se à obrigação instituída, fugindo ao trato com as pessoas em cujo benefício foi realizado o seguro". A ementa do julgado diz o seguinte: "Responsabilidade Civil – Seguro – Ação direta contra o segurador. – No caso de transporte cuja reparação esteja garantida por seguro, o segurador não responde perante a vítima que o aciona diretamente senão nos limites da apólice respectiva" (TJRJ, 7ª C. Cív. Ap. 20.085, Des. Gouveia Coelho, j. 12.06.1962, 1965, *RF*, n. 211/146-147).

[49] Vale conferir a crítica que Ovídio faz à cultura racionalista do século XIX, que até hoje dificulta a compreensão que temos sobre as formas de tutela preventiva. Para ele, o seguro de responsabilidade fundado na técnica do reembolso é exemplo típico desse velho paradigma: SILVA, Ovídio A. Baptista da. *O seguro e as sociedades cooperativas: Relações Jurídicas Comunitárias*. Porto Alegre: Livraria do Advogado, 2008, p. 101.

[50] Art. 109 da Lei Peruana: "*Son nulas las cláusulas de reembolso según las cuales la obligación principal del asegurador únicamente consiste en reembolsar al asegurado una vez que este haya asumido y pagado los daños*".

[51] CALLEWAERT, Vicent. "O novo projeto de lei brasileiro sobre o contrato de seguro: Comentários sobre os artigos 114 a 119. O seguro de responsabilidade civil".

CAPÍTULO III – SEGURO DE RESPONSABILIDADE CIVIL

Na literatura, três correntes sobressaem. Uma delas pretende vincular a consumação do sinistro à existência de *condenação judicial definitiva* contra o segurado ou de *transação homologada* com a anuência da seguradora. Tal pensamento se identifica com a sistemática do *reembolso*. Conforme assinalado, o regime do reembolso é normalmente previsto nas apólices do mercado segurador, sendo também a forma de pagamento de indenização oficialmente reconhecida pela Superintendência de Seguros Privados (SUSEP), que autoriza a seguradora a aguardar o desfecho do processo judicial para, só então, definir se houve ou não sinistro indenizável.[52]

Uma segunda teoria considera que o sinistro nasce com o *fato supostamente ilícito*, do qual resulta uma *dívida* de responsabilidade civil imputável à pessoa do segurado. O *débito* gerado pelo fato previsto no contrato representa uma ameaça ao seu patrimônio, constituindo assim o sinistro.[53] Autores assinalam que o nascimento de uma *dívida* de responsabilidade para o segurado representa uma queda em seu patrimônio, porque aumenta o passivo, constituindo um dano que se pretende evitar quando se contrata o seguro. O débito em aberto já implica o perigo de uma execução, o que significa a *possibilidade de sofrer um dano concreto*.[54]

Por essa ótica, o aparecimento da dívida que decorre de suposto ato ilícito já constitui um fato prejudicial ou ameaçador à vida do segurado, na medida em que pode ensejar a obrigação de reparar o prejuízo causado.[55]

IV Fórum de Direito do Seguro José Sollero Filho. Contrato de Seguro: Uma Lei para todos. São Paulo: IBDS, 2006, p. 422.

[52] Circular SUSEP n. 437, de 14 de junho de 2012, que estabelece as regras básicas para a comercialização do Seguro de Responsabilidade Civil Geral e disponibiliza as condições contratuais do Plano Padronizado (Art. 5º), na mesma linha da normativa anterior: Circular SUSEP n. 57, de 04 de novembro de 1981.

[53] No Brasil: PIMENTA, Melisa Cunha. *Seguro de Responsabilidade Civil.* São Paulo: Atlas, 2010, p. 129.

[54] STIGLITZ, Ruben S.; STIGLITZ, Gabriel. *Seguro contra la responsabilidad civil.* 2ª ed. Buenos Aires: Abeledo-Perrot, 1994, p. 263; HALPERIN, Isaac. *Seguros:* Exposición crítica de las leyes 17.418, 20.091 y 22.400. 3ª ed. Buenos Aires: Depalma, 2001, p. 969.

[55] MEILIJ, Gustavo Raúl. *Seguro de responsabilidad civil.* Buenos Aires: Depalma, 1992, p. 75; VITERBO, Camilo. *El seguro de la responsabilidad civil.* Buenos Aires: Depalma, 1944, p. 122.

Pode até não haver reclamação da vítima, simplesmente, ou pode prescrever a respectiva pretensão, mas houve o sinistro com o *fato lesivo* que poderá eventualmente obrigar o segurador a indenizar. De modo que o sinistro como dívida nascida do *fato danoso* pode existir em momento anterior a uma eventual reclamação do terceiro prejudicado.[56]

Uma terceira teoria, mais tradicional entre autores franceses e alemães, afirma que o sinistro de responsabilidade civil só aparece no momento em que houver *reclamação* judicial ou extrajudicial contra o segurado para pagamento de indenização. Sem reclamação da vítima, ainda não há sinistro propriamente dito.

Sustenta-se que o fato, por si só, não constitui um dano no patrimônio do segurado quando a própria ordem jurídica proíbe o desembolso direto e espontâneo sem a anuência do segurador. Por essa ótica, os primeiros acontecimentos que integram o processo de realização do risco não constituem ainda o sinistro, enquanto acontecimentos remotos que não chegam a ameaçar de perto a esfera jurídica do segurado.[57]

Alguns autores sustentam que, desde o momento em que um fato produz dano no patrimônio de terceiro, o responsável está obrigado ao seu ressarcimento, segundo os princípios gerais em matéria de responsabilidade civil. Mas o débito de responsabilidade só existe mesmo no momento em que houver *reclamação* da vítima, porque, ainda que a obrigação de indenizar seja eventual, a reclamação já põe em movimento o segurado em defesa de seu patrimônio ameaçado.[58]

---

[56] Em obra específica, Ruben Stiglitz registra o seguinte: "*La aparición de una deuda importa una disminución del patrimonio neto, un daño. El responsable está obligado al resarcimiento desde el momento mismo de la infracción dañosa a un deber jurídico. Desde ese momento hay una amenaza al patrimonio del asegurado, pues justamente el suceso ilícito dañoso indica el momento en que nace el crédito resarcitorio en favor del damnificado. Insistimos en que el riesgo asegurado es la eventualidad de una deuda de responsabilidad prevista en el contrato. Al concluirlo el asegurado tiene en vista la expectativa, la posibilidad de que su patrimonio se vea disminuido por un suceso ilícito dañoso que genere responsabilidad de su parte. De ahí que la obligación asumida por el asegurador consista en mantenerlo indemne por cuanto deba a un tercero a causa de la aludida responsabilidad cuya delimitación la establece el contrato*" (*El siniestro*. Buenos Aires: Astrea, 1980, p. 208).

[57] CONDE, Ma Ángeles Calzada. *El Seguro de Responsabilidad Civil*. Navarra: Aranzadi, 2005, pp. 48/49.

[58] ROITMAN, Horacio. *El seguro de la responsabilidad civil*. Buenos Aires: Lerner, 1974, p. 122.

CAPÍTULO III – SEGURO DE RESPONSABILIDADE CIVIL

Assim, é moeda corrente na doutrina francesa o entendimento de que somente o ataque de terceiros, fundado ou não, pode ser considerado como fonte de dano para o segurado.[59] A complexidade da responsabilidade civil é tamanha hoje em dia que se faz necessária a assistência do segurador junto ao segurado desde o início e antes da fase terminal de uma condenação ou transação. Ou seja, logo após a ocorrência do fato, mas, sobretudo, desde o momento em que é *imputada* alguma responsabilidade ao segurado.

Com essa linha de raciocínio parcela expressiva da doutrina assinala que a data da *reclamação do terceiro* constitui o sinistro para o seguro de responsabilidade civil.[60] No Brasil, autores da antiga[61] e nova[62] geração adotam esse marco metodológico de compreensão do sinistro a partir da reclamação (judicial ou extrajudicial) do terceiro, o que parece representar a leitura do sistema de direito positivo.

De fato, a teoria da *dívida* de responsabilidade é insuficiente para descrever a dinâmica desse tipo de negócio. O critério é remoto demais em relação ao momento a partir do qual a ordem jurídica passa a atribuir

---

[59] Na França, vigora texto normativo desde a Lei de 13 de julho de 1930, art. 50. Atualmente, a matéria está por conta do art. 124-1 do Código de Seguros (Lei n. 92.665/92). Assim, Picard e André Besson: *"seule cette attaque devient pour l'assuré source de dommage. Ainsi, suivant la formule d'Hémard, il peut y avoir tant sinistre sans responsabilité qu'inversement responsabilité sans sinistre. Le sinistre n'existe que par la réclamation du tiers"* (BESSON, André; PICARD, M. *Le contrat d'assurance*. Cinquième édition. Paris: L.G.D.J., 1982, t. 1, p. 531).

[60] Na Bélgica: BREHM, Roland. *Le contrat d'assurance RC*. Nouvelle édition, Bâle: Helbing, Lichtenhahn, 1997, p. 32. No México: MAGALLANES, Pablo Medina. "La acción directa del tercero en contra del asegurador en los seguros del Responsabilidad Civil en México". *1º Fórum de Direito do Seguro José Sollero Filho*. São Paulo: Max Limonad, 2000, p. 248.

[61] ALVIM, Pedro. *Responsabilidade civil e seguro obrigatório*. São Paulo: RT, 1972, p. 75.

[62] Nesse sentido, Tzirulnik: "Assim, o seguro de responsabilidade civil passa a incidir, caracteriza o *sinistro*, quando ocorre de fato uma ameaça ao patrimônio do segurado. Isto inegavelmente se verifica quando é formulada uma reclamação indenizatória, à medida que o segurador poderá ter de suportar a contraprestação consistente no aporte financeiro correspondente à indenização da vítima ou mesmo ao custo da defesa do segurado contra a imputação. Isto é da maior relevância: *o sinistro de responsabilidade civil* exsurge quando o patrimônio do segurado é ameaçado de diminuição por uma reclamação indenizatória apresentada pelo terceiro lesado, judicial ou extrajudicialmente, seja ou não fundada a reclamação. (...) Esse momento da reclamação, a nosso ver, é o momento em que efetivamente se caracteriza o *sinistro de responsabilidade civil*" ("Em torno do interesse segurado e da responsabilidade civil". *Seguros*: uma questão atual. São Paulo: Max Limonad, 2001, pp. 370 e 381).

os verdadeiros efeitos que emergem da relação jurídica securitária. O Código Civil dispõe que, tão logo saiba o segurado das consequências de seu ato, suscetível de lhe acarretar a responsabilidade incluída na garantia, comunicará o fato ao segurador (CC, art. 787, § 1º).

Noticia-se um fato que poderá caracterizar um sinistro indenizável. É bem verdade que o aviso sobre possível sinistro dispara para o segurador o dever de prestar o serviço de regulação para apurar as causas do evento, levantar os danos, medir a extensão do prejuízo e verificar a existência de cobertura. Entretanto, o pagamento da correspondente indenização, se houver cobertura para o evento, requer ao menos a demonstração de que a vítima reagiu. Tanto é que a *pretensão* do segurado nasce com a sua citação para responder à demanda do terceiro prejudicado, quando então começará a fluir o prazo prescricional (CC, art. 206, § 1º, II, "a").[63]

Se o evento estiver devidamente enquadrado nos riscos cobertos pelo contrato, a reclamação é o fato que determina o nascimento da obrigação do segurador de pagar indenização ao segurado ou diretamente à vítima, de modo a evitar o desfalque no patrimônio daquele.[64]

Portanto, não basta o fato que possa responsabilizar o segurado. É preciso que a vítima reclame e apresente seu pleito indenizatório. A demanda judicial pode até ser julgada improcedente, isentando o segurado de responsabilidade, mas, mesmo assim, o segurador pode ser obrigado a cobrir as despesas do processo ao qual o segurado foi chamado a responder.[65] Basta que tenha contratado cobertura para *custos da defesa civil*, como honorários advocatícios e custas judiciais.[66]

---

[63] Isso se não tiver havido antes a *negativa* expressa e escrita do segurador que represente para o segurado o fato gerador de sua pretensão (CC, art. 206, § 1º, II, "b").

[64] CONDE, Ma Ángeles Calzada. *El Seguro de Responsabilidad Civil*. Navarra: Aranzadi, 2005, p. 50.

[65] DIAS, José de Aguiar. *Da Responsabilidade Civil*. 5ª ed. Vol. II. Rio de Janeiro: Forense, 1973, p. 500.

[66] Circular SUSEP n. 437/2012, item 14.4 das Condições Gerais: "*A Seguradora indenizará também, quando contratualmente previsto, as custas judiciais e os honorários do advogado ou procurador, nomeado(s) pelo Segurado, até o valor do Limite Máximo de Indenização fixado para essa cobertura, observada, quando for o caso, a eventual proporção na responsabilidade pela indenização principal*". A recente Lei chilena n. 20.667/2013 estabelece, como extensão da cobertura, que a importância segurada compreende tanto os danos e prejuízos causados

CAPÍTULO III – SEGURO DE RESPONSABILIDADE CIVIL

Em suma, o critério da reclamação facilita compreender o seguro de responsabilidade fundamentalmente como *instrumento de prevenção*, o qual pode ser tanto mais eficaz e útil quanto maior for a sua capacidade de manter efetivamente *indene o patrimônio do segurado*.[67]

6. OBJETO DA GARANTIA SECURITÁRIA

O Código Civil brasileiro de 2002 estabeleceu uma estrutura diferente para o contrato de seguro. O dispositivo nuclear que abre o capítulo XV do estatuto civil prescreve que, pelo contrato de seguro, o segurador se obriga, mediante o pagamento de prêmio, a *garantir interesse legítimo* do segurado, relativo a pessoa ou a coisa, contra riscos predeterminados (CC, art. 757).

O compromisso do segurador é *garantir* desde já proteção ao *interesse legítimo* do segurado através de uma gestão técnica e responsável do fundo coletivo de prêmios,[68] de maneira que, se houver sinistro indenizável nos termos do contrato, a companhia possa, prontamente, proceder ao pagamento da correspondente indenização.[69 e 70]

---

a terceiros, como os gastos e custos do processo que ele e seus sucessores promovam contra o segurado (art. 572).

[67] TZIRULNIK, Ernesto. "O futuro do seguro de responsabilidade civil". *Revista dos Tribunais*, Vol. 782, São Paulo: RT, dezembro, 2000, p. 68, dezembro, 2000.

[68] "A prestação dessa garantia – ensina Comparato – independentemente da ocorrência do sinistro e, pois, da obrigação de indenizar, representa, em si mesma, um bem econômico, valorizando o patrimônio do segurado" ("Seguro de garantia de obrigações contratuais". *Novos Ensaios e Pareceres de Direito Empresarial*. Rio de Janeiro: Forense, 1981, p. 360).

[69] Nesse sentido, a experiência de Pedro Alvim: "As operações de seguros constituem atividade meio. Seu objetivo é organizar uma coletividade e recolher de seus participantes determinada parcela para constituição de um fundo comum. Dele serão retiradas as quantias necessárias à cobertura de riscos que afetam a comunidade. Esse fundo, doutrinariamente, não pertence ao segurador, mas aos segurados. Deve, pois, ser administrado levando em consideração precipuamente os interesses dos contribuintes que pressupõem a cobertura dos riscos de maneira satisfatória, na forma das cláusulas do contrato" (*Política Nacional de Seguros:* Neoliberalismo, Globalização e Mercosul. São Paulo: Manuais Técnicos de Seguros, 1996, p. 51).

[70] STIGLITZ, Rubén S. "Controle do Estado sobre a atividade seguradora". *II Fórum de Direito do Seguro José Sollero Filho*. São Paulo: EMTS, 2002, p. 50; SILVA, Ovídio Baptista da. "Natureza jurídica do monte de previdência". *II Fórum de Direito do Seguro José Sollero*

Como se vê, o legislador brasileiro adotou o *interesse legítimo* como o objeto da garantia securitária.[71] A teoria do interesse é fundamental para se entender a dinâmica desse tipo de negócio.[72] Ela demonstra que o contrato de seguro protege não a coisa em si, mas o *interesse de conservação* que alguém tem sobre ela, aquilo que Comparato chama de *relação de natureza econômica que o segurado mantém com a coisa ou pessoa sujeita a risco*.[73]

Na prática, uma adequada noção do conceito de interesse pode ser determinante para enquadrar um evento como sinistro indenizável, para medir a verdadeira extensão do dano, e ainda para identificar quem são os possíveis titulares do interesse sujeito a risco. A caracterização do sinistro não depende necessariamente da quebra física dos objetos, do rompimento de uma barragem ou do desabamento de uma obra da

---

Filho. São Paulo: EMTS, 2002, p. 82; OLIVEIRA, Eduardo Ribeiro de. "Contrato de seguro: alguns tópicos". *In*: NETTO, Domingos Franciulli; MENDES, Gilmar Ferreira; MARTINS FILHO, Ives Gandra da Silva (Coord.). *O novo Código Civil*: Estudos em homenagem ao Professor Miguel Reale. São Paulo: LTr, 2003, p. 736.

[71] COMPARATO, Fábio Konder. "Substitutivo ao capítulo referente ao contrato de seguro no anteprojeto de Código Civil". *Revista de Direito Mercantil*. n. 05, p. 143. São Paulo: RT, 1972. Hoje, alguns autores leem o art. 757 do CC com a ideia de que o interesse é o objeto da garantia, enquanto esta vem a ser o objeto imediato do contrato de seguro (TZIRULNIK, Ernesto; CAVALCANTI, Flávio Queiroz B.; PIMENTEL, Ayrton. *O contrato de seguro de acordo com o Código Civil brasileiro*. 3ª ed. São Paulo: Roncarati, 2016, p. 44).

[72] Com excelente abordagem sobre *legítimo interesse*: TJSP, 24ª Câmara de Dir. Privado, Ap. 7.133.626-4, Des.ª Maria Goretti Beker Prado, j. 26.09.2008.

[73] COMPARATO, Fábio Konder. *O seguro de crédito*. São Paulo: RT, 1968, pp. 25/26; COMPARATO, Fábio Konder. "Seguro de garantia de obrigações contratuais". *Novos Ensaios e Pareceres de Direito Empresarial*. Rio de Janeiro: Forense, 1981, p. 353. Fora do Brasil: MOITINHO DE ALMEIDA, J. C. *O Contrato de Seguro no Direito Português e Comparado*. Lisboa: Livraria Sá da Costa, 1971, p. 147; MENEZES CORDEIRO, António. *Direito dos Seguros*. Coimbra: Almedina, 2013, p. 506; MEILIJ, Gustavo Raúl. *Seguro de responsabilidad civil*. Buenos Aires: Depalma, 1992, p. 45; HALPERIN, Isaac. *Lecciones de seguros*. Buenos Aires: Depalma, 1997, p. 21. Nos anos 40 já se via em Tullio Ascarelli o significado de interesse segurável: o beneficiário do seguro deve se encontrar numa situação tal que o sinistro se converta em dano para ele, razão por que não lhe interessa sua ocorrência ("O conceito unitário do contrato de seguro". *Problemas das Sociedades Anônimas e Direito Comparado*. São Paulo: Saraiva, 1945, p. 223).

CAPÍTULO III – SEGURO DE RESPONSABILIDADE CIVIL

construção civil. O sinistro existe com a perda de funcionalidade de uma determinada coisa, com o comprometimento de uma estrutura mal construída ou instalada de forma inadequada, a inviabilizar a continuidade da obra ou o seu funcionamento, sem que tenha havido propriamente dano físico à coisa.

Assim, se a finalidade da garantia é evitar uma possível lesão ao interesse legítimo do segurado, o dano pode justificar uma indenização para além do valor da coisa (nos limites da apólice), a depender do tamanho da lesão causada no *interesse econômico* que tem o segurado em preservar aquele bem.[74] Outra demonstração disso é o fato de poder haver vários seguros relacionados com a mesma coisa ou o mesmo risco, tantos sejam os interesses ali envolvidos voltados a preservar patrimônios de pessoas distintas, a exemplo dos seguros contratados pelo locatório e pelo proprietário contra o risco de incêndio no mesmo imóvel.[75]

O seguro de responsabilidade civil, em particular, possui o seu âmbito próprio de interesse. Não mais omisso como foi o antecessor, o Código Civil vigente assinala que "*o segurador garante o pagamento de perdas e danos devidos pelo segurado a terceiro*" (CC, art. 787). Esse preceito deve ser lido em conexão com o texto do art. 757. Logo, o novo paradigma não corresponde mais a uma promessa de eventual e futuro reembolso do segurado pelo prejuízo causado no patrimônio de terceiro, mas, sim, a uma *garantia* de proteção ao *interesse* do segurado relacionado

---

[74] Para uma análise crítica sobre a postura do mercado segurador e do órgão ressegurador brasileiro (IRB) em relação ao seguro de risco de engenharia, amarrado à cobertura de "*danos físicos à propriedade tangível*" (*physical dammage and tangible property* do Direito inglês), conferir: AGUIAR Jr, Ruy Rosado de. "Teoria do Interesse, Engineering e o Dano Físico no Seguro de Danos". *I Congresso Internacional de Direito do Seguro do Conselho da Justiça Federal e Superior Tribunal de Justiça: VI Fórum de Direito do Seguro José Sollero Filho*. São Paulo: Roncarati, 2015, p. 200; TZIRULNIK, Ernesto. *Seguro de riscos de engenharia*: instrumento do desenvolvimento. São Paulo: Roncarati, 2015, p. 169.

[75] COMPARATO, Fábio Konder. *O seguro de crédito*. São Paulo: RT, 1968, pp. 25/26; GROUTEL, Hubert. "O interesse segurável e os danos materiais no Direito francês". *I Congresso Internacional de Direito do Seguro do Conselho da Justiça Federal e Superior Tribunal de Justiça: VI Fórum de Direito do Seguro José Sollero Filho*. São Paulo: Roncarati, 2015, p. 208; PIZA, Paulo Luiz de Toledo. *Contrato de resseguro*: Tipologia, Formação e Direito Internacional. São Paulo: IBDS, 2002, p. 201.

com o seu patrimônio exposto ao risco de sofrer imputações de responsalidade por danos causados a teceiros.

Em outros termos, esse contrato garante o interesse legítimo do segurado relacionado com o seu *patrimônio sujeito aos reflexos que sua responsabilidade civil pode lhe acarretar perante terceiros*.[76] É assim que deve ser compreendido o seguro de responsabilidade civil, sobretudo a partir do paradigma implantado pelo Código Civil de 2002.[77]

7. ESTRUTURA E DINÂMICA DO CONTRATO

A obrigação tem como elementos o *débito* e a *responsabilidade*.[78] Nem sempre o responsável pelo pagamento é o titular do débito na relação obrigacional, assim como, no campo da execução civil, nem sempre aquele que figura no polo passivo da execução é o devedor apontado no título executivo.[79] A estrutura do contrato de seguro de responsabilidade permite trabalhar com essas duas categorias.[80]

Trata-se de um contrato celebrado entre o titular do interesse exposto a risco (segurado) e uma sociedade seguradora legalmente autorizada pelo

---

[76] THEODORO Jr., Humberto. "O seguro de responsabilidade civil: Disciplina material e processual". *Revista de Direito Privado*. n. 46, p. 300. São Paulo: RT, 2011; MOITINHO DE ALMEIDA, J. C. *O Contrato de Seguro no Direito Português e Comparado*. Lisboa: Livraria Sá da Costa, 1971, p. 149.

[77] Vale lembrar a sempre sábia lição de Miguel Reale: "*Nada seria mais prejudicial do que interpretar o novo Código Civil com a mentalidade formalista e abstrata que predominou na compreensão da codificação por ele substituída*" ("Sentido do Novo Código Civil". *Filosofia e teoria política (Ensaios)*. São Paulo: Saraiva, 2003, p. 91).

[78] COMPARATO, Fábio Konder. "Notas retificadoras sobre seguro de crédito e fiança". *Direito Empresarial:* Estudos e Pareceres. São Paulo: Saraiva, 1990, p. 440; COUTO E SILVA, Clóvis do. *A obrigação como processo*. Rio de Janeiro: FGV, 2006, p. 81.

[79] THEODORO Jr., Humberto. "Partes e terceiros na execução. Responsabilidade patrimonial". *O processo civil brasileiro no limiar do novo século*. Rio de Janeiro: Forense, 1999, p. 256.

[80] Estrutura do contrato significa o seu arranjo interno, os elementos que o compõem e como se relacionam: COMPARATO, Fábio Konder. "Notas retificadoras sobre seguro de crédito e fiança". *Direito Empresaria:* Estudos e Pareceres. São Paulo: Saraiva, 1990, p. 440.

CAPÍTULO III – SEGURO DE RESPONSABILIDADE CIVIL

Estado a funcionar. O segurado carrega a *dívida* decorrente de seu comportamento ilícito e a *responsabilidade* pelo pagamento dos valores devidos pelo dano. A seguradora, por sua vez, assume a *responsabilidade* pela garantia de pagamento. A responsabilidade pelo fato em si não é dela. Faltaria nexo de causalidade entre seu comportamento e o resultado lesivo. O que pode ser da seguradora, por força do contrato de seguro, é a *responsabilidade pela garantia* de indenização correspondente ao dano efetivamente verificado, nos limites da cobertura contratual.[81]

O negócio representa para a seguradora a obrigação de prestar uma garantia de segurança para os interesses legítimos do segurado em relação aos atos lesivos que este possa causar no patrimônio de terceiros. O segurado, portanto, *não se livra da dívida gerada pelo ato ilícito praticado*. O seguro não faz desaparecer suas dívidas, nem pré-exclui sua responsabilidade de solvê-las.[82] Existem danos que eventualmente podem não ser alocados nas coberturas de seguro. É possível que o evento ocorrido não esteja coberto. Se isso acontecer, o prejuízo será integralmente arcado pelo segurado sem o concurso da garantia securitária.

Por outro lado, ainda que o evento esteja previsto nas condições de cobertura, o prejuízo pode ficar aquém da *franquia* contratada na apólice. O segurado então arcará sozinho com o desfalque. No outro

---

[81] BORGES, Nelson. "Os contratos de seguro e sua função social: A revisão securitária no novo Código Civil". *Revista dos Tribunais*. n. 826, p. 30. São Paulo: RT, 2004.

[82] Nesse sentido, a opinião autorizadíssima de Silvio Rodrigues examinando um sinistro de incêndio: "A obrigação de proceder ao seguro do prédio é uma das várias obrigações contratuais assumidas pela locatária, atendendo, de resto, a uma exigência dos locadores. Estes é que, no intuito de minimizar seu eventual prejuízo, principalmente tendo em vista a possibilidade do incêndio provocar a insolvência da locatária, exigiram que esta levasse a efeito o seguro. Mas é manifesto o caráter acessório desta cláusula. A obrigação principal da locatária consistia devolver o imóvel aos locadores no estado em que ele lhe foi entregue. Acessoriamente, como garantia suplementar, tendo em vista apenas o resguardo dos interesses dos locadores, é que estes exigiram, e a locatária concordou, que um seguro fosse feito às expensas desta, em benefício dos senhorios. Pretender que a estipulação do seguro pudesse trazer benefício à locatária em detrimento dos locadores, ou que a citada estipulação tivesse o condão de revogar a obrigação principal (de restituir o imóvel em perfeito estado) equivaleria a reverter os ônus do negócio, ou seja, de interpretá-lo às avessas" ("Locação. Incêndio no prédio locado. Seguro". *Direito civil aplicado*. Vol. 1. São Paulo: Saraiva, 1981, p. 119).

extremo, a Importância Máxima Segurada (IMS) pode não ser suficiente para compreender todo o prejuízo. Nesse caso, o segurado pode ser chamado a cobrir o montante do dano que *extrapolou* o limite previsto na apólice. Por fim, o segurado, se quiser, pode não dar aviso de sinistro à sua seguradora, assumindo inteiramente as consequências do fato por ele praticado.

Como se observa, o segurado continua com o *débito* e continua *responsável* pelo pagamento de eventual indenização. O seguro não o "isenta" de responsabilidade pelos atos que venha a praticar na vida civil, nem o livra das dívidas que venha a contrair em função desses atos. Constitui equívoco grave achar que, portando uma apólice de seguro, alguém "transferiu" suas dívidas e responsabilidades para uma seguradora.[83]

A empresa de transporte, por exemplo, não está isenta de suas obrigações básicas pelo só fato de haver contratado um Seguro do Transportador Rodoviário de Carga.[84] Esse seguro não exclui sua responsabilidade como transportador, nem faz desaparecer o débito gerado por seus atos e omissões. A ela compete assegurar sempre a *incolumidade* da mercadoria confiada à sua guarda (CC, art. 749).[85] O seguro apenas pode

---

[83] MOITINHO DE ALMEIDA, J. C. *O Contrato de Seguro no Direito Português e Comparado.* Lisboa: Livraria Sá da Costa, 1971, p. 291; DELGADO, José Augusto. *Comentários ao novo Código Civil:* Das Várias Espécies de Contrato. Do Seguro – Arts. 757 a 802. In: TEIXEIRA, Sálvio de Figueiredo (Coord.). Vol. 11. Tomo I. Rio de Janeiro: Forense, 2004, p. 568.

[84] Decreto n. 61.867/67, art. 5º e 10; Resolução CNSP n. 123/2005.

[85] A Lei n. 11.442/2007, que dispõe sobre o transporte rodoviário de carga, carrega o equívoco técnico de supor que o transportador estaria *isento* de responsabilidade pelo só fato de haver uma apólice de seguro contratada pelo embarcador. Assim está escrito: "*Os transportadores e seus subcontratados somente serão liberados de sua responsabilidade em razão de: (...) VI – contratação de seguro pelo contratante do serviço de transporte, na forma do inciso I do art. 13 desta Lei*" (art. 12). O equívoco de linguagem, todavia, não altera o regime de responsabilidade civil do transportador, seja no plano *contratual* perante seus clientes, seja na esfera de sua responsabilidade *extracontratual* perante terceiros não clientes. Na verdade, a *dívida* continua com o transportador, assim como sua *responsabilidade* pelo pagamento. O que pode acontecer eventualmente é o fato dele não vir a *pagar* a indenização se houver o acionamento do seguro contratado pelo embarcador com cobertura suficiente para o evento.

CAPÍTULO III – SEGURO DE RESPONSABILIDADE CIVIL

evitar que a empresa de transporte, diante de um evento caracterizado como sinistro, venha a *pagar* pelas consequências do acidente.[86]

Na verdade, o que ocorre é uma *assunção* de responsabilidade pela seguradora que se obriga a prestar uma garantia de indenidade. Essa garantia de indenidade significa proteção aos interesses do segurado no sentido de que o seu patrimônio não seja afetado diante de possíveis reclamações de terceiros, desde que haja cobertura integral nos limites e nas condições do contrato de seguro. Uma garantia de responsabilidade *compartilhada*, portanto.[87]

8. ESCOPO DA GARANTIA SECURITÁRIA

Muito se discutiu sobre o que realmente move uma pessoa ao contratar um seguro dessa espécie. Seria o intuito de proporcionar segurança ao próprio patrimônio? Ou a finalidade da contratação seria proteger as vítimas do acidente?

Para quem considera que o objetivo do contrato é proteger as vítimas, esse seguro funcionaria como uma *estipulação em favor de terceiro*. Por essa ótica, o segurado (*estipulante*) conserta com o seu segurador (*promitente*) que este será responsável pelo pagamento de eventual indenização devida por aquele a terceiro (*beneficiário*). A posição de beneficiário da indenização credencia a vítima no direito de exigir da sociedade seguradora o cumprimento da obrigação.[88]

No entanto, a experiência demonstra que o seguro facultativo de responsabilidade não representa uma estipulação do tomador em prol

---

[86] Precedente do antigo TFR pode ilustrar o quanto afirmado acima: "Cláusula de irresponsabilidade – Insurance Clause. *É nula a cláusula pela qual o transportador se exonera de indenizar prejuízos decorrentes de riscos que possam ser cobertos pelo seguro*" (2ª T., Ap. 1.312, Min. Artur Marinho, j. 20.08.48, *RF*, n. 121, 1949, p. 154).

[87] Os portugueses chamam esse mesmo fenômeno de *"co-assunção de dívida"* (CAMPOS, Diogo José Paredes Leite de. *Seguro da Responsabilidade Civil Fundada em Acidentes de Viação:* Da Natureza Jurídica. Coimbra: Almedina, 1971, p. 85).

[88] CC, art. 236, § único: "*Ao terceiro, em favor de quem se estipulou a obrigação, também é permitido exigi-la, ficando, todavia, sujeito às condições e normas do contrato, se a ele anuir, e o estipulante não o inovar nos termos do art. 438*".

das vítimas. O escopo prático da garantia é, fundamentalmente, *a proteção do patrimônio daquele que a contratou, ou seja, proteção ao interesse econômico do segurado relacionado com o seu patrimônio*. Essa é a intenção de quem recorre a um seguro de automóvel, da empresa que busca uma apólice de responsabilidade civil ambiental, do construtor frente à complexidade de uma obra de engenharia, do administrador em função dos atos de gestão empresarial que lhe possam trazer implicações, do médico e advogado frente ao risco de erro profissional, do transportador rodoviário de carga diante das reclamações de clientes e terceiros, entre outros.

Mas a adoção dessa premissa não compromete a atuação *preventiva* que o seguro deve exercer na sociedade contemporânea, tampouco esmorece a função social que ele carrega.[89] Para bem cumprir sua missão, o segurador deve facilitar todos os meios necessários para que *o patrimônio do segurado não seja afetado, ou afetado o menos possível, com o pagamento de indenizações*.[90]

Como já foi dito, o seguro de responsabilidade não pode mais representar uma simples promessa de recomposição do patrimônio do segurado, um instrumento de reembolso eventual, a depender do pagamento feito por este à vítima. Muito além de uma promessa de

---

[89] HALPERIN, Isaac. *La accion directa de la victima contra el asegurador del responsable civil del daño*. Buenos Aires: La Ley, 1944, p. 115; TZIRULNIK, Ernesto. "O futuro do seguro de responsabilidade civil". *Revista dos Tribunais*. Vol. 782, p. 68. São Paulo: RT, dezembro, 2000.

[90] Na Argentina: MORANDI, Juan Carlos Félix. "Seguro de responsabilidad civil". *Revista Ibero-latinoamericana de Seguros*. Bogotá: Javegraf, n. 08, 1996, p. 10; e "La acción directa del damnificado contra el asegurador en el seguro de responsabilidad civil". *Revista del Derecho Comercial y de las Obligaciones*. Año 3, n. 13 a 18, Buenos Aires: Depalma, 1970, p. 794; HALPERIN, Isaac. *Seguros*: Exposición crítica de las leyes 17.418 y 20.091. 2ª ed. Vol. II. Buenos Aires: Depalma, 1983, p. 677; e "Acción directa del damnificado en el seguro de la responsabilidad civil". *Revista del Derecho Comercial y de las Obligaciones*. Año 3, n. 13 a 18, Buenos Aires: Depalma, 1970, p. 510. Na Colômbia: JARAMILLO, Carlos Ignacio. "La acción directa en el seguro voluntario de responsabilidad civil y en el seguro obligatorio de automoviles: su proyección en America Latina: radiografia de una lenta conquista". *Revista Ibero-latinoamericana de Seguros*. n. 08, Bogotá: Javegraf, 1996, p. 140. Na Espanha: CALERO, Fernando Sánchez. "La acción directa del tercero damnificado contra el asegurador". *Revista Ibero-latinoamericana de Seguros*. n. 10, Bogotá: Javegraf, 1997, p. 71.

CAPÍTULO III – SEGURO DE RESPONSABILIDADE CIVIL

restauração, a garantia existe para tornar *indene* a esfera patrimonial daquele que a contratou.[91]

Em outros termos, manter o patrimônio *indene* significa que o pagamento da indenização deve chegar *antes* do desembolso a ser efetuado pelo segurado, evitando o desfalque.[92] Para tanto, existem *técnicas* que podem ajudar esse tipo de garantia a satisfazer o seu escopo e cumprir sua função social.

9. FUNÇÃO SOCIAL DO SEGURO DE RESPONSABILIDADE CIVIL

A ideia de *função social*, que limita e condiciona a manifestação de vontade das partes, representa a preocupação do sistema com aqueles que, a despeito de não figurarem nos polos da relação contratual, poderão ser beneficiados ou prejudicados com a execução do negócio jurídico (CC, art. 421). Essa cláusula geral prescreve que o contrato não pode ser analisado apenas do ponto de vista econômico. Existe um outro foco de análise: os *reflexos* que o contrato pode projetar na esfera de *terceiros*.[93]

O contrato de seguro está impregnado desse espírito, sobretudo em se tratando de uma espécie contratual que opera em regime de

---

[91] Há na doutrina quem sustente, com fortes argumentos, que esse seguro tem por finalidade proteção de duplo interesse.

[92] PONTES DE MIRANDA, F. C. *Tratado de Direito Privado:* Parte Especial. 3ª ed. Tomo XLVI. Rio de Janeiro: Borsoi, 1972, p. 51. Pontes foi ainda mais claro ao afirmar que "*O segurador vincula-se a segurar a responsabilidade; portanto, a incolumizar o contraente de quanto deva prestar ao terceiro. Não se trata de dever de reembolso, e sim de dever de fazer indene à dívida o contraente. Tal é a contraprestação do segurador*" (PONTES DE MIRANDA, F. C. *Tratado de Direito Privado:* Parte Especial. 3ª ed. Tomo XLVI. Rio de Janeiro: Borsoi, 1972, p. 55).

[93] THEODORO Jr., Humberto. *O contrato e sua função social.* 3ª ed. Rio de Janeiro: Forense, 2008, p. 13; NERY Jr., Nelson. "Contratos no Código Civil: Apontamentos gerais". *In*: NETTO, Domingos Franciulli; MENDES, Gilmar Ferreira; MARTINS FILHO, Ives Gandra da Silva (Coord.). *O novo Código Civil:* Estudos em homenagem ao Professor Miguel Reale. São Paulo: LTr, 2003, p. 423; MARTINS-COSTA, Judith; BRANCO, Gerson Luiz Carlos. *Diretrizes Teóricas do Novo Código Civil Brasileiro.* São Paulo: Saraiva, 2002, p. 158.

massa. Se o escopo da garantia, na visão do segurado, tem um sentido individualista de conferir proteção ao seu patrimônio (*proteção ao interesse econômico do segurado relacionado com o seu patrimônio*), a *função social* desse seguro chega a ser mais ampla. Ao disciplinar o seguro de responsabilidade, o sistema jurídico moderno se preocupa não só com os interesses do segurado, mas também com as consequências que um acidente pode causar na vida das pessoas que não fazem parte da relação contratual firmada entre segurado e segurador: são os *terceiros* a que se refere o art. 787 do Código Civil.[94]

Definitivamente, a evolução da sociedade e dos negócios mexeu com as bases da antiga teoria romana segundo a qual a eficácia do negócio jurídico deveria ficar limitada às partes, segundo o *princípio da relatividade* dos contratos.[95]

Portanto, a compreensão que se deve ter sobre o seguro de responsabilidade é ampla o suficiente para proteger o patrimônio do segurado e, ao mesmo tempo, resolver o problema das vítimas do sinistro.[96] Com esse espectro, trata-se de uma garantia de *duplo interesse*.[97]

---

[94] MELO, Gustavo de Medeiros. "Ação direta da vítima contra a seguradora no seguro de responsabilidade civil". *Revista de Processo*. n. 243, p. 48. São Paulo: RT, maio, 2015; SALOMÃO FILHO, Calixto. "Regulação econômica e novo Código Civil: o contrato de seguro". *III Fórum de Direito do Seguro José Sollero Filho*. São Paulo: IBDS, 2003, pp. 263/267; POLIDO, Walter A. *Contrato de Seguro:* Novos Paradigmas. São Paulo: Roncarati, 2010, p. 79; NEGREIROS, Teresa. *Teoria do Contrato:* Novos Paradigmas. 2ª ed. Rio de Janeiro: Renovar, 2006, pp. 227 e 230.

[95] BETTI, Emilio. *Teoría general del negocio jurídico*. Granada: Editorial Comares, 2000, p. 222; NERY Jr., Nelson. "Contratos no Código Civil: Apontamentos gerais". *In:* NETTO, Domingos Franciulli; MENDES, Gilmar Ferreira; MARTINS FILHO, Ives Gandra da Silva (Coord.). *O novo Código Civil:* Estudos em homenagem ao Professor Miguel Reale. São Paulo: LTr, 2003, p. 423.

[96] Isaac Halperin, em trabalho clássico dos anos 40, já dizia que constitui erro afirmar que a ordem pública não está interessada em resolver o problema das vítimas. Na verdade, existe um interesse em assegurar a elas o ressarcimento rápido e integral (*La accion directa de la victima contra el asegurador del responsable civil del daño*. Buenos Aires: La Ley, 1944, p. 118).

[97] Antes do CC/16: TZIRULNIK, Ernesto. "O futuro do seguro de responsabilidade civil". *Revista dos Tribunais*. Vol. 782, p. 72. São Paulo: RT, dezembro, 2000. Mais recentemente:

CAPÍTULO III - SEGURO DE RESPONSABILIDADE CIVIL

Com isso, é possível conferir aos terceiros o uso de determinadas *técnicas* de recomposição patrimonial que vêm ao encontro do próprio *escopo* do contrato e da *função* por ele desempenhada num contexto social mais amplo. Uma delas é o acionamento direto da seguradora contratada pelo responsável.[98]

10. TÉCNICAS A SERVIÇO DO DIREITO MATERIAL

O contrato de seguro depende de *técnicas* a serem aplicadas no plano extrajudicial e judicial para bem cumprir seu escopo de manter *incólume* o patrimônio do segurado diante de possíveis imputações de responsabilidade formuladas por terceiros.

Uma das técnicas consiste no *pagamento direto* à vítima (técnica de cumprimento de obrigação). O produto da indenização é destinado diretamente ao terceiro lesado, de forma que o segurado não precise comprometer dinheiro do seu orçamento. Outra forma, agora na contramão, seria a chamada *ação direta*, pela qual se autoriza o terceiro a acionar em juízo a companhia seguradora contratada pelo segurado que lhe causou o dano (técnica de acionamento judicial).

10.1 A prática do pagamento direto à vítima

Conforme anunciado linhas atrás, uma das técnicas para evitar disfunções e assegurar a eficácia do contrato seria o pagamento feito pelo segurador diretamente à vítima, sem passar pelo segurado.

TZIRULNIK, Ernesto. *Seguro de riscos de engenharia:* instrumento do desenvolvimento. São Paulo: Roncarati, 2015, p. 67. Na dogmática portuguesa: CAMPOS, Diogo José Paredes Leite de. *Seguro da Responsabilidade Civil Fundada em Acidentes de Viação:* Da Natureza Jurídica. Coimbra: Almedina, 1971, p. 37; MOITINHO DE ALMEIDA, J. C. *O Contrato de Seguro no Direito Português e Comparado.* Lisboa: Livraria Sá da Costa, 1971, p. 267.

[98] Essa técnica vai ao encontro das diretrizes fundamentais do Código Civil de 2002, que, segundo Reale, consistiu "antes dar um sentido operacional do que conceitual, procurando configurar os modelos jurídicos como elemento de trabalho, em função das forças sociais operantes no País, isto é, como instrumentos da paz social e do desenvolvimento" (REALE, Miguel. *Anteprojeto de Código Civil.* Brasília: Ministério da Justiça, Comissão de Estudos Legislativos, 1972, p. 9).

O mercado de seguros conhece a praxe do *pagamento direto*, sobretudo em seguro de automóvel. As companhias, quando concluem o processo de regulação do sinistro, ou quando forçadas em juízo a cumprir sua obrigação de pagar a correspondente indenização, geralmente o fazem por meio do pagamento direto ao terceiro. Esse expediente, de tão praticado, é reconhecido pelo próprio Estado. A Circular SUSEP n. 437/2012, que estabelece regras básicas sobre Seguro de Responsabilidade Civil Geral, dispõe: "*ao invés de reembolsar o segurado, a seguradora poderá oferecer a possibilidade de pagamento direto ao terceiro prejudicado*" (art. 5º, § 1º).[99]

Por seu turno, o sistema é verdadeiramente impositivo quando mexe com seguro obrigatório. O Código Civil dispõe que "*nos seguros de responsabilidade legalmente obrigatórios, a indenização por sinistro será paga pelo segurador diretamente ao terceiro prejudicado*" (art. 788).

Trata-se de prática conhecida em outros sistemas de Direito Comparado. O Código Civil da Itália (1942), no capítulo dedicado ao seguro de responsabilidade civil, assinala que o segurador tem a faculdade, mediante prévia comunicação ao segurado, de pagar a indenização devida diretamente ao terceiro lesado, e tem a obrigação de fazê-lo quando o segurado requerer o pagamento direto.[100]

O pagamento direto – seja por força de ordem judicial, seja voluntariamente – deve ser aplaudido. Ele evita que o patrimônio do segurado seja afetado (*se tiver ele que pagar o prejuízo para depois ser reembolsado*) e, ao mesmo tempo, facilita o direcionamento da indenização para aquele que foi o grande prejudicado com o sinistro. Na prática, o destino desse aporte financeiro é não raras vezes incerto. Existe o risco de não ser

---

[99] Outros tipos de seguro de responsabilidade civil seguem o mesmo procedimento. O Seguro de Responsabilidade Civil do Transportador Rodoviário por Desaparecimento de Carga (RCF-DC), por exemplo: "*Alternativamente ao reembolso ao Segurado, a Sociedade Seguradora poderá oferecer a possibilidade de pagamento direto ao terceiro prejudicado*" (Circular SUSEP n. 422/2011, art. 5º, § 1º).

[100] Art. 1.917 do Código Civil italiano: "*Assicurazione della responsabilità civile – L'assicuratore ha facoltà, previa comunicazione all'assicurato, di pagare direttamente al terzo danneggiato l'indennità dovuta, ed e obbligato al pagamento diretto se l'assicurato lo richiede*" (art. 1.917).

CAPÍTULO III – SEGURO DE RESPONSABILIDADE CIVIL

repassado à vítima.[101] Basta que o segurado o retenha de má-fé ou não consiga repassá-lo em função das dificuldades de uma possível situação de insolvência. Além do enriquecimento sem causa,[102] a vítima é o verdadeiro prejudicado.[103]

10.2 O acionamento direto da seguradora pela vítima

Ao lado do pagamento direto à vítima, que pode ser feito até no plano extrajudicial, existe outra forma de se conferir mais eficácia ao seguro de responsabilidade. É a técnica da ação ajuizada pela vítima contra a companhia seguradora do responsável pelo dano, tangenciando a pessoa do segurado.

A ação direta é a forma pela qual o credor, em seu nome próprio, pode reclamar do *devedor do seu devedor* o cumprimento de determinada prestação inadimplida, a fim de obter do primeiro o que este deve ao segundo, sem que haja vínculo contratual entre autor e réu.[104] Trata-se de instituto já bastante desenvolvido em outros países. Os exemplos são os mais variados, não se limitando ao campo securitário.[105]

A depender das circunstâncias, pode existir ação direta entre o sublocatário e o locador; entre o adquirente da coisa e outros alienantes

---

[101] PONTES DE MIRANDA, F. C. *Tratado de Direito Privado*: Parte Especial. 3ª ed. Rio de Janeiro: Borsoi, 1972, t. XLVI, p. 56; CALERO, Fernando Sánchez. "La acción directa del tercero damnificado contra el asegurador". *Revista Ibero-latinoamericana de Seguros*. n. 10, Bogotá: Javegraf, 1997, p. 60.

[102] A intenção de evitar o enriquecimento sem causa do segurado tem sido justificativa para alguns precedentes seguirem a técnica do *reembolso*: STJ, 3ª T., REsp 287.134-SP, Min.ª Nancy Andrighi, j. 19.09.2001.

[103] A experiência prática dá um exemplo corriqueiro do quanto alertado acima. Basta que o segurado (empresa ou pessoa física) esteja endividado por conta de algum empréstimo que tomou junto ao Banco. Quando isso acontece, o pagamento efetuado em sua conta corrente fica automaticamente retido pela instituição financeira credora. Não chega na vítima.

[104] PORTO, Mario Moacyr. "Seguro de responsabilidade: Ação direta da vítima contra a seguradora". *Ação de responsabilidade civil e outros estudos*. São Paulo: RT, 1966, p. 48.

[105] HALPERIN, Isaac. *La accion directa de la victima contra el asegurador del responsable civil del daño*. Buenos Aires: La Ley, 1944, p. 67.

que o precederam na cadeia de transmissão do bem, por meio da chamada denunciação da lide *per saltum* (CC, art. 456); entre o consumidor e o fabricante, o produtor, o construtor, nacional ou estrangeiro, e o importador pela reparação dos danos causados por defeitos de projeto, fabricação, construção, montagem, fórmulas, manipulação, apresentação ou acondicionamento de seus produtos (CDC, art. 12);[106] entre a vítima e a Fazenda Pública por dano causado pelo funcionário público, entre outros.[107]

Em particular, o acionamento direto constitui uma forma de promover o *escopo* desse seguro, que é garantir o interesse legítimo do segurado frente às imputações de responsabilidade que lhe venham a ser apresentadas. Nessa perspectiva, a ação direta representa uma *forma*, um *meio*, uma *técnica* a serviço do direito material que disciplina o contrato de seguro de responsabilidade.

Pela ótica da instrumentalidade do processo, isso requer predisposição dos meios processuais destinados à realização dos objetivos fundamentais da jurisdição nesse departamento do Direito Privado.[108]

Mesmo antes do Código Civil de 2002, alguns autores, uns mais antigos,[109] outros mais modernos,[110] já vinham sustentando o cabimento

---

[106] THEODORO Jr., Humberto. "Uma novidade no campo da intervenção de terceiros no processo civil: a denunciação da lide per saltum (ação direta)". *In:* DIDIER Jr., Fredie *et al* (Coord.). *O terceiro no processo civil brasileiro e assuntos correlatos:* Estudos em homenagem ao Professor Athos Gusmão Carneiro. São Paulo: RT, 2010, p. 309.

[107] SILVA, Ovídio A. Baptista da. "Ação direta da vítima contra o segurador". *In:* DIDIER Jr., Fredie *et al* (Coord.). *O terceiro no processo civil brasileiro e assuntos correlatos:* Estudos em homenagem ao Professor Athos Gusmão Carneiro. São Paulo: RT, 2010, p. 410.

[108] DINAMARCO, Cândido Rangel. *A instrumentalidade do processo*. 10ª ed. São Paulo: Malheiros, 2002, p. 275.

[109] ROSÁRIO, Abelardo Barreto do. "Ação da Vítima contra o Segurador". *RF*, n. 89, 1942, p. 391; DIAS, José de Aguiar. *Da responsabilidade civil*. 10ª ed. Vol. 2. Rio de Janeiro: Forense, 1997, n. 260, p. 845; PEREIRA, Caio Mário da Silva. *Responsabilidade civil*. 9ª ed. Rio de Janeiro: Forense, 1998, n. 269, p. 331.

[110] TZIRULNIK, Ernesto. "O futuro do seguro de responsabilidade civil". *Revista dos Tribunais*. Vol. 782, p. 73. São Paulo: RT, dezembro, 2000.

CAPÍTULO III – SEGURO DE RESPONSABILIDADE CIVIL

da ação direta com pequenas variações. O debate produziu reflexos diferentes na jurisprudência dos tribunais estaduais em geral, geralmente no sentido negativo.[111] O Supremo Tribunal Federal, por sua vez, chegou a admitir a ação direta da vítima.[112]

11. TEORIA DA SUB-ROGAÇÃO

Já se tentou justificar o mecanismo da ação direta pela ideia de *sub-rogação* da vítima nos direitos do segurado perante a seguradora. Segundo esse entendimento, a ocorrência do sinistro *transferiria* para a vítima o direito de exigir da companhia de seguros do autor do fato o pagamento da correspondente indenização.

Porém, não se trata de sub-rogação, pelo menos perante o Direito brasileiro. Sub-rogação consiste na transferência de titularidade de um crédito em favor de alguém que *paga uma dívida de outrem por ser a isso obrigado ou interessado* (CC, art. 346). No caso, o terceiro não cumpre obrigação alguma do segurado. Após o sinistro, o segurado continua sendo o principal responsável pelo evento e titular (não único) do direito de exigir da seguradora o cumprimento da prestação indenizatória, até em juízo. Não faz sentido, assim, falar em transferência de crédito por pagamento de dívida de outrem.[113]

---

[111] A divergência se instalou até mesmo no âmbito do seguro obrigatório, onde a ideia de estipulação em favor de terceiro sempre foi mais facilmente aceita: TJSP, 1º Grupo de Câmaras Cíveis, Embargos Infringentes n. 198.014-São Paulo, Des. Lair Loureiro, j. 28.09.71, *Revista de Direito Mercantil*. n. 13, p. 112. São Paulo: RT, 1972.

[112] STF: "Responsabilidade civil – Seguro – Transporte urbano – Passageiro menor – Ação direta. – Estando a responsabilidade civil do transportador coberta pelo seguro é impertinente a alegação de que não há dano a reparar, por se tratar de passageiro menor. – A vítima do dano pode demandar reparação, tanto do transportador como do segurador deste" (1ª T., RE 17.218, Min. Ribeiro da Costa, j. 07.04.1952, *RF*, n. 147/124). No mesmo sentido: STF, 1ª T., RE 58.354/GB, Min. Oswaldo Trigueiro, j. 07.11.1966, DJ 19.04.1967.

[113] CALERO, Fernando Sánchez. "La acción directa del tercero damnificado contra el asegurador". *Revista Ibero-latinoamericana de Seguros*. n. 10, Bogotá: Javegraf, 1997, p. 77; PORTO, Mário Moacyr. "Seguro de responsabilidade: Ação direta da vítima contra a seguradora". *Ação de responsabilidade civil e outros estudos*. São Paulo: RT, 1966, p. 50.

Além do mais, se o terceiro efetivamente assumisse a posição ocupada pelo segurado, a sub-rogação lhe seria prejudicial, a começar pela assunção de um regime jurídico próprio à condição de segurado, a exemplo do prazo prescricional mais curto. Se o terceiro tem normalmente o prazo de três anos para demandar os possíveis responsáveis no âmbito das relações extracontratuais (CC, art. 206, § 3º, V),[114] com a sub-rogação ele só teria um ano para exercer sua pretensão contra o segurador (CC, art. 206, § 3º, II).

Na verdade, sub-rogação típica acontece na situação inversa, quando a seguradora indeniza o seu segurado por dano causado pelo terceiro. Ao fazê-lo, nos seguros de danos, a companhia de seguros, aqui sim, se sub-roga, nos limites do valor respectivo, nos direitos e ações que competirem ao segurado contra o autor do dano (CC, art. 349 e 786).[115]

Portanto, não parece adequado se falar de sub-rogação com a simples ocorrência do evento possivelmente caracterizável como sinistro. O fundamento que justifica a ação direta deita raízes em outro lugar, consoante ficará esclarecido ao longo do trabalho, especificamente no capítulo VII.

12. AÇÃO DIRETA NO SEGURO OBRIGATÓRIO DE RESPONSABILIDADE CIVIL

Ao lado dos seguros facultativos, existem os seguros obrigatórios de responsabilidade civil.[116] A justificativa da contratação obrigatória

---

[114] Ou mesmo o prazo de 10 anos para o exercício da pretensão de ressarcimento nas relações *contratuais*, se não houver prazo específico para reger a espécie (*Cf.* Cap VI, item 10).

[115] A prática é antiga, assim como o respaldo jurisprudencial, inclusive do STF, por força da Súmula 188: "*O segurador tem ação regressiva contra o causador do dano, pelo que efetivamente pagou, até ao limite previsto no contrato de seguro*". Voltaremos a esse assunto no item 17 do Cap. VI.

[116] O art. 20 do Dec.-lei n. 73/66 arrola os seguros que ela qualifica de *obrigatórios*, entre os quais os de *responsabilidade civil*: b) responsabilidade civil do proprietário de

CAPÍTULO III – SEGURO DE RESPONSABILIDADE CIVIL

repousa no *interesse social* de um universo indeterminado de pessoas que podem ser alvo de acidentes.[117 e 118]

O escopo da garantia é, fundamentalmente, a proteção das *vítimas*.[119] Por força dessa concepção política, a pessoa física ou jurídica tem obrigação de contratar a garantia não em benefício próprio, mas em prol do *interesse alheio*, motivo pelo qual o cabimento da ação

---

aeronaves e do transportador aéreo; c) responsabilidade civil do construtor de imóveis em zonas urbanas por danos a pessoas ou coisas; m) responsabilidade civil dos transportadores terrestres, marítimos, fluviais e lacustres, por danos à carga transportada.

[117] Há uma discussão acirrada em torno do Seguro Obrigatório de Danos Pessoais Causados por Veículos Automotores de Via Terrestre (DPVAT), objeto da Lei n. 6.194/74. A 2ª Seção do STJ, por maioria, entendeu tratar-se de um seguro de *responsabilidade civil*, cujo prazo prescricional é de três anos (CC, art. 206, § 3º, IX). *Cf.* precedente que uniformizou a jurisprudência: STJ, 2ª Seção, REsp 1.071.861-SP, rel. para acórdão Min. Fernando Gonçalves, j. 10.06.2009, cuja tese resultou na edição da Súmula 405: "*A ação de cobrança do seguro obrigatório (DPVAT) prescreve em três anos*". Nesse sentido: WALD, Arnoldo. "A prescrição da ação de recebimento do seguro DPVAT ocorre no prazo legal específico de três anos, não se lhe aplicando a regra geral que fixa o prazo em dez anos". *Revista Forense*. n. 415, p. 319-339. Rio de Janeiro: Forense, jan./jun., 2012; PEREIRA FILHO, Luiz Tavares. "Introdução". *DPVAT: um seguro em evolução:* O Seguro DPVAT visto por seus administradores e pelos juristas. Rio de Janeiro: Renovar, 2013, p. 01.

[118] Nossa opinião é diferente. O DPVAT é um seguro de *acidentes pessoais*, cujo capital segurado é pré-fixado pela lei para os eventos morte, invalidez permanente, total ou parcial, e despesas de assistência médica e suplementares. Seu objeto de proteção são as vítimas dos acidentes automobilísticos, independente de ser ou não o proprietário do veículo envolvido. Não interessa de quem foi a responsabilidade pelo acidente. Basta a comprovação do dano e do nexo causal com o acidente. Não se admite sequer invocar excludentes de responsabilidade como *culpa exclusiva* da vítima, *caso fortuito* e *força maior*. É irrelevante até mesmo o fato do veículo não ser identificado, ou a seguradora desse veículo não ser identificada, se houve ou não pagamento do prêmio etc. Enfim, se esse raciocínio estiver correto, a Súmula 246 do STJ também haveria de ser cancelada, porque não faz sentido deduzir o capital de um seguro de acidentes pessoais da indenização judicialmente fixada perante o causador do dano. Nessa linha: POLIDO, Walter A. *Contrato de Seguro:* Novos Paradigmas. São Paulo: Roncarati, 2010, p. 195.

[119] Desde a época do antigo RCOVAT – Seguro Obrigatório de Responsabilidade Civil dos Proprietários de Veículos Automotores de Via Terrestre: PORTO, Mário Moacyr. "Algumas notas sobre seguros de indenização e seguros pessoais". *Temas de responsabilidade civil*. São Paulo: RT, 1989, p. 137.

direta sempre contou com franco apoio dogmático no seguro obrigatório de responsabilidade.[120]

Com o Código Civil de 2002, a disciplina do assunto ficou devidamente explícita por meio do seguinte enunciado: *"nos seguros de responsabilidade legalmente obrigatórios, a indenização por sinistro será paga pelo segurador diretamente ao terceiro prejudicado"* (art. 788). O fundamento da ação direta está suficientemente claro no seu parágrafo único dispondo o seguinte: *"demandado em ação direta pela vítima do dano, o segurador não poderá opor a exceção de contrato não cumprido pelo segurado, sem promover a citação deste para integrar o contraditório"*.

Com esses termos, o Código atribui à companhia de seguros a obrigação de efetuar o *pagamento direto* ao terceiro, ao mesmo tempo que confere a este o direito de acionar aquela em linha reta.

No entanto, o fato do seguro facultativo não dispor da mesma disciplina não constitui um empecilho à prática do *pagamento direto* e ao exercício da *ação direta*. Uma visão sistemática do seguro facultativo pode proporcionar equivalente benefício às vítimas, considerando o seu legítimo escopo, a função social que ele representa e a vantagem gerada em termos de acesso à Justiça.

13. OBJEÇÕES AO CABIMENTO DA AÇÃO DIRETA NO SEGURO FACULTATIVO

Em matéria de seguros, a história da ação direta reflete um percurso inçado de dificuldades tanto na dogmática quanto na prática judiciária. A experiência brasileira não ficou diferente desse processo. Embora muitos sistemas de Direito Comparado a prevejam, como será apresentado no capítulo IV, a resistência ao seu cabimento continua na ordem do dia. Vejamos quais são as objeções.

---

[120] COMPARATO, Fábio Konder. "Seguro de responsabilidade civil: Ação direta da vítima do dano contra o segurador. Inadmissibilidade". *Revista de Direito Mercantil*. n. 01, p. 117. São Paulo: RT, 1971; PORTO, Mário Moacyr. "Seguro de responsabilidade: Ação direta da vítima contra a seguradora". *Ação de responsabilidade civil e outros estudos*. São Paulo: RT, 1966, p. 48.

CAPÍTULO III – SEGURO DE RESPONSABILIDADE CIVIL

13.1 Necessidade de disposição expressa de lei

A primeira objeção é no sentido de que o terceiro só tem acesso direto contra a seguradora se houver disposição expressa de lei autorizando o acionamento. Para essa corrente, o sistema jurídico brasileiro não contém autorização, exceto para o seguro obrigatório (CC, art. 788).[121] Tal opinião foi sustentada na vigência do Código Civil anterior, mesmo por quem reconhecia se tratar de uma tendência mundial que se descortinava no horizonte.[122]

De fato, a afirmação tem sua pitada de razão. Realmente, o Direito brasileiro não possui um dispositivo legal expresso autorizando a ação direta no seguro facultativo. Todavia, a leitura do *sistema* é favorável ao seu cabimento. Basta trabalhar com as regras de interpretação sistemática, conectando o direito material previsto no Código Civil com o regime processual de intervenção de terceiros previsto no Código de Defesa do Consumidor e no Código de Processo Civil de 2015.

Nesse contexto, é preciso reconhecer que o instituto da ação direta não depende de um artigo de lei prevendo o seu cabimento.[123] O

---

[121] DELGADO, José Augusto. *Comentários ao novo Código Civil:* Das Várias Espécies de Contrato. Do Seguro – Arts. 757 a 802. *In:* TEIXEIRA, Sálvio de Figueiredo (Coord.). Vol. XI. Tomo. I. Rio de Janeiro: Forense, 2004, p. 566.

[122] PORTO, Mário Moacyr. "Seguro de responsabilidade: Ação direta da vítima contra a seguradora". *Ação de responsabilidade civil e outros estudos*. São Paulo: RT, 1966, p. 50; FIGUEIRA, Andrade. J. G. de. "A ação direta da vítima contra a companhia seguradora de responsabilidade civil". *RT*, n. 139, 1942, p. 444; COMPARATO, Fábio Konder. "Seguro de responsabilidade civil: Ação direta da vítima do dano contra o segurador. Inadmissibilidade". *Revista de Direito Mercantil*. n. 01, p. 117. São Paulo: RT, 1971; PONTES DE MIRANDA, F. C. *Tratado de Direito Privado*. Tomo XLVI, § 4.973. São Paulo: RT, 1984, p. 56.

[123] A Lei n. 6.194/74, que cuida do seguro obrigatório de danos pessoais causados por veículos automotores de via terrestre (DPVAT), dispõe que nos seguros facultativos "*as indenizações por danos materiais causados a terceiros serão pagas independentemente da responsabilidade que for apurada em ação judicial contra o causador do dano, cabendo à Seguradora o direito de regresso contra o responsável*" (art. 9º). Esse dispositivo é tido por alguns como fundamento da ação direta: *Cf.* ARMELIN, Donaldo. "A ação direta da vítima contra a seguradora de responsabilidade civil: fundamentos e regime das exceções". *III Fórum de Direito do Seguro José Sollero Filho*. São Paulo: EMTS, 2003, p. 171. A colocação,

sistema jurídico, no seu conjunto de regras e princípios, legitima o acesso da vítima como *técnica* que se harmoniza com o escopo do seguro e com a função social por ele desempenhada.

Além disso, a possibilidade do acionamento direto em juízo facilita o cumprimento das garantias do acesso à Justiça (CF, art. 5º, XXXV e LXXVIII). Aliás, nesse ponto, ousamos afirmar que sua vedação afrontaria o texto constitucional por obstruir um direito legítimo de acesso aos tribunais para pleitear da companhia de seguros a indenização devida em razão do dano causado pelo segurado.

13.2 Ausência de vínculo contratual entre terceiro e segurador

Sustenta-se ser impossível o acionamento direto em função de não haver qualquer *vínculo contratual* entre vítima e segurador.[124] Por esse raciocínio, a vítima teria, no máximo, uma ação judicial contra o causador do dano, podendo este, por sua vez, acionar o seu segurador em ação de regresso.[125]

Essa objeção também não se sustenta. Existe, sim, relação jurídica entre o terceiro e a companhia de seguros. Pode não haver relação *contratual* entre eles, mas isso não obsta a que o sistema jurídico lhes atribua determinados vínculos de ordem *extracontratual* em função da finalidade do seguro e dos efeitos que esse contrato é capaz de projetar para além das partes contratantes (eficácia externa do contrato).

Para um exercício mental paralelo, lembre-se que, quando a seguradora indeniza o seu segurado, ela se sub-roga nos direitos deste,

---

contudo, nos parece precipitada. O texto não é claro sequer quanto ao destinatário do pagamento. A mensagem apenas estabelece que a seguradora deve pagar a indenização independentemente da apuração de *culpa* do segurado (responsabilidade securitária ligada à responsabilidade civil objetiva).

[124] TJSP, 6ª Câmara Cível, Ap. 173.371, Des. Sousa Lima, j. 14.03.69, cujo acórdão foi comentado por Fábio Konder Comparato: *Revista de Direito Mercantil*. n. 01, p. 116. São Paulo: RT, 1971.

[125] FIGUEIRA, Andrade. J. G. de. "A ação direta da vítima contra a companhia seguradora de responsabilidade civil". *RT*, 139, 1942, p. 442.

CAPÍTULO III – SEGURO DE RESPONSABILIDADE CIVIL

como vítima, para fins de ressarcimento junto ao autor do dano. No entanto, nunca houve impedimento ao exercício dessa ação direta de regresso por suposta ausência de vínculo contratual entre as partes. Pelo contrário. Cuida-se de direito reconhecido até mesmo em nível de súmula do Supremo Tribunal Federal (Súmula 188), editada quarenta anos antes de entrar em vigor o Código Civil de 2002 (CC, art. 786).

No Brasil, o seguro de responsabilidade está inserido no sistema do Código Civil e do Código de Defesa do Consumidor com abrangência suficiente para vincular a seguradora a partir do momento em que ocorre um sinistro dentro da cobertura de risco pactuada, gerando reclamação da vítima junto ao segurado.

Com esse espectro, a seguradora que celebra um seguro de responsabilidade deve saber, de antemão, que está assumindo o compromisso de manter *indene* o patrimônio do segurado (*escopo da garantia*), nem que, para isso, seja necessário destinar o valor da indenização diretamente à vítima, ou responder sozinha à demanda ajuizada por esta em razão de problemas causados pelo segurado.

Desse modo, a ausência de vínculo contratual não é fundamento legítimo para negar o cabimento da ação direta.

13.3 Direito de defesa do segurado

Talvez a maior resistência encontrada pelos defensores da ação direta seja a alegação de que o acionamento direto, colocando somente a seguradora no polo passivo da demanda, viola o *direito de defesa* de quem não participou da discussão em juízo como possível responsável. Para remediar tal situação, a solução encontrada pela jurisprudência superior foi a imposição do litisconsórcio passivo necessário.

Esse argumento também não se justifica no sistema jurídico brasileiro, porque nem a lei processual impõe o litisconsórcio nesse caso, nem a natureza da lide justifica a presença obrigatória do segurado no processo. Considerando a intenção com que foi celebrado o contrato de seguro, o segurado muitas vezes prefere não ser chamado para participar da disputa. Se acaso houver algum interesse de sua parte, pode ele ingressar livremente no processo na condição de assistente simples.

13.4 Direito de defesa da seguradora

Outro argumento que frequentemente aparece é a alegação de que o acionamento direto, sem a presença do segurado, impossibilita a seguradora de se defender sobre fatos dos quais ela não teve conhecimento.

A objeção não se sustenta. Conforme será demonstrado ao longo do capítulo VI, a companhia de seguros pode chamar o segurado ao processo se não tiver havido o *aviso de sinistro* na época dos fatos, além de poder invocar uma série de matérias de defesa que, se reconhecidas, venham a isentá-la da obrigação de pagamento.

A crítica é falha também porque se apega a um fato absolutamente eventual, ou seja, o fato de não ter sido a seguradora avisada do sinistro. Por outro lado, existem muitas situações em que o segurado fez o aviso tempestivo do evento e a seguradora regulou o sinistro, ficando apta a responder pela garantia de seguro independentemente da presença do segurado no processo.

13.5 Ausência de estipulação em favor de terceiro

Para rechaçar o cabimento da ação direta, sustenta-se que o seguro de responsabilidade não constitui uma *estipulação em favor de terceiro*.[126] A crítica, nesse ponto, tem sua parcela de razão. Como se sabe, existem três figuras, basicamente, nessa relação: o *promitente*, o *estipulante* e o *terceiro beneficiário*, embora só os dois primeiros sejam partes do contrato.

---

[126] GODOY, Claudio Luiz Bueno de. "Código Civil Comentado: Doutrina e jurisprudência". *In:* PELUSO, Ministro Cezar (Coord.). Barueri: Manole, 2007, p. 658; FIGUEIRA, Andrade. J. G. de. "A ação direta da vítima contra a companhia seguradora de responsabilidade civil". *RT*, 139, 1942, p. 442; PORTO, Mário Moacyr. "Seguro de responsabilidade: Ação direta da vítima contra a seguradora". *Ação de responsabilidade civil e outros estudos*. São Paulo: RT, 1966, p. 50.

CAPÍTULO III – SEGURO DE RESPONSABILIDADE CIVIL

A estipulação em favor de terceiro é um pacto por força do qual uma das partes (promitente) se obriga perante a outra (estipulante) a transferir a vantagem resultante da avença em benefício de terceiro *estranho* ao contrato (CC, art. 436).

O terceiro não é parte no negócio jurídico concluído entre segurador e segurado, mas se beneficia com a promessa daí resultante.[127] O terceiro pode ser indeterminado, mas *determinável*, suscetível de identificação.[128] Com isso, a grande vantagem é que o sistema autoriza o terceiro beneficiário a reclamar diretamente do promitente o objeto da estipulação avençada. Essa é a dinâmica da estipulação em favor de terceiro.[129]

Aparentemente, a tese é um tanto quanto sedutora, mas esse seguro, na prática, não é contratado para proteção de terceiros. A razão que move alguém (pessoa física e jurídica) a buscar tal garantia é a necessidade de resguardar o *próprio patrimônio* frente ao risco de sofrer imputações de responsabilidade. Não basta que o contrato possa irradiar efeitos positivos para quem não faz parte dele. É necessário que os contratantes tenham querido atribuir a terceiros o produto resultante do negócio.[130]

---

[127] RODRIGUES, Silvio. *Direito civil:* dos contratos e das obrigações unilaterais da vontade. 28ª ed. Vol. 3, n. 42. São Paulo: Saraiva, 2002, p. 92.

[128] PEREIRA, Caio Mário da Silva. *Instituições de direito civil:* Fontes das Obrigações. 10ª ed. Rio de Janeiro: Forense, 1996, v. III, n. 204, p. 66.

[129] COMPARATO, Fábio Konder. "Notas retificadoras sobre seguro de crédito e fiança". *Direito Empresarial*: Estudos e Pareceres. São Paulo: Saraiva, 1990, p. 446; RODRIGUES, Silvio. *Direito civil:* dos contratos e das obrigações unilaterais da vontade. 28ª ed. Vol. 3, n. 42. São Paulo: Saraiva, 2002, p. 95; PEREIRA, Caio Mário da Silva. *Instituições de direito civil:* Fontes das Obrigações. 10ª ed. Vol. III, n. 205. Rio de Janeiro: Forense, 1996, p. 68; GOMES, Orlando. *Contratos*. 12ª ed. n. 129. Rio de Janeiro: Forense, 1987, p. 185. Na Espanha: BERNAL, Jose Manuel Martin. *La estipulacion a favor de tercero*. Madrid: Editorial Montecorvo, 1985, p. 311. Na Itália: BETTI, Emilio. *Teoría general del negocio jurídico*. Granada: Editorial Comares, 2000, p. 221.

[130] HALPERIN, Isaac. *La accion directa de la victima contra el asegurador del responsable civil del daño*. Buenos Aires: La Ley, 1944, p. 138.

Assim, não existe propriamente uma estipulação em favor das vítimas,[131] pelo menos na modalidade facultativa.[132] Antes de tudo, a estipulação é para defesa do *próprio segurado e de seus interesses*.[133] O verdadeiro escopo perseguido pelo seguro é garantir que o patrimônio das pessoas e a força produtiva das empresas não sejam abalados por conta de reclamações de terceiros.[134] Essa linha de raciocínio foi utilizada pelo Superior Tribunal de Justiça para justificar sua mudança de entendimento, quando passou a não aceitar mais a *ação direta autônoma*. Voltaremos a esse ponto no capítulo VI.

---

[131] O Min. Eduardo Ribeiro, em voto-vista que vale a pena conferir, alertou que a ideia de estipulação em favor de terceiro, no seguro de responsabilidade, se afigura *superada* e *"evidentemente artificiosa"* (STJ, 3ª T., REsp 228.840-RS, rel. Min. Menezes Direito, j. 26.06.2000). A rigor, é difícil até de enquadrar esse seguro na regra do art. 438 do Código Civil brasileiro: *"O estipulante pode reservar-se o direito de substituir o terceiro designado no contrato, independentemente da sua anuência e da do outro contratante"*.

[132] Nos anos 70, ensinava Comparato: "No regime de seguro facultativo, o segurado se apresenta, entre a vítima credora da indenização e o segurador que assumiu o risco de pagar a indenização, como uma espécie de *pivot* jurídico da operação. É ele, de fato, o único elemento comum às duas relações jurídicas coexistentes: a delitual e a contratual. O seguro existe ainda com intuitos puramente individualísticos, repousando inteiramente na iniciativa do segurado. E este último celebra o contrato não por conta de suas eventuais vítimas, como estipulação em favor de terceiros, mas ao contrário no seu próprio interesse e benefício. Tecnicamente, o interesse posto a risco, nesse tipo de seguro, não é a incolumidade pessoal de terceiros, mas o próprio patrimônio do segurado, suscetível de ser onerado com o peso da responsabilidade civil em casos concretos" ("Seguro de responsabilidade civil: Ação direta da vítima do dano contra o segurador. Inadmissibilidade". *Revista de Direito Mercantil*. n. 01, p. 116. São Paulo: RT, 1971).

[133] PONTES DE MIRANDA, F. C. *Tratado de Direito Privado*: Parte Especial. 3ª ed. Tomo. XLVI. Rio de Janeiro: Borsoi, 1972, p. 56; DIAS, José de Aguiar. *Da Responsabilidade Civil*. 5ª ed. Vol. II. Rio de Janeiro: Forense, 1973, p. 505. Em Portugal: MOITINHO DE ALMEIDA, J. C. *Contrato de Seguro*: Estudos. Coimbra: Coimbra, 2009, p. 25; VITERBO, Camilo. *El seguro de la responsabilidad civil*. Buenos Aires: Depalma, 1944, p. 08; OLIVEIRA, Marcia Cicarelli Barbosa de. *O interesse segurável*. (2011) Dissertação de Mestrado, USP, p. 114.

[134] FRANCO, Vera Helena de Mello. "Breves reflexões sobre o contrato de seguro no novo Código Civil brasileiro". *II Fórum de Direito do Seguro José Sollero Filho*. São Paulo: EMTS, 2002, p. 444.

Capítulo IV
AÇÃO DIRETA NO DIREITO ESTRANGEIRO

1. OBSERVANDO A EXPERIÊNCIA ESTRANGEIRA

Independentemente da posição que se venha a seguir em relação ao cabimento da ação direta, seu estudo no Brasil não pode passar ao largo dos sistemas de fora, a grande maioria até muito mais experiente tanto em nível dogmático quanto na prática dos tribunais.

O presente capítulo focará a disciplina normativa de países da América Latina, América do Norte e Europa, onde o instituto da ação direta aparece com mais frequência, em maior ou menos intensidade, às vezes explícito na lei, outras vezes nem tanto, com variações naturais às peculiaridades de cada cultura, sobretudo quanto à espécie de litisconsórcio.

2. DIREITO FRANCÊS

A França é o país com maior tradição no reconhecimento da ação direta contra o segurador.[135] Tudo começou por construção jurisprudencial

---

[135] PORTO, Mário Moacyr. "Seguro de responsabilidade: Ação direta da vítima contra a seguradora". *Ação de responsabilidade civil e outros estudos*. São Paulo: RT, 1966, p. 52.

dos tribunais franceses em torno de dispositivos do Código de Napoleão que asseguravam à vítima um privilégio sobre o crédito e a imobilização do valor devido pela seguradora.[136] Depois, apareceu uma lei de 13 de julho de 1930 sobre seguros terrestres de responsabilidade, estabelecendo que o segurador não pode pagar a ninguém que não seja o terceiro, enquanto este não for ressarcido. De acordo com a melhor doutrina, a vítima é credora da indenização prometida no contrato de seguro, na condição de titular, por força de lei, de um crédito que pesa sobre o segurador.[137]

Atualmente, o Código de Seguros da França, que é a Lei n. 92.665/92, manteve a mesma linha do estatuto civil, dispondo que a seguradora não pode pagar a importância devida pelo contrato de seguro a outra pessoa que não sejam os terceiros prejudicados, até que se vejam todos satisfeitos.[138]

Como se vê, o regime de 1930 se mantém até hoje com o mesmo espírito de assegurar ao terceiro prejudicado o *direito próprio* sobre um crédito perante a seguradora vinculada ao causador do dano, não podendo a companhia dar outro destino à indenização que não seja para ressarcir primeiramente a vítima.

---

[136] Por exemplo, o art. 2.102 do Código Civil francês inclui no rol dos *privilégios especiais* os créditos nascidos de acidente em benefício dos terceiros lesados ou seus dependentes sobre a indenização que o segurador de responsabilidade civil seja obrigado a pagar em razão do contrato de seguro, e que nenhum pagamento liberará o segurado enquanto não satisfizer todos os credores privilegiados. No original: "*Les créances privilégiées sur certains meubles sont: (...) § 8º. Les créances nées d'un accident au profit des tiers lésés par cet accident ou leurs ayants droit, sur l'indemnité dont l'assureur de la responsabilité civile se reconnaît ou a été judiciairement reconnu débiteur à raison de la convention d'assurance. Aucun paiement fait à l'assuré ne sera libératoire tant que les créanciers privilegies n'auront pas été désintéressés*".

[137] MAZEAUD, Henri; MAZEAUD, Leon; TUNC, André. *Tratado Teórico y práctico de la responsabilidad civil delictual y contractual*. Vol. 2. Tomo 3. Buenos Aires: Europa-América, 1993, pp. 293-295.

[138] Art. L 124-3: "*L'assureur ne peut payer à un autre que le tiers lésé tout partie de la somme due par lui, tant que ce tiers n'a pas été désintéréssé, jusqu'à concurrence de ladite somme, des conséquences pécuniaires du fait dommageable ayant entraîné la responsabilité de l'assuré*".

CAPÍTULO IV – AÇÃO DIRETA NO DIREITO ESTRANGEIRO

3. DIREITO BELGA

A Lei sobre Contrato de Seguro Terrestre da Bélgica, de 1992, traz um artigo com a seguinte rubrica: *"Direito próprio do terceiro prejudicado"*. Nele se diz que o contrato de seguro atribui ao terceiro um direito próprio de acionar o segurador e, ao mesmo tempo, determina que a indenização será destinada ao terceiro, com exclusão dos demais credores do segurado.[139] A semelhança com o Direito francês é patente.

4. DIREITO ESPANHOL

Um dos sistemas mais interessantes é a Lei n. 50 do Contrato de Seguro da Espanha (1980). Aqui, o legislador procurou disciplinar o assunto com mais detalhes do que normalmente acontece. O art. 76 da lei diz o seguinte:

> El perjudicado o sus herederos tendrán acción directa contra el asegurador para exigirle el cumplimiento de la obligación de indemnizar, sin perjuicio del derecho del asegurador a repetir contra el asegurado, en el caso de que sea debido a conducta dolosa de éste, el daño o perjuicio causado a tercero. La acción directa es inmune a las excepciones que puedan corresponder al asegurador contra el asegurado. El asegurador puede, no obstante, oponer la culpa exclusiva del perjudicado y las excepciones personales que tenga contra éste. A los efectos del ejercicio de la acción directa, el asegurado estará obligado a manifestar al tercero perjudicado o a sus herederos la existencia del contrato de seguro y su contenido.

Do texto acima é possível inferir a existência de várias regras. Primeiro, a lei espanhola prevê expressamente o direito do terceiro prejudicado à ação direta. Uma vez paga a indenização ao terceiro, o

---

[139] Art. 86: *"Droit propre de la personne lesée. L'assurance fait naître au profit de la personne lésée un droit propre contre l'assureur. L'indemnité due par l'assureur est acquise à la personne lésée, à l'exclusion des autres créanciers de l'assuré"*.

segurador poderá acionar depois o seu próprio segurado se ficar provado que houve dolo de sua parte.

Observe-se que a lei limita o âmbito de defesa do segurador ao interditar a arguição de exceções ligadas ao contrato celebrado com o seu segurado. A ressalva ali feita diz respeito à *culpa exclusiva* da vítima e às *exceções pessoais* que o segurador possua contra esta.

É interessante também saber que, para facilitar o exercício da ação direta pelo terceiro, o sistema jurídico espanhol estabelece para o segurado uma obrigação de *informar sobre a existência do contrato de seguro e seu conteúdo*. Vale lembrar que a obrigação não é de fornecer o instrumento de apólice. Consiste em *prestar informação sobre a existência do contrato e seu conteúdo*. Isso significa que, mesmo não havendo apólice, a vítima ainda assim, se tiver informações mínimas, poderá tomar providências junto à seguradora responsável para ter acesso às condições gerais, especiais e particulares do contrato, ou, ao menos, a algum certificado de cobertura.

Por fim, o Tribunal Supremo da Espanha reconheceu no texto desse dispositivo um regime de responsabilidade *solidária*, a autorizar que o terceiro prejudicado promova a ação contra qualquer dos dois coobrigados – segurador ou segurado.[140]

5. DIREITO PORTUGUÊS

O Direito português, até pouco tempo, não dispunha de tratamento legislativo para o seguro facultativo. Não obstante isso, a ação direta, que era prevista no seguro obrigatório de responsabilidade civil automóvel,[141] passou a ser aceita pela jurisprudência do Supremo Tribunal de Justiça com base na ideia de seguro como *estipulação em favor de terceiro*.[142]

---

[140] CALERO, Fernando Sánchez. "La acción directa del tercero damnificado contra el asegurador". *Revista Ibero-latinoamericana de Seguros*. n. 10, Bogotá: Javegraf, 1997, pp. 81 e 86. Há críticas a esse entendimento: CONDE, Ma Ángeles Calzada. *El Seguro de Responsabilidad Civil*. Navarra: Aranzadi, 2005, p. 127.

[141] Decreto-Lei n. 522/85.

[142] VASQUES, José. *Contrato de Seguro: notas para uma teoria geral*. Coimbra: Coimbra, 1999, p. 258.

CAPÍTULO IV – AÇÃO DIRETA NO DIREITO ESTRANGEIRO

Hoje, o Decreto-Lei n. 72, de 16 de abril de 2008, que é a atual Lei de Seguros de Portugal, dispõe sobre a ação direta para o seguro obrigatório de responsabilidade civil, dizendo que "*o lesado tem o direito de exigir o pagamento da indemnização directamente ao segurador*" (art. 146, n. 01). Já para o seguro facultativo, o diploma condicionou o seu cabimento a duas situações específicas:

> 2 – O contrato de seguro pode prever o direito de o lesado demandar directamente o segurador, isoladamente ou em conjunto com o segurado. 3 – O direito de o lesado demandar directamente o segurador verifica-se ainda quando o segurado o tenha informado da existência de um contrato de seguro com o consequente início de negociações directas entre o lesado e o segurador.

Em outros termos, o sistema português admite a ação direta no seguro facultativo se houver previsão no contrato ou se o segurado vier a informar o terceiro sobre a existência do seguro, possibilitando que este entre em contato direto com a seguradora. Essa disciplina, no entanto, foi duramente criticada por não se afinar com as modernas legislações europeias e a prática jurisprudencial lusitana. Fala-se que o Decreto-Lei n. 72/2008 representou um *retrocesso* na perspectiva de proteção das vítimas.[143]

De toda forma, quando admitida a ação direta, a lei permite que o segurador seja demandado isoladamente ou em conjunto com o segurado.[144]

6. DIREITO ALEMÃO

A Lei do Contrato de Seguro alemã de 23 de novembro de 2007 previu a ação direta do terceiro lesado apenas para os seguros obrigatórios,

---

[143] Moitinho de Almeida assinala que a lei portuguesa, em vez de dar um passo à frente para criar um direito próprio do terceiro lesado, instituiu um regime avesso às modernas legislações europeias e à prática jurisprudencial do Supremo Tribunal de Justiça de Portugal, prevendo uma "*acção directa condicionada, alheia às exigências sociais subjacentes a tais legislações*" (*Contrato de Seguro*: Estudos. Coimbra: Coimbra, 2009, p. 25).

[144] MENEZES CORDEIRO, António. *Direito dos Seguros*. Coimbra: Almedina, 2013, p. 758.

e ainda assim sob determinadas condições: *a)* para conhecer a validade e o conteúdo do contrato de seguro; *b)* nos casos de insolvência do tomador do seguro; e *c)* quando este é desconhecido.[145]

Observe-se que, por motivos de política legislativa, a lei alemã é bastante restritiva. Além de circunscrever a ação aos seguros obrigatórios, a norma ainda impõe algumas situações que tornam a ação direta instrumento subsidiário e condicionado.

7. DIREITO CANADENSE

No Canadá, o Código Civil da Província de Quebec, de 1991, de linhagem francesa, instituiu a obrigação do segurador de direcionar o pagamento da indenização somente ao terceiro prejudicado.[146] Em contrapartida, o terceiro tem o *direito próprio* de escolher de quem prefere requerer o pagamento da indenização – se do segurado, do segurador ou de ambos em conjunto.[147]

Adotou-se também a regra da *inoponibilidade das exceções posteriores*, ao assinalar que a seguradora pode opor ao terceiro lesado os meios de defesa que poderia alegar contra o segurado no dia do sinistro, excluídas as questões posteriores.[148] Tal como a lei francesa e belga examinada há

---

[145] A Seção 115 da lei alemã, denominada *Direct Claim*, na única versão em inglês a que tivemos acesso, assinala as hipóteses: *"(1) The third party may also assert his claim for compensation against the insurer: 1. in the case of liability insurance, for the fulfilment of a duty to take out insurance in accordance with the Compulsory Insurance Act, or 2. where insolvency proceedings have been opened in respect of the assets of the policyholder or an application for such opening has been dismissed on account of a lack of insolvency estate or a provisional insolvency administrator has been appointed, or 3. if the policyholder's whereabouts are unknown"*.

[146] Art. 2.500: *"Le montant de l'assurance est affecté exclusivement au paiement des tiers lésés"*.

[147] Art. 2.501: *"Le tiers lésé peut faire valoir son droit d'action contre l'assuré ou l'assureur ou contre l'un et l'autre"*.

[148] Art. 2.502: *"L'assureur peut opposer au tiers lésé les moyens qu'il aurait pu faire valoir contre l'assuré au jour du sinistre, mais il ne peut opposer ceux qui sont relatifs à des faits survenus postérieurement au sinistre; l'assureur dispose, quant à ceux-ci, d'une action récursoire contre l'assuré"* (art. 2.502).

CAPÍTULO IV – AÇÃO DIRETA NO DIREITO ESTRANGEIRO

pouco, a lei de Quebec representa o modelo mais adequado para servir de inspiração ao legislador brasileiro.

8. DIREITO MEXICANO

O México tem um dos sistemas mais antigos e tradicionais na experiência da ação direta. A Lei sobre o Contrato de Seguro do México dispõe desde 1935, de forma muito explícita, que o seguro de responsabilidade civil confere diretamente ao terceiro prejudicado a condição de beneficiário do seguro desde o momento do sinistro, sendo ele o credor da indenização. O art. 147 tem o seguinte enunciado: *"el seguro contra la responsabilidad atribuye el derecho a la indemnización directamente al tercero dañado, quién se considerará como beneficiario del seguro desde el momento del siniestro"*. O entendimento ali predominante exige a condenação do segurado para se responsabilizar o segurador.[149]

9. DIREITO CUBANO

A República de Cuba ganhou sua lei do contrato de seguro em 2008. O Decreto-lei n. 263, de 22 de dezembro de 2008, abriu um capítulo para tratar do seguro de responsabilidade civil, dispondo que:

> Por el seguro de responsabilidad civil, la entidad de seguros se obliga, dentro de los límites establecidos en el contrato, a mantener indemne el patrimonio del asegurado por cuanto este deba a un tercero a causa de un hecho, previsto en el contrato, que ocasione la muerte, lesiones o perjuicios, cuando corresponda, a otras personas o que dañen o ocasionen daños o pérdidas de su patrimonio, de cuyas consecuencias sea civilmente responsable el asegurado (cap. IV, art. 85).

---

[149] MAGALLANES, Pablo Medina. "La acción directa del tercero en contra del asegurador en los seguros del Responsabilidad Civil en México". *1º Fórum de Direito do Seguro José Sollero Filho*. São Paulo: Max Limonad, 2000, p. 250.

Mais à frente, o legislador cubano previu no art. 95 o mecanismo da ação direta com os seguintes dizeres:

> El tercero perjudicado tendrá acción directa contra la entidad de seguros hasta el límite de las obligaciones contempladas en el contrato de seguro o la póliza, sin perjuicio del derecho de la entidad de seguro a repetir contra el asegurado, en el caso de que sea debido a conducta dolosa de este el daño o perjuicio causado al tercero.

Como se vê, o dispositivo parece indicar que, mesmo nos casos de comportamento doloso do segurado, a seguradora pode ser demandada pelo terceiro para honrar o compromisso firmado até o limite de sua responsabilidade estipulada no contrato de seguro. Se tiver havido dolo por parte do segurado, à companhia assiste o direito de reaver deste o valor pago ao terceiro.

Há informação, no entanto, de que o Tribunal Supremo Popular, confirmando sentença do Tribunal Provincial Popular de Havana, não aceitou a ação direta exclusiva contra uma companhia de seguros por falta de legitimidade passiva, num caso de acidente de automóvel, sob o velho argumento de ser necessária a apuração da responsabilidade do segurado como causador do dano.[150]

10. DIREITO ARGENTINO

A Lei de Seguros n. 17.418 da Argentina (1967) não é explícita quanto à ação direta, mas instituiu a figura da *citação em garantia* do segurador para participar do processo. Inspirada no modelo da *chiamata in garanzia* dos italianos,[151] a citação em garantia visa submeter o segurador

---

[150] Tribunal Supremo Popular, Sentença n. 103, julgamento de 28 de março de 2013. Uma crítica interessante da doutrina cubana, no sentido de nossa tese, pode ser encontrada na monografia: GALLARDO, Leonardo B. Pérez. *La acción directa del tercero perjudicado contra el asegurador de responsabilidad civil*. (2013) Tese de Doutorado, Universidad de La Habana, p. 74.

[151] Art. 106 do Código de Processo Civil italiano: "*Ciascuna parte può chiamare nel processo un terzo al quale ritiene comune la causa o dal quale pretende essere garantita*".

CAPÍTULO IV – AÇÃO DIRETA NO DIREITO ESTRANGEIRO

à eficácia da coisa julgada da sentença condenatória, nos limites da garantia prestada. Segundo entendem os tribunais argentinos, a presença do segurado é condição indispensável para se definir a obrigação da seguradora, o que configura o litisconsórcio necessário.[152]

O art. 118 da Lei de Seguros n. 17.418/67 diz textualmente:

> *Citación del asegurador. El damnificado puede citar em garantía al asegurador hasta que se reciba la causa a prueba. En tal caso debe interponer la demanda ante el juez del lugar del hecho o del domicilio del asegurador. Cosa juzgada. La sentencia que se dicte hará cosa juzgada respecto del asegurador y será ejecutable contra él en la medida del seguro. En este juicio o en la ejecución de la sentencia el asegurador no podrá oponer las defensas nacidas después del siniestro.*

Outro detalhe importante desse dispositivo é a restrição imposta para as matérias que podem ser objeto de defesa pela seguradora. Fala-se que a empresa de seguros não poderá apresentar *defesa nascida depois do sinistro*, ou seja, defesa baseada em *fatos ocorridos após o sinistro*.[153] Trata-se de critério que está sendo proposto para o sistema brasileiro, conforme será comentado no capítulo VI, a propósito das defesas que podem ser opostas pela seguradora.

11. DIREITO PERUANO

O Código Civil do Peru previa, desde 1984, o regime da ação direta. O art. 1.987 do Código ia direto ao ponto com o seguinte comando: "*la accion indemnizatoria puede ser dirigida contra el asegurador por el*

---

[152] JARAMILLO, Carlos Ignacio. "La acción directa en el seguro voluntario de responsabilidad civil y en el seguro obligatorio de automoviles: su proyección en America Latina – radiografia de una lenta conquista". *Revista Ibero-latinoamericana de Seguros*. n. 08, Bogotá: Javegraf, 1996, p. 148.

[153] STIGLITZ, Rubén S. "El tercero en el contrato de seguro de responsabilidad civil". *Revista del Derecho Comercial y de las Obligaciones*. Año 3, n.13 a 18, Buenos Aires: Depalma, 1970, p. 584.

daño, quien respondera solidariamente con el responsable directo de este". O detalhe interessante é a previsão de responsabilidade solidária entre segurado e segurador.

Recentemente, o Congresso da República Peruana aprovou a Lei n. 29.946, de 06 de novembro de 2012, que dispõe sobre o contrato de seguro entre os artigos 105 e 112. Ali se diz que *"o segurador se obriga a manter indene o patrimônio do segurado por quanto que este deva pagar a terceiro, em razão de sua responsabilidade prevista no contrato, por consequência de um fato danoso acusado no prazo convencionado"* (art. 105).

A nova lei parece bastante avançada. O legislador foi taxativo ao considerar que são *nulas* as cláusulas de reembolso pelas quais a obrigação principal do segurador consiste unicamente em reembolsar o segurado do pagamento que este tiver realizado para indenizar a vítima (art. 109).

Finalmente, no dispositivo denominado *"Acción directa del tercero damnificado"*, a nova Lei do Peru prescreve que *"el tercero víctima del daño tiene acción directa contra el asegurador, hasta el límite de las obligaciones previstas en el contrato de seguro y siempre que se incluya al asegurado en su demanda"* (art. 110).

Nesse ponto, a política legislativa adotada foi a de prever o mecanismo da ação direta, mas condicionada à presença do segurado na lide. Quanto ao regime das exceções, a norma assinala a regra da *inoponibilidade das exceções posteriores* ao dizer que

> El asegurador no puede oponer frente al tercero las causales de ineficacia o caducidad de derechos del asegurado si se producen con posterioridad al siniestro. En este caso tiene derecho a repetir contra el asegurado por el importe de lo pagado, más los intereses, gastos y perjuicios (art. 111).

12. DIREITO COLOMBIANO

O Código de Comércio da Colômbia (1971) é um exemplo de ação direta autônoma, quando disciplina o assunto entre os artigos 1.127

CAPÍTULO IV – AÇÃO DIRETA NO DIREITO ESTRANGEIRO

e 1.133. Primeiro, o legislador colombiano define o que ali se entende por seguro de responsabilidade civil, dizendo o seguinte:

> O seguro de responsabilidade civil impõe a cargo do segurador a obrigação de indenizar os prejuízos patrimoniais que o segurado venha a causar por conta de determinada responsabilidade, de acordo com a lei, e tem por propósito o ressarcimento da vítima, que, em razão disso, se constitui em beneficiária da indenização.[154]

Já o art. 1.133 do Código de Comércio colombiano destaca um dispositivo chamado *"Ação dos prejudicados no seguro de responsabilidade civil"*, onde estabelece que, nesse ramo, *"os prejudicados têm ação direta contra o segurador"* e *"para estabelecer seu direito frente ao segurador, de acordo com o art. 1077, a vítima, no exercício da ação direta, poderá no mesmo processo demonstrar a responsabilidade do segurado e demandar a indenização do segurador"*.[155]

Aqui, o ordenamento colombiano optou claramente pela ação direta autônoma.

13. DIREITO PARAGUAIO

O Código Civil do Paraguai (1987) apresenta uma disciplina bastante parecida com a da lei argentina do contrato de seguro. Seu art. 1.652 prescreve que: *"el damnificado, en el juicio contra el asegurado, puede citar en garantía al asegurador hasta que se reciba la causa a prueba. En tal caso*

---

[154] Art. 1.127: *"Naturaleza del seguro de responsabilidad civil. El seguro de responsabilidad impone a cargo del asegurador la obligación de indemnizar los perjuicios patrimoniales que cause el asegurado con motivo de determinada responsabilidad en que incurra de acuerdo con la ley y tiene como propósito el resarcimiento de la víctima, la cual en tal virtud, se constituye en el beneficiario de la indemnización, sin perjuicio de las prestaciones que se le reconozcan al asegurado"*.

[155] Art. 1.133: *"Acción de los damnificados en el seguro de responsabilidad. En el seguro de responsabilidad civil los damnificados tienen acción directa contra el asegurador. Para acreditar su derecho ante el asegurador de acuerdo con al artículo 1077, la víctima en ejercicio de la acción directa podrá en un solo proceso demostrar la responsabilidad del asegurado y demandar la indemnización del asegurador"*.

debe interponer ante el juez del lugar del hecho o del domicilio del asegurador". Não se prevê a chamada ação direta autônoma, exclusiva contra a seguradora, mas foi estabelecida a citação do segurador em garantia como forma de vinculá-lo ao resultado do processo. A nosso ver, a citação em garantia não deixa de representar uma espécie de ação direta.

14. DIREITO BOLIVIANO

O Código de Comércio da Bolívia (1977) adotou o instituto da ação direta no seu art. 1.090, que diz o seguinte:

> En el seguro de responsabilidad, el tercero damnificado puede, en caso de ausencia, fuga, impedimento o muerte del asegurado, ejercer acción contra el asegurador como beneficiario de la indemnización desde el momento en que se origina de responsabilidad del asegurado para percibir la suma correspondiente. En caso de muerte, sus herederos percibirán la indemnización que corresponda.

Nesse caso, a ação direta prevista na lei boliviana ficou subsidiária, a depender de algumas situações, como ausência, fuga, impedimento ou morte do segurado.

15. DIREITO CHILENO

O Chile foi quem experimentou a última mudança legislativa em nível de codificação. A Lei n. 20.667, de 09 de maio de 2013, cuja vigência está programada para iniciar em 1º de dezembro de 2013, alterou o capítulo do contrato de seguro no Código de Comércio, disciplinando o seguro de responsabilidade civil em pouquíssimos artigos (artigos 570 e 574). Ali, o legislador conceituou-o da seguinte forma: *"Concepto. Por el seguro de responsabilidad civil, el asegurador se obliga a indemnizar los daños y perjuicios causados a terceros, de los cuales sea civilmente responsable el asegurado, por un hecho y en los términos previstos en la póliza"* (art. 570).

CAPÍTULO IV – AÇÃO DIRETA NO DIREITO ESTRANGEIRO

A ação direta foi objeto de amplos debates durante o processo legislativo da Lei n. 20.667/2013, mas, ao final, a vontade política que prevaleceu foi a de não mencioná-la no texto legislativo.[156] Apesar disso, o mesmo art. 570 dispõe que o pagamento da indenização deverá ser feito pelo segurador diretamente ao terceiro lesado: "*en el seguro de responsabilidad civil, el asegurador pagará la indemnización al tercero perjudicado, en virtud de sentencia ejecutoriada, o de transacción judicial o extrajudicial celebrada por el asegurado con su consentimiento*".

Em matéria de intervenção processual, a lei chilena deu à seguradora o direito de "assumir" a defesa do segurado no processo ajuizado pelo terceiro. Ela não intervém para integrar a relação processual como parte, mas, sim, para *gerenciar* a assessoria jurídica do segurado por meio dos advogados que ela (seguradora) venha a indicar (art. 573).

---

[156] *Cf.* anais do processo legislativo: *Historia de la Ley 20.667:* Regula el Contrato de Seguro. Biblioteca del Congreso Nacional de Chile: http://www.leychile.cl/Navegar?idNorma=1050848.

Capítulo V

REGIME DE INTERVENÇÃO DO SEGURADOR NA RELAÇÃO PROCESSUAL

1. INTRODUÇÃO

O presente capítulo foi aberto com o objetivo de expor as várias formas pelas quais, no Direito brasileiro, a companhia de seguros pode ingressar na relação processual que envolve o seu segurado. Na verdade, o fenômeno da intervenção de terceiros será aqui estudado como método auxiliar na abertura do caminho rumo à ação direta do terceiro.

A ideia é demonstrar que o regime atual do seguro de responsabilidade já justifica a colocação da companhia de seguros em contraposição direta com a vítima, na linha de frente do litígio, ao lado do seu segurado. Estabelecido esse caminho, discutiremos no próximo capítulo a possibilidade da chamada *ação direta autônoma*, sem a presença do segurado no processo, em regime de *litisconsórcio facultativo*, apresentando as justificativas que dão amparo a essa conclusão (cap. VI).

2. ANTIGA INTERVENÇÃO DO SEGURADOR NO PROCESSO: DENUNCIAÇÃO DA LIDE

Em matéria securitária, a forma de intervenção de terceiros mais comum nos tribunais era a *denunciação da lide* (CPC/2015, art. 125, II).

Havia uma lide *principal* entre vítima e autor do dano, paralelamente a uma ação *secundária* movida por este contra o seu segurador, tudo veiculado no mesmo processo. A chamada *lide secundária* formava uma relação jurídica bipolar entre segurado e segurador, à margem da qual ficava o terceiro prejudicado.[157]

Pela denunciação, a seguradora compunha outra lide (secundária) como denunciada do seu segurado. Por muito tempo se entendeu que, nesse esquema de intervenção, o denunciado não poderia ser condenado ao cumprimento de uma prestação perante o autor original da ação, muito menos ser executado diretamente por ele.[158]

Primeiro, tratar-se-ia de uma condenação onde não houve *pedido*. O pedido do autor foi formulado somente contra o réu da lide principal. Carregaria vício insanável uma sentença proferida em processo no qual faltou pressuposto básico de existência: o pedido (CPC/2015, art. 492).[159] Segundo, seria inviável a condenação do denunciado perante o autor da ação pelo fato daquele não ter sido *citado* para contestar a demanda principal. O denunciado é citado no âmbito da *lide secundária* formada tão-somente com o seu denunciante. O cerceamento de defesa seria manifesto.

Nesse formato tradicional, a denunciação da lide atendia com perfeição aos propósitos da teoria do *reembolso*. Condenado o segurado

---

[157] FARIA, Juliana Cordeiro de. "O Código Civil de 2002 e o novo paradigma do contrato de seguro de responsabilidade civil: a viabilidade do direito de ação da vítima contra a seguradora". *IV Fórum de Direito do Seguro José Sollero Filho. Contrato de Seguro: Uma Lei para todos*. São Paulo: IBDS, 2006, p. 379.

[158] ARRUDA ALVIM, J. M. *Manual de Direito Processual Civil*: Processo de conhecimento. 10ª ed. Vol. 2. São Paulo: RT, 2006, p. 202; JORGE, Flávio Cheim. *Chamamento ao processo*. 2ª ed. São Paulo: RT, 1999, p. 124; BUENO, Cassio Scarpinella. *Partes e terceiros no processo civil brasileiro*. São Paulo: Saraiva, 2003, p. 262; DINAMARCO, Cândido Rangel. *Intervenção de terceiros*. São Paulo: Malheiros, 1997, p. 146; BEDAQUE, José Roberto dos Santos. *Direito e processo*: influência do direito material sobre o processo. 2ª ed. São Paulo: Malheiros, 2001, p. 90; CAVALIERI FILHO, Sergio. *Programa de Responsabilidade Civil*. 2ª ed. São Paulo: Malheiros, 2000, p. 346.

[159] FERREIRA, William Santos; JORGE, Flávio Cheim. "Denunciações da lide sucessivas: Possibilidade. Condenação direta e exclusiva dos denunciados". *Revista de Processo*. n. 82, pp. 316/317. São Paulo: RT, abr/jun., 1996.

no âmbito da lide principal, condenada estaria a sua seguradora na lide secundária, se houvesse cobertura securitária, contra quem aquele poderia exercer o seu *direito de regresso* para se reembolsar da quantia paga ao autor da ação (vítima).

Entretanto, como se viu no capítulo III, a evolução do direito material mexeu com velhos paradigmas, submetendo à revisão do tempo a dinâmica do seguro de responsabilidade. O resultado desse processo evolutivo não poderia deixar de resvalar no ambiente processual, especificamente no sistema de intervenção de terceiros que servia àquela concepção de seguro como instrumento de *recomposição* patrimonial do segurado.

Hoje, o sistema de Direito Privado brasileiro, reforçado pelo Código de Defesa do Consumidor, prevê uma espécie de responsabilidade para o segurador que não se coaduna com a ação de regresso que conforma a denunciação da lide, pelo menos no seu desenho ortodoxo de duas lides separadas. A denunciação da lide tornou-se incompatível com a função e o escopo do seguro de responsabilidade civil.[160]

3. ABALOS NA ESTRUTURA DA DENUNCIAÇÃO DA LIDE: EVOLUÇÃO PARA A EXECUÇÃO E CONDENAÇÃO DIRETA

Como se disse linhas atrás, a denunciação da lide era uma forma de intervenção de terceiros que, no seu formato clássico, não admitia relação direta entre o autor da ação e o denunciado trazido ao processo pelo réu. Todavia, a evolução do sistema de direito securitário, caminhando no sentido de recolocar a empresa de seguros no seu verdadeiro papel de prestador de garantia de segurança aos interesses econômicos do segurado, começou a surtir efeito nas instâncias judiciárias do país.

A discussão começou com litígios envolvendo acidentes de automóvel e problemas na atividade do transportador rodoviário de carga.

---

[160] SILVA, Ovídio A. Baptista da. *O seguro e as sociedades cooperativas:* Relações Jurídicas Comunitárias. Porto Alegre: Livraria do Advogado, 2008, p. 105.

Encerrada a fase de conhecimento, com condenação do réu na lide principal e de sua seguradora na lide secundária, chegava a hora de executar os valores devidos. Na prática, as dificuldades para encontrar bens do executado, muitas vezes já insolvente ou em lugar incerto e não sabido, criou a necessidade de buscar formas alternativas de execução frutífera.

A fórmula encontrada nos tribunais foi permitir que o autor da ação pudesse direcionar sua *execução* contra o denunciado, nos limites de responsabilidade deste último, como forma de atingir um patrimônio solvável que pudesse satisfazer de algum modo o direito das vítimas do acidente (ou de suas famílias).[161] Criou-se assim a técnica da *execução direta*, quebrando o velho esquema cartesiano que abria duas relações jurídicas paralelas e simultâneas nos mesmos autos do processo.

Ultimamente, a ideia da execução direta, em matéria de denunciação da lide, vem ganhando adeptos na doutrina brasileira.[162] De nossa parte, a técnica processual é bem-vinda. De fato, o sistema pode

---

[161] Num dos primeiros precedentes, *leading case* no assunto, o Min. Ruy Rosado de Aguiar registrou o seguinte: "Sempre me pareceu que o instituto da denunciação da lide, para servir de instrumento eficaz à melhor prestação jurisdicional, deveria permitir ao juiz proferir sentença favorável ao autor, quando fosse o caso, também e diretamente contra o denunciado, pois afinal ele ocupa a posição de litisconsorte do denunciante. (...) O lesado tem o direito de ser ressarcido diretamente de quem se obrigara à cobertura, figurou no processo como litisconsorte e exerceu amplamente a defesa dos seus interesses". (4ª T., REsp 97.590-RS, j. 15.10.96).

[162] CARNEIRO, Athos Gusmão. *Intervenção de Terceiros*. 15ª ed. São Paulo: Saraiva, 2003, p. 136; THEODORO Jr., Humberto. *Curso de Direito Processual Civil*. 48ª ed. Vol. I, n. 120-b. Rio de Janeiro: Forense, 2008, p. 153; NERY Jr., Nelson; NERY, Rosa M. de Andrade. *Código de Processo Civil Comentado e legislação extravagante*. 12ª ed. São Paulo: RT, 2012, p. 356; SILVA, Ovídio A. Baptista da. *O seguro e as sociedades cooperativas*: Relações Jurídicas Comunitárias. Porto Alegre: Livraria do Advogado, 2008, pp. 105 e 111; CARVALHO, Fabiano; BARIONI, Rodrigo. "Eficácia da sentença na denunciação da lide: execução direta do denunciado". In: DIDIER Jr., Fredie, ARRUDA ALVIM WAMBIER, Teresa (Coord.). *Aspectos polêmicos e atuais sobre os terceiros no processo civil (e assuntos afins)*. São Paulo: RT, 2004, p. 365; CASTRO FILHO. "Do litisconsórcio na denunciação da lide". In: FUX, Luiz; NERY Jr., Nelson, ARRUDA ALVIM WAMBIER, Teresa (Coord.). *Processo e Constituição*: Estudos em homenagem ao Prof. José Carlos Barbosa Moreira. São Paulo: RT, 2006, p. 436.

CAPÍTULO V – REGIME DE INTERVENÇÃO DO SEGURADOR...

proporcionar meios de aproximação entre os sujeitos do processo no momento de *execução* da obrigação ali reconhecida pela decisão final.

A execução direta encontra fundamento na garantia do *acesso à Justiça* (CF, art. 5º, XXXV e LXXVIII). Essa técnica de execução encurta o caminho da marcha processual e abrevia o tempo da litigância.[163] Se a essa altura do campeonato, em fase de execução, já se sabe *quem deve a quem e quanto se deve*, nada impede que o cumprimento da obrigação seja realizado por aquele que, presente no processo, é o responsável pelo pagamento final: o devedor do devedor.

Não há ofensa ao contraditório e à ampla defesa, porque não se está constrangendo o patrimônio de alguém que não teve a chance de se defender nas fases de cognição e execução do processo. Aqui, a fase de conhecimento já passou, todos dela participaram, o devido processo constitucional foi observado.[164] A execução direta surge depois como uma *técnica* de cumprimento de sentença para facilitação do pagamento da quantia devida à vítima credora.

Além disso, é preciso compreender que as relações sociais e econômicas nos dias de hoje não são mais as que existiam na época da promulgação do Código de Processo Civil de 1973. A sociedade complexa impõe flexibilidade nas ferramentas de solução de conflitos, exigindo que o processo disponha de instrumentos igualmente dinâmicos e capazes para dar solução rápida e eficaz.

---

[163] Temos sustentado que o cálculo da duração razoável do processo, objeto da EC n. 45/2005, deve levar em conta o tempo que vai da propositura da ação até o momento final de satisfação do credor com o efetivo cumprimento da prestação inadimplida: MELO, Gustavo de Medeiros. "A tutela adequada na Reforma Constitucional de 2004". *Revista de Processo*. n. 124, p. 76. São Paulo: RT, junho, 2005. É o que dispõe hoje o art. 4º do novo CPC/15: "*As partes têm o direito de obter em prazo razoável a solução integral do mérito, incluída a atividade satisfativa*".

[164] CARVALHO, Fabiano; BARIONI, Rodrigo. "Eficácia da sentença na denunciação da lide: execução direta do denunciado". *In:* DIDIER Jr., Fredie; ARRUDA ALVIM WAMBIER, Teresa (Coord.). *Aspectos polêmicos e atuais sobre os terceiros no processo civil (e assuntos afins)*. São Paulo: RT, 2004, p. 380; SILVA, Ovídio A. Baptista da. *O seguro e as sociedades cooperativas:* Relações Jurídicas Comunitárias. Porto Alegre: Livraria do Advogado, 2008, p. 111.

A jurisprudência do Superior Tribunal de Justiça consolidou esse entendimento. A justificativa inicial se apegava à existência de um litisconsórcio passivo e ao fato de que o seguro de responsabilidade constituía uma *estipulação em favor de terceiro*.[165] Depois, em nível de uniformização de jurisprudência, mesmo abandonando a ideia da estipulação, conforme exposto no capítulo III, a 2ª Seção do Tribunal fixou a tese de que, "e*m ação de reparação de danos movida em face do segurado, a seguradora denunciada pode ser condenada direta e solidariamente junto com este a pagar a indenização devida à vítima, nos limites contratados na apólice*".[166]

A partir desse precedente, foi editada a Súmula 537, que possui o seguinte enunciado:

> "Em ação de reparação de danos, a seguradora denunciada, se aceitar a denunciação ou contestar o pedido do autor, pode ser condenada, direta e solidariamente junto com o segurado, ao pagamento da indenização devida à vítima, nos limites contratados na apólice".

Como se sabe, o acórdão foi construído em cima de dois fundamentos determinantes (*ratio decidendi*): *(i)* a necessidade de flexibilização da denunciação da lide para admitir a condenação e execução direta da seguradora denunciada perante o autor da ação; e *(ii)* o regime de solidariedade

---

[165] STJ, 3ª T., REsp 713.115-MG, Min. Castro Filho, j. 21.11.2006; REsp 275.453-RS, Min. Humberto Gomes de Barros, j. 22.02.2005, *RSTJ*, 198/278.

[166] Ficou bem delimitada a preocupação do Colegiado na seguinte passagem: "o exato resultado desejado pelo direito material não é outro senão o de que a vítima de dano causado por acidente de veículo automotor seja indenizada, efetiva e prontamente, e que a seguradora suporte, ao fim e ao cabo, esses prejuízos experimentados pelo terceiro, no limite dos valores contratados pelo segurado, depois de reconhecida sua condição de causador do dano. Caso contrário, é possível imaginar que o segurado obtivesse lucro com o ilícito praticado, na medida em que poderia receber o valor do seguro de responsabilidade civil, sem que automaticamente esse valor fosse repassado à vítima. Por outro lado, se a vítima for obrigada a litigar em execução exclusivamente contra o segurado, nada poderá garantir o cumprimento da condenação, mesmo que o segurado efetivamente recebesse o valor do seguro contra danos a terceiro (STJ, 2ª Seção, REsp 925.130-SP, Min. Luis Felipe Salomão, j. 08.02.2012).

passiva entre segurado e seguradora. Só o primeiro fundamento foi devidamente abordado. O segundo não contou com a esperada motivação adequada.

No primeiro fundamento, a Corte avançou ainda mais para aceitar não só a execução, mas também a *condenação direta* da seguradora. Desnecessária, a nosso ver, essa referência à *condenação* direta. Se a intenção era chegar a esse ponto, melhor que o Tribunal tivesse considerado ali o regime do *chamamento ao processo* no lugar de esgarçar tanto a denunciação. Até porque ela não é privativa do Direito Securitário. Trata-se de ferramenta processual genérica de intervenção de terceiros aplicável a diversas outras situações do direito material. Assim, o *meio* empregado justificaria melhor o *fim* desejado. Falaremos sobre isso nos próximos tópicos.

No segundo fundamento, a Corte exagerou também ao estabelecer (por aparente presunção) que há sempre um regime de *solidariedade* entre segurado e segurador.[167] Nem sempre isso acontece. Num acidente de trânsito, por exemplo, a relação jurídica entre a vítima e o causador do dano (segurado) pode não ser de consumo, o que configura uma corresponsabilidade *comum*, não solidária, entre este e sua respectiva seguradora. Inclusive, o caso concreto que gerou o precedente tratava de atropelamento em via pública.

Por outro lado, não se pode ir ao exagero de dizer que esse precedente é desprovido de *ratio decidendi*. Bem ou mal, o Tribunal deliberou sobre essa segunda questão, sendo possível identificar seu fundamento determinante. A Corte só não explicou de onde vem essa responsabilidade "solidária" entre segurado e seguradora para todo e qualquer sinistro. Nesse ponto, a fundamentação ficou a desejar.[168]

---

[167] Nem mesmo os dois processualistas citados como referência do acórdão sustentam o regime de *solidariedade* entre segurado e seguradora ou a *condenação direta* desta última em sede de denunciação da lide. Athos Gusmão Carneiro e Humberto Theodoro Jr. propõem apenas flexibilizar o procedimento para admitir a *execução direta*. Como dissemos acima, o Tribunal avançou por conta própria sem se desincumbir do seu ônus argumentativo, ao menos na questão específica da solidariedade passiva.

[168] Esse precedente é, portanto, obrigatório, nos termos do art. 927, IV, do CPC/2015. Na Teoria Geral do Precedente, os autores vêm alertando para o fato de que, sendo

Mais adequada nos parece a intervenção do novo Código de Processo Civil, instituído pela Lei n. 13.105, de 16 de março de 2015, ao prever a *execução direta* na denunciação da lide. A redação atual do art. 128, § único, possibilita que, no caso de procedência do pedido formulado na ação principal, o autor requeira o *cumprimento* da sentença também contra o denunciado, o qual responderá até o limite de sua condenação na ação regressiva.

O novo regime promove a técnica da *execução direta*, que, por sua vez, obriga a seguradora ao *pagamento direto*, evitando que a vítima fique desamparada por conta dos percalços do processo de execução. Evita também que o segurado tenha que comprometer o seu patrimônio para só depois solicitar o reembolso à companhia de seguros, o que andaria na contramão da garantia securitária, seu legítimo escopo e sua função social.[169]

De todo modo, a *execução direta* da vítima (autora da ação) contra a sociedade seguradora trazida ao processo na condição de denunciada foi um passo significativo na construção do caminho que vinha se abrindo rumo à *ação direta* do terceiro prejudicado. Com isso, voltamos ao seguinte ponto que informa uma das premissas do presente trabalho: é

---

deficiente ou insuficiente a fundamentação do julgado a ponto de dificultar a identificação ou compreensão da *ratio decidendi*, o precedente deve ser tido como desprovido dela, não sendo, por isso, obrigatório para ser seguido pelos demais juízes e tribunais. Nesse sentido: MARINONI, Luiz Guilherme. *Julgamento nas Cortes Supremas:* precedentes e decisão do recurso diante do novo CPC. São Paulo: RT, 2015, p. 127; ATAÍDE Jr., Jaldemiro Rodrigues de. *Precedentes vinculantes e irretroatividade do direito no sistema processual brasileiro:* Os Precedentes dos Tribunais Superiores e sua Eficácia Temporal. Lisboa: Juruá, 2012, p. 81; SOUZA, Marcelo Alves Dias de. *Do Precedente Judicial à Súmula Vinculante.* Curitiba: Juruá, 2008, p. 169; CARVALHO, Gustavo Marinho de. *Precedentes Administrativos no Direito Brasileiro.* São Paulo: Contracorrente, 2015, p. 58.

[169] Sem razão, com todo respeito, acórdão que não admitiu o cumprimento direto da obrigação pela seguradora denunciada à lide, sob a justificativa de não existir "*benefício de ordem*" em favor do segurado (STJ, 4a T., AgRg no REsp 1.235.962-SP, Min.a Isabel Gallotti, j. 22.11.2011). Não se trata de benefício de ordem, todavia. Seguro de responsabilidade civil não é fiança. Aqui, a garantia visa à *indenidade* do segurado, razão pela qual a seguradora tem *preferência* como responsável principal pelo pagamento da indenização (CC, art. 787, § 4º). *Cf.* Capítulo V, item 7.

CAPÍTULO V – REGIME DE INTERVENÇÃO DO SEGURADOR...

constante o diálogo entre o direito material e o processo. O processo deve se adequar ao sistema na proporção com que o legislador inova no panorama do Direito Civil.

4. CORRESPONSABILIDADE SOLIDÁRIA NO CDC

A Constituição Federal de 1988 instituiu uma cláusula pétrea que assegura a defesa do consumidor pelo Estado, na forma da lei (CF, art. 5º, XXXII; art. 170, V). O propósito do constituinte foi tutelar o consumidor como forma de reduzir a sua situação de particular vulnerabilidade.[170]

Em 1990, o Código de Defesa do Consumidor (CDC) veio ao sistema com a Lei n. 8.078/90, fazendo uma verdadeira revolução no direito brasileiro, sobretudo no campo do processo civil coletivo, no direito contratual e na responsabilidade civil. A partir de então, muitos conceitos e institutos modernos passaram a ser tratados de forma mais ostensiva pelo legislador, como boa-fé objetiva, função social do contrato, responsabilidade objetiva, vulnerabilidade, onerosidade excessiva, cláusula contratual abusiva e outros.

O sistema processual de defesa do consumidor deu assim um salto de qualidade gigantesco. O preceito legal que interessa de perto para o presente estudo é o art. 101 do CDC, que diz o seguinte:

> Na ação de responsabilidade civil do fornecedor de produtos e serviços, sem prejuízo do disposto nos capítulos I e II deste título, serão observadas as seguintes normas: (...) II – o réu que houver contratado seguro de responsabilidade poderá chamar ao processo o segurador, vedada a integração do contraditório pelo Instituto de Resseguros do Brasil. Nesta hipótese, a sentença que julgar procedente o pedido condenará o réu nos termos do art. 80 do Código de Processo Civil. Se o réu houver sido declarado

---

[170] TEPEDINO, Gustavo. "Código de Defesa do Consumidor, Código Civil e complexidade do ordenamento". *Temas de direito civil*. Tomo II. Rio de Janeiro: Renovar, 2006, p. 406.

falido, o síndico será intimado a informar a existência de seguro de responsabilidade, facultando-se, em caso afirmativo, o ajuizamento de ação de indenização diretamente contra o segurador, vedada a denunciação da lide ao Instituto de Resseguros do Brasil e dispensado o litisconsórcio obrigatório com este.

A finalidade precípua do CDC é a proteção do consumidor de bens e serviços. Mas a medida é salutar por vários ângulos. Ela tanto protege o consumidor em situação de desvantagem, na condição de vítima do acidente, como salvaguarda o patrimônio do fornecedor que contratou seguro de responsabilidade civil. Em outros termos, esse mecanismo de intervenção do segurador representa uma proteção tanto para o fornecedor, a quem se atribui a responsabilidade pelo dano, quanto para a vítima, a qual terá mais suporte material para executar, em sua plenitude, o eventual decreto condenatório proferido em seu favor.[171]

Atualmente, fala-se que essa técnica de convocação representa uma ferramenta em prol da concretização do *princípio da reparação integral dos danos* (CDC, art. 6, VI).[172] A presença do segurador no processo permite que haja lastro patrimonial suficiente para satisfazer o pleito indenizatório da vítima se eventualmente o prejuízo dela ultrapassar os limites do patrimônio do segurado, respeitado, é claro, o teto da garantia securitária. Há um espírito de solidariedade para com as vítimas dos produtos nocivos ou serviços defeituosos postos em circulação no mercado.[173]

Portanto, o sistema do CDC está a revelar uma espécie de *solidariedade* entre segurado e segurador, a qual é limitada à importância garantida na apólice. A responsabilidade *solidária* que os envolve perante o terceiro prejudicado emerge não somente do sistema, mas também da

---

[171] TZIRULNIK, Ernesto. "O futuro do seguro de responsabilidade civil". *Revista dos Tribunais*. Vol. 782, p. 75. São Paulo: RT, dezembro, 2000.

[172] STJ, 4ª T., REsp 1.107.613-SP, Min. Marco Buzzi, j. 25.06.2013.

[173] TZIRULNIK, Ernesto. "O futuro do seguro de responsabilidade civil". *Revista dos Tribunais*. Vol. 175, p. 75. São Paulo: RT, dezembro, 2000.

CAPÍTULO V – REGIME DE INTERVENÇÃO DO SEGURADOR...

própria remissão feita pela lei ao art. 80 do Código de Processo Civil (1973), hoje correspondente ao art. 132 do CPC/2015.[174]

Agora, segurado e segurador são coobrigados que mantêm vínculo de responsabilidade solidária em face da vítima. Como diz o art. 275 do Código Civil, *"o credor tem direito a exigir e receber de um ou de alguns dos devedores, parcial ou totalmente, a dívida comum"*. E se o prejuízo da vítima com o sinistro for maior que o limite da garantia, é o mesmo preceito legal que responde: *"se o pagamento tiver sido parcial, todos os demais devedores continuam obrigados solidariamente pelo resto"*. No caso, o segurado responde *pelo resto*, de sorte que o terceiro pode executá-lo para obter o complemento da importância a que tem direito.

5. CHAMAMENTO AO PROCESSO NO CDC

A Lei n. 8.078/90 deixou claro que o instituto processual adequado ao sistema material de proteção do consumidor é uma espécie de *chamamento ao processo*.[175] Trata-se de mais uma hipótese de chamamento

---

[174] THEODORO Jr., Humberto. "O Novo Código Civil e as Regras Heterotópicas de Natureza Processual". *In:* DIDIER Jr.; MAZZEI, Rodrigo (Coord.). *Reflexos do novo Código Civil no direito processual.* 2ª ed. Salvador: Podivm, 2007, p. 147; ARMELIN, Donaldo. "A ação direta da vítima contra a seguradora de responsabilidade civil: fundamentos e regime das exceções". *III Fórum de Direito do Seguro José Sollero Filho.* São Paulo: EMTS, 2003, p. 174; ARRUDA ALVIM, J. M. *Manual de Direito Processual Civil:* Processo de conhecimento. 10ª ed. São Paulo: RT, 2006, v. 2, p. 202; NERY Jr., Nelson. "Aspectos do processo civil no Código de Defesa do Consumidor". *Revista de Direito do Consumidor.* n. 01, p. 210. São Paulo: RT, 1992; MALACHINI, Edson Ribas. "Seguro, resseguro, litisconsórcio e denunciação da lide". *RePro,* 81/123; CAVALIERI FILHO, Sergio. *Programa de Responsabilidade Civil.* 2ª ed. São Paulo: Malheiros, 2000, p. 346.

[175] ARRUDA ALVIM, J. M. *Manual de Direito Processual Civil:* Processo de conhecimento. 10ª ed. Vol. 2. São Paulo: RT, 2006, p. 202; THEODORO Jr., Humberto. "O Novo Código Civil e as Regras Heterotópicas de Natureza Processual". *In:* DIDIER Jr., Fredie, MAZZEI, Rodrigo (Coord.). *Reflexos do novo Código Civil no direito processual.* 2ª ed. Salvador: Podivm, 2007, p. 1; ARMELIN, Donaldo. "A ação direta da vítima contra a seguradora de responsabilidade civil: fundamentos e regime das exceções". *III Fórum de Direito do Seguro José Sollero Filho.* São Paulo: EMTS, 2003, p. 173; CARNEIRO, Athos Gusmão. *Intervenção de Terceiros.* 15ª ed. São Paulo: Saraiva, 2003, p. 158; WATANABE,

ao processo que se soma àquelas tradicionalmente disciplinadas no Código de Processo Civil (CPC/2015, art. 130).

O sistema outorgou ao fornecedor de produtos e serviços, demandado pela vítima no âmbito de uma relação de consumo, a faculdade de convocar sua empresa de seguros para compor o polo passivo da demanda.[176]

O chamamento é uma forma, ainda que oblíqua, de submeter o segurador ao acionamento *direto* do terceiro, colocando-o na linha de frente como alvo potencial da eficácia da sentença e da coisa julgada que serão produzidas no processo.[177] Em essência, é instituto bastante familiar à conhecida *citação em garantia* do Direito argentino[178] e paraguaio,[179] com a diferença de que lá o chamamento pode ser feito pela vítima e pelo segurado.[180] No Direito brasileiro, só o segurado, na condição de réu, pode convocar a seguradora, e vice-versa.

Kazuo et al. *Código de Defesa do Consumidor:* Comentado pelos Autores do Anteprojeto. 8ª ed. Rio de Janeiro: Forense Universitária, 2004, p. 899; FARIA, Juliana Cordeiro de. "O Código Civil de 2002 e o novo paradigma do contrato de seguro de responsabilidade civil: a viabilidade do direito de ação da vítima contra a seguradora". *IV Fórum de Direito do Seguro José Sollero Filho. Contrato de Seguro: Uma Lei para todos.* São Paulo: IBDS, 2006, p. 391.

[176] ARMELIN, Donaldo. "A ação direta da vítima contra a seguradora de responsabilidade civil: fundamentos e regime das exceções". *III Fórum de Direito do Seguro José Sollero Filho.* São Paulo: EMTS, 2003, pp. 173/174.

[177] ALVIM, Eduardo Arruda. *Direito Processual Civil.* 3ª ed. São Paulo: RT, 2010, p. 276.

[178] *"También el asegurado puede citar en garantía al asegurador en el mismo plazo y con idénticos efectos"* (Lei 17.418/67, art. 118, § 3º). A propósito: HALPERIN, Isaac. "Acción directa del damnificado en el seguro de la responsabilidad civil". *Revista del Derecho Comercial y de las Obligaciones.* Año 3, n. 13 a 18, Buenos Aires: Depalma, 1970, p. 506; MORANDI, Juan Carlos Félix. "La acción directa del damnificado contra el asegurador en el seguro de responsabilidad civil". *Revista del Derecho Comercial y de las Obligaciones.* Año 3, n 13 a 18, Buenos Aires: Depalma, 1970, p. 797.

[179] Código Civil da República do Paraguai, art. 1651 e 1652.

[180] QUINTANA, Enrique J. "La citación en garantía del asegurador: aspectos doctrinales y jurisprudenciales". *Revista Ibero-latinoamericana de Seguros.* Javegraf: Bogotá, n. 08, 1996, p. 175; MARTÍNEZ, Hernán J. *Citación en garantía del asegurador (Ley 17.418, art. 118).* Buenos Aires: Ediciones La Rocca, 1990, p. 60.

CAPÍTULO V – REGIME DE INTERVENÇÃO DO SEGURADOR...

No nosso modo de ver, isso também representa uma espécie de ação direta, mesmo que não seja uma ação direta autônoma.[181] Forma-se um litisconsórcio passivo posterior entre segurado e segurador condicionado à iniciativa do réu. A pergunta que surge agora é saber se o litisconsórcio é facultativo ou obrigatório.

Resposta: *facultativo*. É da própria natureza da responsabilidade solidária a formação de um litisconsórcio facultativo entre os codevedores, mercê do próprio direito material que disciplina as obrigações solidárias passivas (CC, art. 275).[182] Numa interpretação literal, a lei fala inclusive que o réu *poderá* chamar o segurador, deixando a critério daquele a convocação.

Em suma, o segurador pode intervir na lide que envolve relação de consumo se for chamado pelo segurado para figurar no polo passivo da relação processual em regime de responsabilidade solidária.[183] Estando

---

[181] MORANDI, Juan Carlos Félix. "Seguro de responsabilidad civil". *Revista Ibero-latinoamericana de Seguros*. n. 08, Bogotá: Javegraf: 1996, p. 19; QUINTANA, Enrique J. "La citación en garantía del asegurador: aspectos doctrinales y jurisprudenciales". *Revista Ibero-latinoamericana de Seguros*. n. 08, Bogotá: Javegraf, 1996, pp. 188/189.

[182] DINAMARCO, Cândido Rangel. *Litisconsórcio*. 7ª ed. São Paulo: Malheiros, 2002, p. 357; ARRUDA ALVIM, J. M. *Manual de Direito Processual Civil*: Processo de conhecimento. 10ª ed. Vol. 2, São Paulo: RT, 2006, p. 192; JORGE, Flávio Cheim. *Chamamento ao processo*. 2ª ed. São Paulo: RT, 1999, p. 51; BUENO, Cassio Scarpinella. *Partes e terceiros no processo civil brasileiro*. São Paulo: Saraiva, 2003, p. 293; CARNEIRO, Athos Gusmão. *Intervenção de Terceiros*. 15ª ed. São Paulo: Saraiva, 2003, p. 157. Com incursões mais profundas em defesa do litisconsórcio facultativo: COSTA, José Maria da. "As obrigações solidárias". *In*: NETTO, Domingos Franciulli; MENDES, Gilmar Ferreira; MARTINS FILHO, Ives Gandra da Silva (Coord.). *O novo Código Civil*: Estudos em homenagem ao Professor Miguel Reale. São Paulo: LTr, 2003, p. 301.

[183] STJ: "Processual Civil e Direito do Consumidor. Intervenção de Terceiro. Ação Indenizatória. Acidente de trânsito. Rito sumário. Chamamento ao processo. Possibilidade. Art. 101, II, CDC. Anulação do processo. Sentença proferida. Prejuízo ao consumidor. Precedente. Recurso não conhecido. I – Nos termos de precedente da Turma, é possível o chamamento ao processo da seguradora da ré (art. 101, II, do CDC), empresa de transporte coletivo, na ação de responsabilidade promovida pelo passageiro, vítima de acidente de trânsito causado pelo motorista do coletivo, não se aplicando ao caso a vedação do art. 280, I, do CPC" (4ª T., REsp 214.216-RJ, Min. Sálvio de Figueiredo Teixeira, j. 11.04.2000). No mesmo sentido: STJ, 4ª T., REsp

ambos em lugar diretamente contrário à vítima, não há mais razão de ser para o instituto da denunciação da lide.[184]

No balanço final, a intervenção do segurador é adequada ao acesso à Justiça na medida em que proporciona plena satisfação ao demandante que fizer jus aos benefícios da tutela jurisdicional condenatória.

6. ACIONAMENTO DIRETO NAS RELAÇÕES DE CONSUMO

A segunda parte do art. 101, inc. II, do CDC menciona que, se o réu houver sido declarado falido, o síndico será intimado a informar a existência de seguro de responsabilidade, facultando-se, em caso afirmativo, o ajuizamento de ação de indenização diretamente contra o segurador, vedada a denunciação da lide ao Instituto de Resseguros do Brasil e dispensado o litisconsórcio obrigatório com este.

A primeira constatação que se pode fazer desse texto normativo é o fato de que o sistema prevê a chamada *ação direta* da vítima contra o segurador do responsável pelo dano. E mais: Ao contrário do que à primeira vista pode parecer, a lei não está afirmando que a vítima só poderá acionar a seguradora na hipótese de *falência* do segurado. Não é disso que se trata. A ação direta da vítima *não está condicionada* à declaração de falência do segurado.[185] A dinâmica dessa relação é muito mais

---

178.839-RJ, Min. Ruy Rosado de Aguiar, j. 13.10.1998, *RSTJ*, 116/305.

[184] SILVA, Ovídio A. Baptista da. *O seguro e as sociedades cooperativas:* Relações Jurídicas Comunitárias. Porto Alegre: Livraria do Advogado, 2008, p. 105. Conforme observação de Kazuo Watanabe: "Certamente, na relação entre segurador e segurado, pela natureza do contrato, que confere ao segundo o benefício da cobertura securitária em troca do pagamento ao primeiro do prêmio correspondente, a título de contraprestação, não haverá lugar para essa cobrança regressiva do segurador contra o segurado. O chamamento ao processo, portanto, amplia a garantia do consumidor e ao mesmo tempo possibilita ao fornecedor convocar desde logo, sem a necessidade de ação regressiva autônoma, o segurador para responder pela cobertura securitária prometida" (*Código de Defesa do Consumidor:* Comentado pelos Autores do Anteprojeto. 8ª ed. Rio de Janeiro: Forense Universitária, 2004, p. 899).

[185] THEODORO Jr., Humberto. "O seguro de responsabilidade civil: Disciplina material e processual". *Revista de Direito Privado*. n. 46, p. 308. São Paulo: RT, 2011.

CAPÍTULO V – REGIME DE INTERVENÇÃO DO SEGURADOR...

ampla do que poderia supor uma leitura apressada do dispositivo. Vejamos um cenário com três possíveis ocorrências.

Primeira hipótese: a vítima acionou somente o segurado, mas, em um estágio já avançado do processo, geralmente na fase de execução de sentença, descobriu que ele estava falido ou, de alguma forma, em estado de insolvência. Como a seguradora não fez parte da relação processual, o autor haverá de mover contra ela uma *ação de conhecimento*, na forma de uma ação direta.

Segunda hipótese: a vítima acionou somente o segurado, mas este *chamou sua respectiva seguradora ao processo*. Se acaso se descobrir depois que o segurado faliu ou se encontra insolvente, não haverá necessidade de ajuizar uma nova ação contra a seguradora. Basta direcionar o curso da execução contra ela, a qual já se encontra no processo desde o início.

Terceira hipótese: eventualmente por ter acesso a uma apólice de seguro de responsabilidade em nome do segurado, o consumidor achou por bem demandar *exclusivamente* a companhia de seguros. Se houver cobertura no contrato, ela responderá até o limite da garantia estabelecido na apólice.

Na prática, em certos casos, até se recomenda endereçar a demanda contra ambos, fornecedor e seu respectivo segurador. Mas o sistema confere ao consumidor o direito de acionar somente o fornecedor *ou* somente a seguradora. O autor dessa ação tem o direito de escolher com quem pretende litigar, porque, no fundo, segurado e segurador são *corresponsáveis solidários* em razão do acidente causado na relação de consumo. Com isso, a lógica do preceito deixa claro que pode haver *duas ações* a critério do consumidor. Uma primeira dirigida contra o suposto causador do dano, e outra ação somente contra o segurador.

Note-se, portanto, que é falsa a ideia de que o Código de Defesa do Consumidor teria instituído uma espécie de ação direta *subsidiária* ou *condicionada* ao prévio estado de falência (ou insolvência) do segurado.

Na verdade, a mensagem da segunda parte do art. 101, II, do CDC apenas se refere a uma das possíveis hipóteses descritas acima. No caso, seria a *primeira* hipótese. Se o demandante – por opção – não tiver acionado o segurador, e não tendo este sido chamado pelo réu falido, só resta à vítima ajuizar uma nova demanda contra a seguradora, para que, *citada e eventualmente condenada*, venha esta a ser alvo de uma execução.

A vítima terá que ajuizar uma nova ação pelo simples fato da seguradora *não fazer parte da relação processual*, seja porque não foi acionada desde o início, seja porque não foi chamada ao processo pelo réu.[186]

7. CORRESPONSABILIDADE DO SEGURADOR NO CÓDIGO CIVIL

Como visto no tópico acima, o Código de Defesa do Consumidor instituiu um regime de responsabilidade *solidária* entre segurado e seguradora, podendo aquele *chamar* esta ao processo como forma de dar mais proteção à vítima do acidente de consumo.

O Código Civil brasileiro, diferentemente, não foi claro nesse ponto, o que requer um esforço maior de interpretação. O art. 787 do Código Civil e seus quatro parágrafos não fazem referência à responsabilidade solidária, nem indicam claramente qual espécie de intervenção de terceiros será cabível nessa relação. É nesse contexto que tentaremos desvendar qual é o regime de responsabilidade do segurador e que espécie de canal de acesso ele tem por força de tal estrutura normativa.

O primeiro dispositivo que desdobra o art. 787 do CC estabelece para o segurado o dever de comunicar o segurador tão logo saiba das consequências de todo ato seu suscetível de lhe acarretar a responsabilidade incluída na garantia (§ 1º). Aqui, trata-se de uma regra já conhecida de outras passagens das disposições gerais do Código, como a que impõe o dever de comunicar, logo que o saiba, todo incidente suscetível de agravar consideravelmente o risco coberto, e a obrigação de

---

[186] Na jurisprudência, entendimento equivalente está expresso hoje no caso do fiador que não participou da relação processual. A Súmula 268 do STJ assinala o seguinte: *"O fiador que não integrou a relação processual na ação de despejo não responde pela execução do julgado"*.

CAPÍTULO V – REGIME DE INTERVENÇÃO DO SEGURADOR...

participar o sinistro ao segurador, logo que o saiba, tomando as providências imediatas para minorar as consequências (CC, art. 769 e 771).[187]

Além de preocupada com a mais estrita boa-fé do segurado, a intenção da lei, nesse caso, é dar ao segurador as condições materiais para logo intervir e, se for o caso, proceder à regulação do sinistro como empresa responsável também por essa *obrigação* que lhe cabe frente ao contrato de seguro.[188]

Até aqui, não há nada que indique haver algo especial no regime da responsabilidade securitária.

A partir do § 2º do art. 787, a disciplina do Código Civil começa a dar sinais de que existe uma preocupação com aquele que é o verdadeiro garante dos interesses postos em risco. O texto normativo proíbe o segurado de reconhecer sua responsabilidade ou confessar a ação (leia-se: *reconhecer a procedência do pedido*),[189] bem como transigir com o terceiro prejudicado, ou indenizá-lo diretamente, sem anuência expressa do segurador.

---

[187] Esse dispositivo confirma nossa posição, manifestada no Cap. III, no sentido de que a garantia do seguro *não isenta o segurado de responsabilidade*, mesmo que o evento esteja coberto pelo contrato de seguro. O segurado continua respondendo por todas as consequências que podem advir de seu comportamento. O papel do seguro é apenas compartilhar com uma sociedade seguradora a responsabilidade pelo pagamento de indenização que venha a ser devida a terceiros. Daí o dispositivo legal exigir informação imediata sobre todo ato suscetível de acarretar para o *segurado a responsabilidade incluída na garantia*.

[188] A importância desse procedimento é enfatizada por um famoso especialista espanhol: "*A ocorrência do sinistro é a origem da indenização, mas entre sinistro e indenização aparece um processo técnico administrativo que se destina a verificar a forma em que ocorreram as perdas e seu custo final, para então determinar o tipo de indenização. (...) Assim que for conhecida pela seguradora a ocorrência do sinistro, a realização das investigações ficará a cargo de seus próprios serviços, ou de quem para esse fim contrate* ". (RODRIGUEZ, Luis de Angulo. "O sinistro, sua regulação e liquidação". *IV Fórum de Direito do Seguro José Sollero Filho*. São Paulo: IBDS, 2006, p. 221 e 228).

[189] O termo "*confessar a ação*" constitui linguagem desatualizada com o sistema atual. Remonta ao Código de Processo Civil de 1939, onde se dizia que poderia o "*processo terminar por desistência ou confissão*" (art. 55). Hoje, a leitura dessa expressão representa o *reconhecimento jurídico do pedido* pelo réu (DINAMARCO, Cândido Rangel. *Instituições de Direito Processual Civil*. 6ª ed. Vol. II. São Paulo: Malheiros, 2009, p. 419).

Nesse ponto, o preceito legal parece querer preservar a posição de quem, no final das contas, pode ser o responsável pelo pagamento da indenização. Contudo, ainda não se pode dizer que o Código Civil brasileiro esteja a cogitar de responsabilidade solidária.

O enunciado que certamente definirá o que o legislador quis estabelecer como disciplina do seguro de responsabilidade é o § 4º do art. 787 do CC. Ali se diz o seguinte: *"subsistirá a responsabilidade do segurado perante o terceiro, se o segurador for insolvente"*. A posição assumida pelo legislador foi no sentido de qualificar a responsabilidade do segurado como sendo *subsidiária* em relação à da seguradora. Isso significa que a lei colocou esta em situação de *preferência*, ou seja, como responsável *principal* para efeito de cumprimento da prestação indenizatória devida pelo sinistro.[190]

Observe-se que a *dívida* do segurado não pertence à seguradora. Convém lembrar o quanto dissemos em outra passagem, a propósito da diferença entre *dívida* e *responsabilidade* (cap. III). Ao assumir o compromisso de prestar a garantia, a seguradora assume a condição de *responsável principal* pelo pagamento da importância segurada devida.[191] Se a companhia estiver insolvente, haverá afetação do patrimônio do segurado como *responsável subsidiário* pela indenização.[192]

---

[190] O segurado é o *devedor principal*, pois a dívida originalmente é sua. Todavia, para efeito de pagamento, a seguradora passa a ser o *responsável principal* pelo cumprimento da prestação indenizatória.

[191] Nesse sentido está a observação da doutrina: "Ao fazer uso da conjunção condicional 'se', que significa 'na hipótese de', o parágrafo auxilia a compreender que, com o sinistro, surge perante o terceiro um novo responsável, que não afasta o original, mas que a ele se sobrepõe para o efeito de indenizar as perdas e danos sofridos. (...) Embora se deva observar que a sobreposição de responsabilidade somente vá até o limite da garantia contratada pelo segurado com a seguradora, não parece haver dúvida de que, nesse limite, a responsabilidade da seguradora se antepõe à do segurado, que remanesce apenas quando não puder operar aquela, em virtude da insolvência da seguradora ". (TZIRULNIK, Ernesto; CAVALCANTI, Flávio de Queiroz B.; PIMENTEL, Ayrton. *O contrato de seguro de acordo com o Código Civil brasileiro*. 3ª ed. São Paulo: Roncarati, 2016, p. 214-215).

[192] Ao lado dessa situação de insolvência do segurador, lembre-se que o segurado poderá também ser chamado a indenizar o terceiro, *subsidiariamente*, quando o prejuízo exceder

Essa é a lógica do enunciado previsto no § 4º do art. 787 do Código Civil. A seguradora pode ser executada pelo autor da ação. Aliás, a sentença condenatória deverá ser executada *preferencialmente* contra ela.[193] Desse modo, a presença da sociedade seguradora na lide é importante porque, se constatada a sua insolvência, a vítima poderá *redirecionar* a execução contra o réu segurado (responsável subsidiário).

Em suma, do texto do art. 787 do CC, sobretudo pela redação do seu último parágrafo, é possível construir a norma segundo a qual o segurador tem *corresponsabilidade* ao lado do seu segurado, e pode ser chamado a litigar no polo passivo do processo em posição *diretamente* oposta ao autor da ação.[194]

8. INTERVENÇÃO DO SEGURADOR NO REGIME DO CÓDIGO CIVIL

O § 3º do art. 787 do CC estabelece que, *intentada a ação contra o segurado, dará este ciência da lide ao segurador*. Trata-se de *comunicação* de que existe uma demanda judicial do terceiro. O verbo *intentar* parece indicar que o segurado deve informar sua seguradora logo após o ajuizamento da ação. Na verdade, tal obrigação nasce a partir do momento em que ele é *citado* para responder à demanda.

A dúvida agora está em saber se esse procedimento constitui um ato de comunicação *extrajudicial* do segurado ou se isso seria o *requerimento do segurado ao juiz* para que o segurador seja chamado a ocupar o polo passivo da demanda. Na primeira hipótese, trata-se de uma simples *comunicação*. O segurado *deve* notificar o segurador da existência de toda

---

os limites da garantia contratada. *Subsiste*, ou seja, *remanesce*, aqui também, a responsabilidade do segurado pelo pagamento da indenização que corresponde à parcela do prejuízo que ultrapassar a importância segurada.

[193] THEODORO Jr., Humberto. "O seguro de responsabilidade civil: Disciplina material e processual". *Revista de Direito Privado*. n. 46, p. 314. São Paulo: RT, 2011.

[194] ARMELIN, Donaldo. "A ação direta da vítima contra a seguradora de responsabilidade civil: fundamentos e regime das exceções". *III Fórum de Direito do Seguro José Sollero Filho*. São Paulo: EMTS, 2003, p. 180.

e qualquer demanda de terceiro decorrente de fatos possivelmente praticados ao abrigo da garantia securitária.

Entretanto, convém reconhecer que o legislador foi além. O texto do § 3º do art. 787 do CC possibilita inferir que o segurado pode *requerer em juízo a citação da seguradora* para vinculá-la ao resultado do processo.[195] Aqui, já não é mais aquela *comunicação* extrajudicial. Cuida-se de uma *convocação* para responder em juízo.

Aparentemente, tem-se até a impressão de que tal convocação seria obrigatória. A lei fala que o segurado *"dará ciência da lide"*. No âmbito do processo, porém, não faz sentido exigir que ele promova a citação do segurador. Estamos diante de um *ônus processual*. Não convocando, o segurado deixa de se beneficiar das vantagens que teria se a companhia de seguros estivesse presente no processo.

Resta definir a que título a seguradora, uma vez convocada, ingressará no feito.

Por um critério de exclusão, pode-se adiantar que não se trata de denunciação da lide.[196] Como pensamos haver demonstrado em capítulos anteriores, o mecanismo da denunciação, típico formato de intervenção de terceiros para assegurar o exercício de pretensões de regresso, não corresponde mais ao escopo e à função do seguro de responsabilidade.

Esse esquema de intervenção do segurador vem perdendo sua razão de ser no mesmo compasso com que a dinâmica do seguro passou

---

[195] OLIVEIRA, Eduardo Ribeiro de. "Contrato de seguro: alguns tópicos". *In:* NETTO, Domingos Franciulli; MENDES, Gilmar Ferreira; MARTINS FILHO, Ives Gandra da Silva (Coord.). *O novo Código Civil:* Estudos em homenagem ao Professor Miguel Reale. São Paulo: LTr, 2003, p. 745.

[196] Esse ponto, todavia, está longe de ter consenso. Há quem enxergue ali a figura da denunciação da lide: GODOY, Claudio Luiz Bueno de. *Código Civil Comentado:*Doutrina e jurisprudência. *In:* PELUSO, Ministro Cezar (Coord.). Barueri: Manole, 2007, p. 659; DELGADO, José Augusto. *Comentários ao novo Código Civil:* Das Várias Espécies de Contrato. Do Seguro – Arts. 757 a 802. *In:* TEIXEIRA, Sálvio de Figueiredo (Coord.). Vol. XI, Tomo I, Rio de Janeiro: Forense, 2004, p. 568.

a girar em torno de outro eixo: *escopo preventivo* de proteção do segurado e *função social* que transpassa a figura dele para resguardar também os interesses da vítima.

Se essa premissa for válida, o sistema jurídico brasileiro não oferece outra forma de intervenção que não seja através do *chamamento ao processo*. Como se verá no próximo item, não é o mesmo chamamento previsto no Código de Defesa do Consumidor, como também não se encaixa exatamente nas hipóteses tradicionais do art. 130 do CPC/2015.

9. CHAMAMENTO AO PROCESSO NO CÓDIGO CIVIL

De fato, o art. 787 do Código Civil não foi claro o suficiente para informar que espécie de responsabilidade assume a seguradora perante a vítima. Com razoável esforço de interpretação, concluímos que a companhia é *corresponsável*, e até com certa preferência para efeito de pagamento da indenização.

A segunda dificuldade que se apresenta está em saber qual é o canal de acesso de que se pode utilizar a seguradora para ingressar no processo instaurado pela vítima contra o seu segurado. A forma de intervenção que descortinamos do texto do art. 787 do Código Civil é o *chamamento ao processo*, o qual não se enquadra perfeitamente nas hipóteses tradicionais do art. 130 do CPC/2015.[197]

Cuida-se de outra hipótese legal de chamamento ao processo, dessa vez criada pelo direito material. Aqui, não se pode afirmar que o preceito da lei civil se refere ao chamamento do devedor *solidário*. Falta disposição expressa nesse sentido, como exige a regra segundo a qual *a solidariedade não se presume, resultando da lei ou da vontade das partes* (CC, art. 265).

Por outro lado, em nível pragmático, é inegável que existe uma proximidade bastante peculiar entre os dois regimes. O sistema de

---

[197] THEODORO Jr., Humberto. "O seguro de responsabilidade civil: Disciplina material e processual". *Revista de Direito Privado*. n. 46, p. 314. São Paulo: RT, 2011.

corresponsabilidade previsto no Código Civil equivale, na prática, ao regime de responsabilidade *solidária* previsto no Código de Defesa do Consumidor. Isso se deve a uma característica da solidariedade no contrato de seguro. Ela é *atípica*, ou seja, a vítima tem a opção de acionar tanto o segurado quanto a seguradora, mas a responsabilidade desta fica *limitada* à importância máxima segurada.

Desse modo, mesmo sem fazer expressa referência à solidariedade, a corresponsabilidade comum da seguradora no Código Civil apresenta, no final das contas, o mesmo *efeito prático* do regime previsto no Código de Defesa do Consumidor, porque em ambos ela pode ser *chamada ao processo*, o litisconsórcio ali formado é do tipo *facultativo* e sua responsabilidade está sujeita ao *limite* de garantia.[198]

Convém apenas lembrar que, embora os dois regimes se aproximem em termos práticos, existem diferenças importantes nos planos material e processual. Na corresponsabilidade *solidária*, o protesto judicial interruptivo de prescrição contra o segurado alcança automaticamente a seguradora, e vice-versa (CC, art. 204, § 1º).[199] Na corresponsabilidade *comum*, isso não acontece. Outro traço da *solidariedade*, aqui decorrente da relação de consumo, é o fato de não se admitir a denunciação da lide do ressegurador (CDC, art. 101, II).[200] Na corresponsabilidade *comum*, nada impede a denunciação.[201]

---

[198] Esse fenômeno foi precisamente apontado pelo Prof. Humberto Theodoro Jr.: "Mesmo não havendo a rigor corresponsabilidade solidária, há uma comunhão de obrigações que pode perfeitamente se incluir na meta visada, em essência, pelo chamamento ao processo. (...) Daí que, mesmo não se querendo ver nesse quadro uma autêntica solidariedade passiva, ocorre, sem dúvida, uma coobrigação entre segurado e segurador a benefício do autor da ação principal (a vítima do dano)" ("O seguro de responsabilidade civil: Disciplina material e processual". *Revista de Direito Privado*. n. 46, pp. 315/316. São Paulo: RT, 2011).

[199] Tratando do devedor principal e do fiador solidário: STJ, 3ª T., AgRg no REsp 466.498-DF, Min. Vasco Della Giustina, j. 17.11.2009. No mais: STJ, 3ª T., AgRg no AgRg no AREsp 187.449-MG, Min. Ricardo Villas Bôas Cueva, j. 27.08.2013.

[200] STJ, 4ª T., REsp 1.107.613-SP, Min. Marco Buzzi, j. 25.06.2013.

[201] MELO, Gustavo de Medeiros. "O ressegurador na lide securitária". *Revista Brasileira de Direito do Seguro e da Responsabilidade Civil*. São Paulo: MP Editora, 2009, p. 206.

CAPÍTULO V – REGIME DE INTERVENÇÃO DO SEGURADOR...

Em qualquer das hipóteses, enfim, os limites da garantia deverão ser respeitados.

10. CHAMAMENTO AO PROCESSO NO NOVO CPC/2015

Ficou explicado que a denunciação da lide constitui hoje um modelo defasado para disciplinar os litígios emergentes do seguro de responsabilidade. Seja pelo regime do novo Código Civil, seja pela ótica do Código de Defesa do Consumidor, a demanda que discute o seguro facultativo não comporta mais o processamento de ações no esquema tradicional de denunciação da lide.[202]

No âmbito das discussões sobre a reforma do processo civil brasileiro, o Projeto de Lei do Senado n. 166/2010, na sua versão inicial, propunha um interessante dispositivo na disciplina do chamamento ao processo, que dizia o seguinte:

> *Art. 130.* É admissível o chamamento ao processo, requerido pelo réu:
> I – do afiançado, na ação em que o fiador for réu;
> II – dos demais fiadores, na ação proposta contra um ou alguns deles;
> III – dos demais devedores solidários, quando o credor exigir de um ou de alguns o pagamento da dívida comum;
> *IV – daqueles que, por lei ou contrato, são também corresponsáveis perante o autor.*

Todavia, a versão do Substitutivo apresentado ao Projeto de Lei n. 8.046/2010, levado ao plenário da Câmara Federal, *suprimiu* aquele inciso IV e tal supressão se manteve no novo Código de Processo Civil aprovado pela Lei n. 13.105/2015, o qual apenas reproduziu as três hipóteses tradicionais de chamamento, referentes aos fiadores e devedores solidários.

---

[202] ALVIM, Pedro. *O Seguro e o Novo Código Civil*. Rio de Janeiro: Forense, 2007, p. 144.

Lamentável a modificação operada.²⁰³ Com redação clara e objetiva, aquele quarto inciso pretendia inserir mais uma hipótese de chamamento ao processo que se somaria à tradicional situação dos devedores solidários. Seria a porta de entrada para o ingresso da seguradora no feito, por provocação do seu segurado, na condição de *corresponsável (não solidário)*, respeitando-se os limites e as condições da garantia.

É o caso, por exemplo, de um acidente de trânsito comum onde não há relação de consumo que implique responsabilidade solidária do segurador. Pelo novo regime, que nada muda nesse aspecto, o juiz terá dificuldade em aceitar o chamamento ao processo. A tentação certamente será pelo enquadramento tradicional da denunciação da lide. Com isso, não evoluímos e continuamos a tratar o seguro de responsabilidade como garantia de *reembolso*.²⁰⁴

11. ASSISTÊNCIA SIMPLES E LITISCONSORCIAL

Além do chamamento ao processo instituído pelo Código Civil para reger os litígios decorrentes do seguro de responsabilidade, há outros caminhos que possibilitam a seguradora intervir no processo movido pela vítima contra o segurado.

É possível ingressar em processo alheio a título de *assistência*. Essa intervenção apresenta duas modalidades no processo civil brasileiro. A primeira é a *assistência simples*. Diferentemente do chamamento, que é provocado pelo réu, o assistente intervém *voluntariamente* no processo,

---

[203] Nesse particular, as primeiras críticas ao CPC/2015: BUENO, Cassio Scarpinella. *Manual de Direito Processual Civil*. São Paulo: Saraiva, 2015, p. 156; COELHO, Gláucia Mara. "Partes e terceiros no Novo Código de Processo Civil". *Revista do Advogado*. São Paulo: AASP, n. 126, maio, 2015, p. 105.

[204] Não falta quem entenda assim na doutrina. Reconhece-se a previsão do *chamamento ao processo* no CDC, mas considerando que, fora da relação de consumo, o canal adequado para intervenção do segurador continua sendo a *denunciação da lide*: MEDINA, José Miguel Garcia. "Chamamento ao processo: questões polêmicas". *Revista de Processo*. n. 101, p. 260. São Paulo: RT, 2001; DIDIER Jr., Fredie. *Curso de Direito Processual Civil*: Teoria geral do processo e processo de conhecimento. 11ª ed. Salvador: JusPodivm, 2009, v. 1, p. 379.

CAPÍTULO V – REGIME DE INTERVENÇÃO DO SEGURADOR...

desde que haja interesse *jurídico* para auxiliar um dos litigantes na disputa judicial (CPC/2015, art. 121).

Como se sabe, tem interesse *jurídico* aquele que pode ser beneficiado indiretamente com o êxito da parte que pretende auxiliar (assistido).[205] Nesse cenário, a participação da companhia no processo se daria a título de *assistência simples*, mero coadjuvante do segurado, não assumindo a condição de parte principal, mas dispondo de poderes, ônus e faculdades equivalentes.[206] Para efeito processual, ela preenche a condição de quem é *juridicamente interessado* na vitória do segurado.

O risco de ser acionado depois pelo segurado, ou mesmo pela vítima, justifica a intervenção do segurador para tentar influenciar na argumentação e na produção de prova, visando um resultado favorável. Restando descaracterizada a responsabilidade do segurado pela comprovação de culpa exclusiva da vítima, a empresa de seguros estará, por consequência, exonerada de sua correspondente responsabilidade securitária. Há também um interesse da companhia em acompanhar a disputa do segurado, a fim de evitar deslizes ou desleixos processuais que venham a prejudicá-la no final das contas.[207]

O sistema admite a assistência a qualquer momento, em todo tipo de procedimento e todos os graus de jurisdição, mas o assistente recebe o processo no estado em que se encontra (CPC/2015, art. 119, § único). Isso significa que, no plano vertical, essa intervenção a título de assistência

---

[205] Levantamento histórico de Moacyr Lôbo da Costa lembra que esse *terceiro interessado* pode ser estranho ao processo, mas não é estranho ou indiferente à relação de direito substancial controvertida na lide entre as partes. Sua intervenção remonta ao período da *cognitio extra ordinem* do processo civil romano, quando pretendia "impedir a formação da coisa julgada, por sentença *inter alios*, cujos efeitos viessem prejudicá-lo" (COSTA, Moacyr Lôbo da. "Origem romana da assistência". *Revista de Direito Processual Civil*. Vol. 5, n. 5, Jan./jun., 1962, p. 160).

[206] Estamos com Fredie Didier, para quem o assistente pode não ser parte no litígio, mas é parte no processo, embora com menos poderes (DIDIER Jr., Fredie. *Curso de Direito Processual Civil:* Teoria geral do processo e processo de conhecimento. 11ª ed. Vol. 1. Salvador: JusPodivm, 2009, p. 341).

[207] CAMPOS, Diogo José Paredes Leite de. *Seguro da Responsabilidade Civil Fundada em Acidentes de Viação:* Da Natureza Jurídica. Coimbra: Almedina, 1971, p. 80.

simples pode ser feita até mesmo em nível de jurisdição extraordinária, no âmbito dos recursos especial e extraordinário. Os tribunais[208] e a doutrina[209] têm entendido dessa forma, o que nos parece inteiramente correto. Idêntico raciocínio pode ser aplicado no plano horizontal da jurisdição. A sociedade seguradora pode ingressar como assistente simples do segurado em todas as etapas do processo, como na fase de cognição, dos provimentos de urgência (cautelares e antecipatórios) e na fase de execução.

Nessa condição, via de regra, a seguradora não poderá ser executada pela vítima no âmbito da ação instaurada contra o segurado. É preciso ter em mente a real função ocupada pelo assistente como terceiro que intervém voluntariamente em processo alheio. Aqui, a seguradora não é alvo do pedido formulado pela vítima em juízo.

Por fim, existe uma situação curiosa que merece ser examinada. O fato de ser o garantidor dos interesses em risco, a quem a lei confere certas prerrogativas na regulação do sinistro (CC, art. 787, § 2º),[210] não significa que a seguradora, como *assistente simples*, pode dispor dos direitos do segurado (assistido) no processo movido pela vítima.

Como se sabe, o assistente, mero coadjuvante, não pode dispor de direitos e faculdades processuais do assistido e tampouco do objeto litigioso submetido a juízo pela parte principal. Como lembra Arruda Alvim, seus poderes são restritos à pratica de atos processuais que não afetem o direito material e o próprio direito de ação, porque aquele (direito material) não lhe diz respeito e porque a ação não foi por ele nem contra ele proposta.[211]

---

[208] STJ, 1ª T., REsp 117.525-PE, Min. José Delgado, j. 17.11.1997; 4ª T., AgRg no REsp 196.656-RJ, Min. Barros Monteiro, j. 18.05.2000, *RSTJ*, 145/416.

[209] MAURÍCIO, Ubiratan de Couto. *Assistência simples no Direito Processual Civil*. São Paulo: RT, 1983, p. 74.

[210] O segurado é proibido de reconhecer sua responsabilidade ou confessar a ação, transigir com o terceiro prejudicado, ou indenizá-lo diretamente, sem anuência expressa da seguradora.

[211] ARRUDA ALVIM, J. M. *Manual de Direito Processual Civil*: Segunda Parte. 14ª ed. São Paulo: RT, 2011, pp. 643/644.

CAPÍTULO V – REGIME DE INTERVENÇÃO DO SEGURADOR...

A seguradora não pode requerer a produção de determinado meio de prova que não seja de interesse do segurado,[212] não pode reconhecer a procedência do pedido formulado pela vítima, não pode recorrer de decisão contra a vontade do segurado que optou por não instaurar o procedimento recursal, seja por *não interpor* o recurso,[213] seja por haver *renunciado* a ele,[214] seja, enfim, pela *desistência* de sua interposição.[215]

Portanto, como *assistente simples*, a seguradora não pode contrariar os interesses do segurado como parte principal. O segurado é quem pode dispor do objeto litigioso que disputa com a vítima, fato esse que gerará efeitos na relação processual e material ali instaurada entre segurado e vítima. Afinal, a lei diz que a assistência não impede que a parte principal reconheça a procedência do pedido, desista da ação ou transija sobre direitos controvertidos, circunstâncias em que, terminando o processo, cessa a intervenção do assistente (CPC/2015, art. 122).

Com isso, o juiz extinguirá o processo com resolução de mérito diante da transação ou do reconhecimento jurídico do pedido realizado pelo segurado (CPC/2015, art. 487, III, "a" e "b"); os fatos serão tidos como verdadeiros diante da confissão do segurado (CPC/2015, art. 389), e tudo isso surtirá efeitos válidos no âmbito do processo movido pela vítima.

Mas é preciso ter cuidado, porque as coisas podem tomar outro rumo no plano da relação jurídica *securitária*. Determinados comportamentos à *revelia* da seguradora podem causar a perda do direito à indenização do seguro, a menos que o segurado consiga demonstrar que realizou uma transação manifestamente benéfica também para ela, que houve resistência abusiva da companhia quanto à anuência de que o segurado precisava para assumir determinada posição no processo etc.[216]

---

[212] DINAMARCO, Cândido Rangel. *Litisconsórcio*. 7ª ed. São Paulo: Malheiros, 2002, p. 48.

[213] STJ, 1ª T., AgRg no REsp 1.068.391-PR, Min.ª Denise Arruda, j. 05.11.2009; 4ª T., AgRg no REsp 1.217.004-SC, Min. Antônio Carlos Ferreira, j. 28.08.2012.

[214] STJ, 2ª T., REsp 1.056.127-RJ, Min. Mauro Campbell, j. 19.08.2008.

[215] STJ, 3ª T., AgRg no AgRg no REsp 313.931-MG, Min.ª Fátima Nancy, j. 02.04.2002.

[216] GODOY, Claudio Luiz Bueno de. *Código Civil Comentado:* Doutrina e jurisprudência. *In:* PELUSO, Ministro Cezar (Coord.). Barueri: Manole, 2007, p. 659.

Por fim, a segunda modalidade de assistência prevista no Direito brasileiro é a assistência *litisconsorcial (ou qualificada)*. Para tanto, é preciso que a eficácia da sentença possa influir diretamente na relação jurídica entre o assistente e o adversário do assistido, para os quais a decisão fará coisa julgada material (CPC/2015, art. 124).[217]

A doutrina classifica esse fenômeno como a intervenção de quem possui conflito de interesses com o adversário do assistido, razão pela qual poderia ser parte legítima desde o início do processo. Assim, o terceiro entra no processo posteriormente como *litisconsorte da parte principal*, nas hipóteses do litisconsórcio *facultativo unitário ulterior* (CPC/2015, art. 116).[218]

O regime do litisconsórcio *unitário*, segundo definição de um clássico da literatura, se aplica quando *só de modo uniforme* se puder resolver a relação jurídica litigiosa para todos os litisconsortes.[219]

Não é o que acontece, entretanto, no âmbito do processo envolvendo vítima, segurado e segurador. Aqui, o resultado do processo não será necessariamente uniforme para estes dois últimos. A sentença pode julgar procedente o pedido em face do segurado, mas rejeitar o pleito voltado contra a seguradora, porque os regimes de responsabilidade são diferentes.

O segurado pode ser condenado a indenizar o dano causado no patrimônio da vítima, uma vez presentes os pressupostos da responsabilidade *extracontratual* ou *contratual*, a depender do regime. Já a seguradora, por sua vez, mesmo diante desse resultado, pode não ter responsabilidade

---

[217] STJ, 2ª T., REsp 623.055-SE, Min. Castro Meira, j. 19.06.2007; 2ª T., REsp 774.777-MT, Min. Humberto Martins, j. 06.03.2007.

[218] NERY Jr., Nelson; NERY, Rosa M. de Andrade. *Código de Processo Civil Comentado e legislação extravagante*. 12ª ed. São Paulo: RT, 2012, p. 332; ARRUDA ALVIM, J. M. *Manual de Direito Processual Civil: Segunda Parte*. 14ª ed. São Paulo: RT, 2011, p. 642; DIDIER Jr., Fredie. *Curso de Direito Processual Civil:* Teoria geral do processo e processo de conhecimento. 11ª ed. Vol. 1. Salvador: JusPodivm, 2009, p. 342; ALVIM, Eduardo Arruda. *Direito Processual Civil*. 3ª ed. São Paulo: RT, 2010, p. 246.

[219] BARBOSA MOREIRA, J. C. *Litisconsórcio unitário*. Rio de Janeiro: Forense, 1972, p. 13.

CAPÍTULO V – REGIME DE INTERVENÇÃO DO SEGURADOR...

securitária.[220] Basta que o evento ali discutido não esteja previsto nas coberturas de seguro, ou tenha havido alguma das várias circunstâncias que implicam a perda da garantia ou do direito à indenização, conforme será abordado no próximo capítulo (cap. VI).

Típica situação de litisconsórcio *simples* por conexão entre as causas de pedir e afinidade entre questões de fato (CPC/2015, art. 113, II e III).

12. INTERVENÇÃO NO PROCEDIMENTO COMUM SUMÁRIO

As conclusões extraídas da sistemática do Código Civil e do Código de Defesa do Consumidor, no que toca ao seguro de responsabilidade, ajudam a entender uma figura enigmática, genérica e ainda mal compreendida no Brasil.

O art. 280 do CPC de 1973, no capítulo que trata do procedimento comum sumário, estabelece não serem admissíveis ali *"a ação declaratória incidental e a intervenção de terceiros, salvo a assistência, o recurso de terceiro prejudicado e a intervenção fundada em contrato de seguro"*.

Que significado teria essa intervenção fundada em contrato de seguro?

Em matéria de seguro de responsabilidade, conforme temos procurado sustentar nos capítulos anteriores, essa intervenção traduz a figura do *chamamento da seguradora ao processo*. Além de ser o modo mais adequado à disciplina da espécie securitária, a presença da seguradora no polo passivo da demanda não atrapalha o curso dos trabalhos nesse procedimento que o legislador pretendeu reservar para os litígios mais simples que costumam desaguar no Poder Judiciário.

Não só não atrapalha o desenvolvimento do litígio, como proporciona mais efetividade ao processo para efeito de cumprimento da eventual sentença condenatória.[221]

---

[220] Realçando a distinção entre os dois regimes de responsabilidade – a extracontratual (aquiliana) e a contratual: MORANDI, Juan Carlos Félix. "Seguro de responsabilidad civil". *Revista Ibero-latinoamericana de Seguros*. n. 08, Bogotá: Javegraf, 1996, p. 09.

[221] Esse entendimento foi dado antes mesmo da reforma do art. 280 do CPC pela Lei n. 10.444/02: STJ, 2ª Seção, EREsp 299.084-RJ, Min. Sálvio de Figueiredo, j. 25.06.2003.

Como se sabe, o procedimento comum sumário foi excluído do sistema implantado pelo novo CPC/2015, mas a informação continua válida ao menos para os feitos pendentes sob o regime anterior.

13. INTERVENÇÃO NO SISTEMA DOS JUIZADOS ESPECIAIS CÍVEIS

No sistema dos Juizados Especiais Cíveis, a intervenção do segurador no processo comporta algumas limitações. A Lei n. 9.099/95 contém regra peremptória dizendo que *"não se admitirá, no processo, qualquer forma de intervenção de terceiro nem de assistência. Admitir-se-á o litisconsórcio"* (art. 10). Isso significa que, ajuizada a ação contra o responsável pelo dano, perante o órgão do Juizado Especial, a seguradora não poderá ser chamada ao processo, mesmo havendo relação de consumo.

A finalidade da vedação para *qualquer forma de intervenção de terceiro*, até mesmo para assistência, foi evitar desdobramentos na marcha processual que atrasem a solução do litígio. Nisso se inclui o chamamento ao processo.[222] Na doutrina, há quem proponha o afastamento dessa proibição quando houver consentimento do autor admitindo a intervenção da seguradora. A proposta é boa, principalmente considerando a quantidade de acidentes de trânsito que podem ser resolvidos nos Juizados Especiais Cíveis.[223]

De todo modo, na prática, o terceiro terá que acionar a seguradora juntamente com o causador do dano, em litisconsórcio, ou optar pelo ajuizamento *exclusivo* contra este.[224] Se o autor da ação tiver interesse em que o segurador venha ao processo provocado pelo próprio réu, então o procedimento dos Juizados Especiais não é o melhor caminho.

---

[222] DINAMARCO, Cândido Rangel. *Instituições de Direito Processual Civil*. 6ª ed. Vol. 2. São Paulo: Malheiros, 2009, p. 424.

[223] FIGUEIRA Jr., Joel Dias. "Intervenção de terceiro nos Juizados Especiais Cíveis". *In:* DIDIER Jr., Fredie *et alii* (Coord.). *O terceiro no processo civil brasileiro e assuntos correlatos:* Estudos em homenagem ao Professor Athos Gusmão Carneiro. São Paulo: RT, 2010, p. 316.

[224] Lembrando que existe um risco de não ser admitida a ação direta exclusiva por conta do entendimento jurisprudencial que exige o litisconsórcio necessário entre segurado e segurador.

Capítulo VI
REGIME PROCESSUAL DA AÇÃO DIRETA NO DIREITO BRASILEIRO

1. INTRODUÇÃO

Foi visto no capítulo anterior que existem, no Direito brasileiro, formas de intervenção da seguradora na relação processual que proporcionam a colocação do terceiro em linha de confronto direto com ela. O chamamento do segurador ao processo – seja o chamamento previsto no Código de Defesa do Consumidor, seja o modelo de intervenção criado pelo Código Civil, que também pode ser tratado como chamamento do segurador – é a ferramenta processual mais condizente com a finalidade do direito material, a viabilizar o funcionamento da ação direta do terceiro.

No presente capítulo, a ideia dessa vez é mudar o foco de observação. Trabalharemos com o acionamento direto da seguradora pelo terceiro, investigando os possíveis canais de intervenção do segurado e procurando sistematizar o regime processual da ação direta.

2. A AÇÃO DIRETA NA JURISPRUDÊNCIA DO SUPERIOR TRIBUNAL DE JUSTIÇA

O Superior Tribunal de Justiça, já antes do atual Código Civil, qualificou o seguro de responsabilidade como uma *estipulação em favor de terceiro* e, com isso, abriu caminho para as vítimas de acidentes automobilísticos (tráfego urbano de veículos e do transporte rodoviário de carga e pessoas) acionarem a companhia seguradora com quem o causador do dano havia contratado a garantia.[225]

Pode-se dizer que, por mais de uma década, a jurisprudência do STJ foi *predominante* não só na aceitação da ação direta, mas também no aceitá-la de forma *autônoma*, voltada exclusivamente contra o segurador.[226] Até o final do ano de 2011, por exemplo, havia a orientação segundo a qual *"o fato de o segurado não integrar o polo passivo da ação não retira da seguradora a possibilidade de demonstrar a inexistência do dever de indenizar"*.[227]

Por outro lado, o cabimento da ação direta, apesar de ter pavimentado uma jurisprudência em torno dela, nunca foi um ponto pacífico nos

---

[225] STJ: "Civil e Processual civil. Contrato de Seguro. Legitimidade ativa *ad causam*. Beneficiário. Estipulação em favor de terceiro. Ocorrência. Art. 1.098, CC. Doutrina. Recurso provido. I – A legitimidade para exercer o direito de ação decorre da lei e depende, em regra, da titularidade de um direito, do interesse juridicamente protegido, conforme a relação jurídica de direito material existente entre as partes celebrantes. II – As relações jurídicas oriundas de um contrato de seguro não se encerram entre as partes contratantes, podendo atingir terceiro beneficiário, como ocorre com os seguros de vida ou de acidentes pessoais, exemplos clássicos apontados pela doutrina. III – Nas estipulações em favor de terceiro, este pode ser pessoa futura e indeterminada, bastando que seja determinável, como no caso do seguro, em que se identifica o beneficiário no momento do sinistro. IV – O terceiro beneficiário, ainda que não tenha feito parte do contrato, tem legitimidade para ajuizar ação direta contra a seguradora, para cobrar a indenização contratual prevista em seu favor. V – Tendo falecido no acidente o terceiro beneficiário, legitimados ativos *ad causam*, no caso, os seus pais, em face da ordem da vocação hereditária" (4ª T., REsp 257.880-RJ, Min. Sálvio de Figueiredo Teixeira, j. 03.04.2001, *RSTJ*, 168/377). No mesmo sentido: STJ, 4ª T., REsp 294.057-DF, Min. Ruy Rosado de Aguiar, j. 28.06.2001, DJ 12.11.2001.

[226] Jurisprudência não se confunde com um julgado ou poucos precedentes. Jurisprudência é a orientação *uniforme* do tribunal (ou do órgão colegiado) que resulta de uma série reiterada de precedentes formados no mesmo sentido. *Cf.* TARUFFO, Michele. "Precedente e jurisprudência". *Revista de Processo*. n. 199, p. 142. São Paulo: RT, setembro, 2011; ATAÍDE Jr., Jaldemiro Rodrigues de. *Precedentes vinculantes e irretroatividade do direito no sistema processual brasileiro:* Os Precedentes dos Tribunais Superiores e sua Eficácia Temporal. Lisboa: Juruá, 2012, p. 70; MELO, Gustavo de Medeiros. "Limites à retroatividade do precedente uniformizador de jurisprudência". *Revista Forense*. n. 407, Rio de Janeiro: Forense, jan./fev., 2010, pp. 127-148.

[227] STJ, 3ª T., REsp 1.245.618-RS, Min.ª Fátima Nancy, j. 22.11.2011.

CAPÍTULO VI – REGIME PROCESSUAL DA AÇÃO DIRETA NO DIREITO...

meios acadêmicos,[228-229] tampouco nas instâncias judiciárias. A questão do litisconsórcio sempre esteve presente nas mesas de julgamento do Superior Tribunal de Justiça.

Desde quando se consagrou o reconhecimento da ação direta nos primeiros precedentes da Corte Superior,[230] alguns ministros, em posição minoritária, registraram voto divergente no sentido de ser necessária a presença do segurado na lide, sob pena de extinção do processo sem julgamento de mérito. O fundamento invocado para essa solução era, e continua sendo, a garantia do *contraditório* e da *ampla defesa* (CF, art. 5º, LV).[231]

Outras vezes esse entendimento chegou a prevalecer em acórdãos da 4ª Turma,[232] o que contrastava com a jurisprudência da 3ª Turma,

---

[228] Na literatura nacional: ARMELIN, Donaldo. "A ação direta da vítima contra a seguradora de responsabilidade civil: fundamentos e regime das exceções". *III Fórum de Direito do Seguro José Sollero Filho*. São Paulo: EMTS, 2003, p. 181; FARIA, Juliana Cordeiro de. "O Código Civil de 2002 e o novo paradigma do contrato de seguro de responsabilidade civil: a viabilidade do direito de ação da vítima contra a seguradora". *IV Fórum de Direito do Seguro José Sollero Filho. Contrato de Seguro: Uma Lei para todos*. São Paulo: IBDS, 2006, p. 398. Na Espanha: CONDE, Ma Ángeles Calzada. *El Seguro de Responsabilidad Civil*. Navarra: Aranzadi, 2005, p. 132. No México: MAGALLANES, Pablo Medina. "La acción directa del tercero en contra del asegurador en los seguros del Responsabilidad Civil en México". *1º Fórum de Direito do Seguro José Sollero Filho*. São Paulo: Max Limonad, 2000, p. 250.

[229] Já era preocupação de Mário Moacyr Porto em texto clássico de 1959: "A ressalva tem toda procedência, pois o pagamento do seguro não exaure o direito da vítima, quando se verificar que o seguro é insuficiente para satisfazer toda a indenização. Nesse caso – é irrecusável – o segurado, autor do dano, responderá pelo remanescente. Mas, apurada a responsabilidade do segurado na ação direta promovida contra a seguradora, como seria possível impor ao segurado, estranho à lide, o pagamento do saldo de um crédito que se apurou sem a sua audiência? A verdade é que a ação em referência é subsidiária e dependente, em relação ao procedimento contra o autor do dano" ("Seguro de responsabilidade: Ação direta da vítima contra a seguradora". *Ação de responsabilidade civil e outros estudos*. São Paulo: RT, 1966, p. 20-21).

[230] STJ, 4ª T., REsp 257.880-RJ, Min. Sálvio de Figueiredo Teixeira, j. 03.04.2001; REsp 294.057-DF, Min. Ruy Rosado de Aguiar, j. 28.06.2001; 3ª T., REsp 228.840-RS, rel. p/ acórdão Min. Menezes Direito, j. 26.06.2000.

[231] *Cf.* votos vencidos dos ministros Barros Monteiro e Aldir Passarinho Jr.: STJ, REsp 257.880-RJ e REsp 294.057-DF.

[232] STJ, 4ª T., REsp 256.424-SE, rel. p/ ac. Min. Aldir Passarinho, j. 29.11.2005; REsp 943.440-SP, Min. Aldir Passarinho, j. 12.04.2011.

sempre liberal no trato do litisconsórcio, dando à vítima o direito de escolher de quem preferia cobrar o pagamento da indenização.²³³

O fato é que o dissídio interno fez a Corte reunir as duas turmas de Direito Privado para dissipar de vez a divergência. Em precedente de 08 de fevereiro de 2012, em nível de recurso especial representativo da controvérsia, a 2ª Seção do Tribunal Superior, por afetação de competência, mudou a qualificação que vinha dando a esse contrato e passou a entender que a modalidade facultativa *não constitui uma estipulação em favor de terceiro*. Segundo o STJ, o novo enquadramento jurídico prejudica a legitimidade da vítima para mover a ação direta *autônoma*. A tese então aprovada ficou definida pela ementa do acórdão:

> "PROCESSUAL CIVIL. RECURSO ESPECIAL REPRESENTATIVO DE CONTROVÉRSIA. ART. 543-C DO CPC. AÇÃO DE REPARAÇÃO DE DANOS AJUIZADA DIRETA E EXCLUSIVAMENTE EM FACE DA SEGURADORA DO SUPOSTO CAUSADOR. DESCABIMENTO COMO REGRA.
> 1. Para fins do art. 543-C do CPC:
> 1.1. Descabe ação do terceiro prejudicado ajuizada direta e exclusivamente em face da seguradora do apontado causador do dano.
> 1.2. No seguro de responsabilidade civil facultativo a obrigação da seguradora de ressarcir danos sofridos por terceiros pressupõe a responsabilidade civil do segurado, a qual, de regra, não poderá ser reconhecida em demanda na qual este não interveio, sob pena de vulneração do devido processo legal e da ampla defesa.
> 2. Recurso especial não provido ".²³⁴

Posteriormente, em maio de 2015, a Corte aprovou a Súmula 529 com o seguinte enunciado: *"no seguro de responsabilidade civil facultativo, não cabe o ajuizamento de ação pelo terceiro prejudicado direta e exclusivamente em face da seguradora do apontado causador do dano"*.

---

²³³ STJ, 3ª T., REsp 1.245.618-RS, Min.ª Fátima Nancy, j. 02.11.2011.
²³⁴ STJ, 2ª Seção, REsp 962.230-RS, Min. Luis Felipe Salomão, j. 08.02.2012.

CAPÍTULO VI – REGIME PROCESSUAL DA AÇÃO DIRETA NO DIREITO...

Aqui, a redação do enunciado comporta crítica não só de conteúdo, mas também quanto à forma. Redigido na ordem indireta, começando pelo sentido negativo, a mensagem deixou a falsa impressão de haver sido negada a possibilidade de ação direta pelo terceiro, conforme tem parecido a muitos operadores do Direito, especialmente os que não militam no mercado de seguros. Não foi isso, todavia, o que aconteceu naquele julgamento.

Para o STJ o terceiro pode litigar diretamente com a seguradora, desde que não seja exclusivamente contra ela. A ação deve ser dirigida contra a companhia de seguros e seu segurado. O autor da ação direta deve então requerer a citação do segurado para integrar o processo na condição de litisconsorte passivo. Uma ação direta *condicionada*, portanto.[235]

A título de sugestão, para evitar dúvida quanto ao seu verdadeiro sentido e alcance, o enunciado da Súmula 529 do STJ poderia ter dito que, *no seguro de responsabilidade civil facultativo, o terceiro prejudicado pode ajuizar a ação de ressarcimento diretamente contra a seguradora do responsável pelo dano, desde que requeira a citação deste como litisconsorte passivo.*

Como se vê, de uma forma ou de outra, a exigência representa a figura do *litisconsórcio passivo necessário* entre segurado e segurador (CPC/2015, art. 114).

---

[235] Um ano depois do precedente uniformizador e antes da Súmula 529, a 4ª Turma do STJ aplicou uma restrição ainda maior para as vítimas de determinado acidente automobilístico. O Tribunal entendeu que o litisconsórcio passivo formado pelo acionamento direto só era *viável* se a seguradora *não trouxesse* aos autos "*fatos que demonstrem a inexistência ou invalidade do cogitado contrato de seguro de responsabilidade civil por acidentes de veículos, limitando-se a contestar sobretudo o mérito da pretensão autoral*" (REsp 710.463-RJ, Min. Raul Araújo, j. 09.04.2013). O entendimento, a nosso ver, é incompreensível. Primeiro, não foi isso que ficou estabelecido no precedente paradigma da 2ª Seção. Segundo, esse critério não existe como requisito de admissibilidade na formação do litisconsórcio, muito menos no necessário. Alegações ligadas à *existência* ou *validade* da garantia são *questões de mérito* a serem resolvidas na sentença. Se os fatos arguidos pela seguradora, uma vez comprovados, forem relevantes a ponto de isentá-la da obrigação de indenizar, o julgamento será de *improcedência* a seu favor (Capítulo VI, item 10). Com aparente adesão ao acórdão ora criticado: HARTEN, Carlos. "A Ação direta da vítima contra a seguradora em caso de responsabilidade civil". *I Congresso Internacional de Direito do Seguro do Conselho da Justiça Federal e Superior Tribunal de Justiça: VI Fórum de Direito do Seguro José Sollero Filho.* São Paulo: Roncarati, 2015, p. 76.

3. OS FUNDAMENTOS DO PRECEDENTE UNIFORMIZADOR

O acórdão uniformizador da jurisprudência comentada acima, hoje objeto da Súmula 529 do STJ, apresentou uma motivação já de todo conhecida. O Tribunal resgatou a linha de raciocínio daqueles antigos votos vencidos, passando a entender que,

> no seguro de responsabilidade civil facultativo, a obrigação da seguradora de ressarcir danos sofridos por terceiros pressupõe a responsabilidade civil do segurado, a qual, de regra, não poderá ser reconhecida em demanda na qual este não interveio, sob pena de vulneração do devido processo legal e da ampla defesa.

Na ocasião, o Min. Luis Felipe Salomão, relator do recurso, assinalou que

> a obrigação da seguradora, a toda evidência, está sujeita a condição suspensiva que não se implementa pelo simples fato de ter ocorrido o sinistro, mas somente pela verificação da eventual obrigação civil do segurado. Nessa linha de raciocínio, penso que não há como, segundo os ditames do devido processo legal e da ampla defesa, reconhecer a responsabilidade civil do segurado em demanda intentada à sua revelia, envolvendo somente a suposta vítima e a seguradora do suposto causador do dano.

Mas o julgamento da Corte Superior também teve por base o contraditório e a ampla defesa pelo ângulo da *seguradora*. A justificativa foi no sentido de que a companhia não tem condições de se defender em relação aos fatos sem a presença do suposto causador do dano. Nesse ponto, o entendimento do acórdão que representa essa preocupação pode ser sintetizado pela seguinte passagem:

> Assim, figurando-se a hipótese em que o autor alega ter sido vítima de acidente automobilístico causado por veículo segurado, e tendo a ação sido ajuizada exclusivamente em face da seguradora, não terá esta meios de defesa para provar eventual inversão

CAPÍTULO VI – REGIME PROCESSUAL DA AÇÃO DIRETA NO DIREITO...

na causalidade do acidente e, tampouco, poderá verificar a ocorrência de fato extintivo da obrigação de indenizar, como a embriaguez voluntária do segurado que, no mais das vezes, agrava o risco de sinistro.[236]

Em conclusão, o precedente fixou a atual jurisprudência do STJ no sentido de aceitar o acionamento direto pelo terceiro, desde que *a ação não seja dirigida exclusivamente contra a seguradora*. É necessária a citação do responsável pelo dano, sob pena de ofensa ao seu direito de defesa, como também ao direito de defesa da companhia de seguros.

Concordamos com a qualificação jurídica feita pelo Tribunal Superior, *de não ser uma estipulação em favor de terceiro*, mas discordamos de sua conclusão, porque uma coisa não exclui a outra. O fato de não ser uma estipulação em favor de terceiro não deve ser impedimento para o terceiro demandar a seguradora.[237] O acionamento direto continua sendo cabível na exata medida em que representa uma *técnica* a serviço do escopo e da função social do seguro de responsabilidade: *manter indene o patrimônio do segurado frente à reclamação de terceiros*.

4. CRÍTICA À TESE DO LITISCONSÓRCIO NECESSÁRIO: UM FALSO PROBLEMA

Não concordamos com a tese hoje prevalecente que impõe o litisconsórcio passivo entre segurado e segurador. Primeiro, à luz do sistema processual brasileiro, não há pressuposto de cabimento para se exigir o litisconsórcio necessário. Não há imposição de lei nesse sentido

---

[236] Em outro precedente, dessa vez da 4ª Turma, o Min. Luis Felipe Salomão voltou a dizer "Assim, preservam-se, a um só tempo, os anseios de um processo justo e célere e o direito da parte contrária (seguradora) ao devido processo legal, uma vez que, a par de conceder praticidade ao comando judicial, possibilita o exercício do contraditório e da ampla defesa, com todos os meios e recursos a ela inerentes (STJ, 4ª T., REsp 1.076.138-RJ, j. 22.05.2012).

[237] ROSÁRIO, Abelardo Barreto do. "Ação da Vítima contra o Segurador". *RF*, n. 89, 1942, p. 393; FIGUEIREDO, Helena Lanna. "O contrato de seguro". *In:* BUENO, Cassio Scarpinella (Coord.). *Impactos processuais do direito civil*. São Paulo: Saraiva, 2008, p. 335.

e nem a relação jurídica de direito material reclama a presença indispensável do segurado no processo (CPC/2015, art. 114).

Segundo, a afirmação de que a citação do segurado é necessária para preservar o seu direito de defesa constitui um *falso problema* na medida em que ele não é atingido pela eficácia condenatória da sentença proferida no regime da ação direta. O sistema jurídico franqueia a sua participação no processo, seja como intervenção voluntária, a título de assistente, seja como convocado pela seguradora a integrar a relação processual como réu.

O posicionamento jurisprudencial não reflete o próprio escopo do seguro de responsabilidade civil. Em muitas situações, o segurado prefere mesmo não ter qualquer espécie de envolvimento no litígio travado entre sua seguradora e o terceiro. Na verdade, ele pode ter contratado esse tipo de proteção justamente para não se aborrecer com os constrangimentos e inconveniências de uma disputa judicial.

Além disso, o argumento invocado para proteger o direito de defesa da seguradora também constitui um *falso problema*. É preciso lembrar que, em muitas situações, a seguradora teve pleno acesso a tudo o que aconteceu em volta do sinistro, tendo instaurado o procedimento de regulação para ouvir pessoas, testemunhas, especialistas e autoridades científicas, com elaboração de laudos periciais, confecção e coleta de documentos, ficando inclusive até mais instruída do que o próprio segurado. Nessas circunstâncias, não faz sentido pensar que a presença do segurado na lide é necessária para assegurar o direito de defesa da companhia.

A exigência de litisconsórcio entre segurado e segurador na relação processual não se justifica nem mesmo à luz do contraditório e da ampla defesa, consoante tentaremos expor adiante.

5. REFLEXOS DA SENTENÇA CIVIL CONDENATÓRIA

Como se pode constatar pela motivação do precedente que definiu a tese do litisconsórcio necessário, a preocupação da Corte Superior brasileira está voltada para os *reflexos* que uma sentença condenatória pode trazer para o segurado que não participou do processo movido pela vítima, onde normalmente se discute, ainda que indiretamente, a responsabilidade dele como causador do dano.

Aqui, algumas observações são importantes para desmistificar esse falso problema. Do ponto de vista técnico-processual, é preciso lembrar que, no sistema processual civil brasileiro, a sentença ali proferida (regra geral) não faz coisa julgada material em relação aos terceiros que não foram chamados a participar da relação processual (CPC/2015, art. 506). Assim, nem o segurado é alvo da eficácia condenatória da sentença (*não foi objeto do pedido deduzido*), nem a coisa julgada ali formada o atinge. Da mesma forma que a decisão não produz coisa julgada para a seguradora que não foi chamada a integrar o processo instaurado pela vítima contra o segurado.[238]

Se o segurado entender que existe o risco de aparecer uma *motivação* negativa na sentença (ou acórdão) acerca de sua responsabilidade pessoal, ele pode, ainda assim, ingressar com *ação judicial própria* para discutir, em amplo contraditório, os fatos e as provas produzidas no processo do qual não fez parte.

Se não quiser mover ação própria, o segurado pode, se preferir, ingressar nos autos da ação direta como mero *auxiliar* de uma das partes no processo. A situação aqui retratada é típica de quem pode ser atingido pela *eficácia reflexa* da sentença civil condenatória.

6. ASSISTÊNCIA SIMPLES DO SEGURADO

É lícito afirmar que o segurado tem interesse *jurídico* para intervir como *assistente simples* no âmbito do processo instaurado pela vítima

---

[238] Esse ponto foi abordado na obra capital de Enrico Tullio Liebman, em relação à impossibilidade de uma sentença condenatória do segurado fazer coisa julgada contra a seguradora que não compôs a relação processual. A *eficácia* da sentença pode até atingi-la de algum modo, mas não a autoridade da *coisa julgada*, o que bem explica a diferença entre essas duas categorias fundamentais, a marca registrada da tese sustentada pelo jurista italiano (*Eficácia e Autoridade da Sentença e outros escritos sobre a coisa julgada*. 3ª ed. Rio de Janeiro: Forense, 1984, p. 161).

(CPC/2015, art. 121). Questão interessante que emerge desse fenômeno está em saber de que lado poderá ficar o assistente. O segurado ingressará para assistir o terceiro prejudicado ou entrará no processo para ajudar na vitória de sua seguradora? Não há uma resposta pronta e única. Tudo vai depender das circunstâncias do caso concreto.

Do ponto de vista processual, nada impede a atuação do segurado junto ao terceiro. É possível, por exemplo, que o segurado esteja em estado de litígio com sua seguradora e, por isso, lhe pareça mais conveniente intervir no feito para reforçar a posição da vítima no sentido de caracterizar o evento como um sinistro indenizável pela apólice de seguro. A vantagem é que, se o pleito da vítima for acolhido, sendo ela plenamente indenizada pela seguradora, o segurado ver-se-á "liberado" de um problema cuja solução já foi inteiramente encontrada ao abrigo do contrato de seguro.

O problema agora reside em saber como harmonizar essa situação com a regra do Código Civil que dispõe ser defeso ao segurado reconhecer sua responsabilidade ou confessar a ação, bem como transigir com o terceiro prejudicado, ou indenizá-lo diretamente, sem anuência expressa do segurador (CC, art. 787, § 2º).

Há dois argumentos de salvaguarda para o segurado. Primeiro, a proibição de reconhecer a própria responsabilidade, ou de "confessar a ação", não significa interditar alguém de *confessar os fatos* em juízo.[239] O segurado não pode ser obrigado a mentir ou ocultar a verdade no processo como moeda de troca para fazer jus à cobertura securitária.[240] Ele

---

[239] Confessar os *fatos* constitui comportamento diferente de reconhecer a procedência do pedido. Nem sempre a prova da existência do fato leva à consequência jurídica pretendida pelo autor. A expressão do Código Civil "confessar a ação" remonta ao Código de Processo Civil de 1939 (art. 55), equivalendo hoje ao reconhecimento jurídico do pedido pelo autor: DINAMARCO, Cândido Rangel. *Instituições de Direito Processual Civil.* 6ª ed. Vol. 2. São Paulo: Malheiros, 2009, p. 419.

[240] Na doutrina portuguesa, Moitinho de Almeida lembra que não se deve ir ao extremo de proibir o segurado de fazer declaração sobre a materialidade dos fatos conforme a verdade, ou de poder se beneficiar de circunstâncias atenuantes que possam ajudá-lo perante o processo crime (*O Contrato de Seguro no Direito Português e Comparado.* Lisboa:

CAPÍTULO VI – REGIME PROCESSUAL DA AÇÃO DIRETA NO DIREITO...

tem o direito de expor a verdade dos fatos, de modo que esse veto ao reconhecimento da própria responsabilidade, ou à "confissão da ação", deve ser entendido apenas como proibição de *reconhecer a procedência do pedido formulado pelo terceiro contra a seguradora.*[241]

Segundo, a intervenção do segurado como assistente da vítima o coloca no polo *ativo* da relação processual. Assim, é natural que o assistente postule pela procedência do pedido formulado pelo autor contra a seguradora. Não se pode exigir anuência prévia de quem está em rota de colisão. O ingresso voluntário do segurado no processo certamente é resultado de uma divergência dele com sua seguradora, mercê da negativa expressa ou tácita que recebeu.

Por esses e outros motivos, o texto do § 2º do art. 787 do Código Civil deve ser lido com temperamentos, pois eventual desconformidade não pode comprometer por automático o direito à indenização do seguro. Existem situações que justificam determinadas negociações com o terceiro, mesmo sem o consentimento da seguradora, quando o segurado de boa-fé foi capaz de construir uma solução que se apresenta inequivocamente mais *benéfica* e *razoável* para todos, não havendo motivo legítimo para perda de direitos.[242]

Se, por um lado, é preciso ter cuidado em relação às tratativas que venham a ser entabuladas no processo entre segurado e terceiro, uma

---

Livraria Sá da Costa, 1971, pp. 275/276).

[241] Enunciado n. 373 da IV Jornada de Direito Civil do Conselho da Justiça Federal: "Embora sejam defesos pelo § 2º do art. 787 do Código Civil, o reconhecimento da responsabilidade, a confissão da ação ou a transação não retiram ao segurado o direito à garantia, sendo apenas ineficazes perante a seguradora".

[242] Um interessante acórdão da 3ª Turma do STJ entendeu que "a perda da garantia securitária apenas se dará em caso de prejuízo efetivo ao ente segurador, a exemplo de fraude (conluio entre segurado e terceiro) ou de ressarcimento de valor exagerado (superfaturamento) ou indevido, resultantes de má-fé do próprio segurado. 3. Se não há demonstração de que a transação feita pelo segurado e pela vítima do acidente de trânsito foi abusiva, infundada ou desnecessária, mas, ao contrário, sendo evidente que o sinistro de fato aconteceu e o acordo realizado foi em termos favoráveis tanto ao segurado quanto à seguradora, não há razão para erigir a regra do art. 787, 2o, do CC em direito absoluto a afastar o ressarcimento do segurado" (REsp 1.133.459-RS, Min. Ricardo Villas Bôas Cueva, j. 21.08.2014).

dosagem exagerada daquela proibição, por outro, pode respingar no inc. LV do art. 5º da Constituição.

Resta saber como seria essa intervenção processual a favor da seguradora. Afinal, a defesa dela também pode parecer interessante aos olhos do segurado. Imagine-se, por exemplo, que haja forte probabilidade de se reconhecer *culpa exclusiva da vítima* na ocorrência de determinado acidente (CC, art. 945). Aqui, o segurado, como coadjuvante da seguradora, pode investir todo o seu esforço na construção da tese de que ele efetivamente *não deu causa ao evento*. Comprovada a ausência do nexo causal, o pleito será julgado improcedente e a seguradora ficará isenta do pagamento da cobertura. A vítima pensará duas vezes antes de acionar o segurado.

Portanto, da mesma forma que a companhia de seguros pode ingressar no processo para auxiliar o seu segurado na condução do processo movido pela vítima, a fim de se beneficiar do resultado a ele favorável, o segurado, por seu turno, pode igualmente intervir como assistente de sua seguradora na disputa travada entre ela e o terceiro em regime de ação direta.

É bem verdade que existe o risco da seguradora ser condenada e essa condenação produzir vínculos para o assistente simples frente ao que a lei chama de *"justiça da decisão"*. Todavia, o vínculo da *"justiça da decisão"* não representa a eficácia negativa da coisa julgada material, porque o segurado poderá mover ação própria, embora com grande dificuldade para desmontar os *fundamentos* da decisão transitada em julgado.[243]

Dificuldade, mas não impossibilidade. O segurado pode ainda demonstrar que, pelo estado em que recebera o processo, ou pelas declarações e atos do assistido, fora impedido de produzir provas suscetíveis de influir na sentença, ou que desconhecia a existência de alegações ou de provas, de que o assistido, por dolo ou culpa, não se valeu (CPC/2015, art. 123).

---

[243] BUENO, Cassio Scarpinella. *Curso Sistematizado de Direito Processual Civil:* Procedimento comum, ordinário e sumário. 6ª ed. Vol. 2, Tomo. I. São Paulo: Saraiva, 2013, p. 460; DINAMARCO, Cândido Rangel. "Coisa julgada, assistência e eficácia da intervenção". *Processo Civil Empresarial*. São Paulo: Malheiros, 2010, p. 360.

É mais uma porta de acesso à Justiça aberta para quem tem interesse jurídico em acompanhar oficialmente o desenvolvimento de um processo que também lhe diz respeito, na expectativa de que, contribuindo para a construção dos argumentos e das provas, venha a obter êxito indireto com a vitória da seguradora.

Em suma, além de não haver obrigatoriedade para sua presença no processo, o segurado – estranho à lide deduzida pela vítima – não fica vinculado à coisa julgada ali produzida, como também não tem seu acesso à Justiça obstruído. O segurado pode exercer seu direito ao contraditório e à ampla defesa, seja por *ação própria*, seja como *assistente simples* de uma das partes.

7. VANTAGEM PARA QUEM FICA FORA DO PROCESSO: ESCOPO DA GARANTIA

Visualizando agora o fenômeno do ponto de vista prático, pode-se dizer até que não é de todo ruim o fato de alguém ficar fora da disputa judicial. Sem ter sido citado, o segurado não poderá ser constrangido pelo Estado-juiz a cumprir decisão judicial proferida em processo para o qual não foi chamado. Do contrário, o direito ao contraditório e à ampla defesa, aqui sim, estaria ameaçado.[244]

E mais: ainda por esse ângulo, é lícito afirmar que o motivo principal de muitas contratações de seguro de responsabilidade é justamente o interesse de não ser constrangido ou ameaçado pela reclamação de terceiros. Muitos preferem mesmo não ser convocados a responder perante o Estado-juiz, na medida em que o seu segurador, por força de um contrato de seguro, se dispuser a assumir os ônus, custos e incômodos da demanda judicial.[245] Aliás, não é outro o moderno escopo do

---

[244] Exemplo disso é o entendimento cristalizado na Súmula 268 do STJ: "*O fiador que não integrou a relação processual na ação de despejo não responde pela execução do julgado*".

[245] IRIBARREN, Miguel. "A ação direta da vítima perante a seguradora no seguro de responsabilidade civil, à luz do Projeto de Lei de Seguros Privados n. 3.555/04". *IV Fórum de Direito do Seguro José Sollero Filho*. São Paulo: IBDS, 2006, p. 617; CALERO, Fernando

seguro de responsabilidade civil, uma garantia contratual de *prevenção* e de *indenidade* para o segurado.

Nessa perspectiva, o argumento segundo o qual a ação direta do terceiro prejudicado deve ser condicionada à presença do segurado no processo não se justifica nem mesmo à luz das garantias do acesso à Justiça, do contraditório e da ampla defesa.

8. CHAMAMENTO DO SEGURADO AO PROCESSO

O chamamento ao processo pode ser mais um canal de acesso do segurado à relação processual formada entre vítima e seguradora. Como já examinado, o sistema do CDC prevê a figura do chamamento da *seguradora* ao processo para compor o polo passivo da demanda como responsável *solidário* ao lado do segurado (CDC, art. 101, II).

Foi visto também que, pela disciplina do Código Civil, o segurado, assim que for acionado pelo terceiro, dará ciência da lide à seguradora, o que compreende a obrigação que ele tem de proceder ao aviso de sinistro para que ela possa acompanhar de perto o problema, podendo, se preferir, ingressar no feito como *assistente simples* do segurado. Nessa ocasião em que pretende apresentar defesa no processo, o segurado pode *chamar* sua seguradora para ocupar o polo passivo da demanda como corresponsável pelo pagamento de possível indenização (CC, art. 787, § 3º).

Diante desse quadro normativo, se o segurado pode chamar sua companhia de seguros, nada impede que a recíproca seja verdadeira, ou seja, que o segurado também possa ser chamado ao processo pela seguradora para se posicionar ao lado dela frente ao acionamento direto do terceiro.

Eis, portanto, mais uma razão para afastar o argumento segundo o qual a seguradora, acionada sozinha, não teria meios de defesa para

---

Sánchez. "La acción directa del tercero damnificado contra el asegurador". *Revista Iberolatinoamericana de Seguros*. n. 10, Bogotá: Javegraf, 1997, p. 71; CAMPOS, Diogo José Paredes Leite de. *Seguro da Responsabilidade Civil Fundada em Acidentes de Viação*: Da Natureza Jurídica. Coimbra: Almedina, 1971, p. 40 e 79.

CAPÍTULO VI – REGIME PROCESSUAL DA AÇÃO DIRETA NO DIREITO...

responder perante o terceiro. Ora, se é verdade que, em certos casos, a seguradora pode ficar "refém" das alegações unilaterais da vítima, sem que o segurado esteja presente para dar um suporte na descrição dos fatos, esclarecendo a causa e as circunstâncias do sinistro, não é menos verdade que ela também pode *chamá-lo ao processo*, seja no regime da responsabilidade solidária do CDC, seja na disciplina da corresponsabilidade comum prevista no Código Civil.

Desse modo, não convence a tese do litisconsórcio necessário sob o pretexto de assegurar a defesa da seguradora. Para isso, basta que ela *chame* o segurado ao processo.

9. TÉCNICA DO CHAMAMENTO NA EXCEÇÃO DO CONTRATO NÃO CUMPRIDO

Tal como o chamamento da seguradora, o chamamento do segurado ao processo não é estranho ao sistema jurídico brasileiro. O regime do seguro de responsabilidade civil obrigatório aponta para esse tipo de intervenção ao prescrever que *"demandado em ação direta pela vítima do dano, o segurador não poderá opor a exceção de contrato não cumprido pelo segurado, sem promover a citação deste para integrar o contraditório"* (CC, art. 788, § único).

Aqui, o sistema do Código Civil estabeleceu *explicitamente* o cabimento da *ação direta* e a obrigação do *pagamento direto* à vítima. Se a seguradora quiser justificar o não pagamento da indenização por conta de alguma falta contratual do segurado, deverá requerer a citação dele para participar do processo. Com isso, o direito material instituiu uma hipótese específica de *chamamento ao processo* na disciplina do seguro obrigatório.[246]

---

[246] Com excelente abordagem: CUNHA, Leonardo José Carneiro da. "Algumas Regras do Novo Código Civil e sua Repercussão no Processo: Prescrição, Decadência etc". *Revista Dialética de Direito Processual.* n. 05, p. 78. São Paulo: Dialética, agosto, 2003. *Cf.* BUENO, Cassio Scarpinella. *Curso Sistematizado de Direito Processual Civil:* Procedimento comum, ordinário e sumário. 6ª ed. Vol. 2, Tomo I, São Paulo: Saraiva, 2013, p. 493.

O detalhe é que existe a necessidade de se requerer a citação do causador do dano como *condição* para se admitir o uso pela seguradora da *exceção do contrato não cumprido* (*exceptio non adimpleti contractus*). Ainda que o segurado se torne revel, o importante é que ele seja regularmente citado para responder à demanda do terceiro. *Note-se que não se trata de litisconsórcio necessário*. Se fosse, o autor é quem teria o ônus de promover a citação do segurado sob pena de extinção do processo sem resolução de mérito (CPC/2015, art. 115, § único).[247]

Aqui é diferente. Se a seguradora não chamar o segurado, o processo não será extinto. O feito seguirá normalmente, mas sua matéria de defesa, fundada na exceção do contrato não cumprido, *não será objeto da cognição*. Isso significa que, embora a companhia de seguros tenha elementos para demonstrar que o segurado estava em mora no pagamento do prêmio na ocasião do sinistro, o órgão julgador não poderá *conhecer* dessa alegação. Não se implementou a condição prevista na lei: *requerimento da seguradora para o segurado integrar o contraditório*.[248] Condenada ao final, restará a ela mover *ação de regresso* para reaver (do segurado) a quantia que findou pagando ao terceiro.[249]

Desse modo, a citação do segurado será requerida pela seguradora apenas como *condição para ela submeter sua alegação de descumprimento contratual ao centro do debate*.

Também não se cuida de *denunciação da lide*. O segurado não entra no processo para *reembolsar* a seguradora. Ele entra para ocupar uma

---

[247] Nesse ponto, retificamos aqui nosso entendimento anterior: MELO, Gustavo de Medeiros. "Ação direta do terceiro prejudicado no seguro de responsabilidade civil: Uma análise do sistema jurídico brasileiro". In: DIDIER Jr., Fredie *et alii* (Coord.). *O terceiro no processo civil brasileiro e assuntos correlatos*: Estudos em homenagem ao Professor Athos Gusmão Carneiro. São Paulo: RT, 2010, p. 297.

[248] A exceção do contrato não cumprido *depende* da iniciativa da parte interessada, *não constituindo questão de ordem pública*. *Cf.* precedentes da Corte Especial em matéria de homologação de sentença extrangeira: STJ, CE, SEC 507-GB, Min. Gilson Dipp, j. 18.10.2006; CE, SEC 802-US, Min. José Delgado, j. 17.08.2005.

[249] CUNHA, Leonardo José Carneiro da. "Algumas Regras do Novo Código Civil e sua Repercussão no Processo: Prescrição, Decadência etc". *Revista Dialética de Direito Processual*. n. 05, p. 78. São Paulo: Dialética, agosto, 2003.

CAPÍTULO VI – REGIME PROCESSUAL DA AÇÃO DIRETA NO DIREITO...

posição de confronto direto com a vítima, como litisconsorte da seguradora. Se for acolhida a alegação de falta contratual, o pedido poderá ser julgado *improcedente* para a seguradora e *procedente* contra o segurado.

Outro dado importante é o seguinte. Ao contrário do que parece, o chamamento aqui não é feito para neutralizar *temporariamente* a pretensão do terceiro e possibilitar o cumprimento da obrigação contratual pelo segurado, como acontece normalmente com as *exceções substanciais dilatórias*.[250] Não é disso que se trata. Em matéria securitária, determinadas faltas do segurado são graves o suficiente para inviabilizar por completo a subsistência da relação. Mora no pagamento do prêmio e agravamento intencional de risco, por exemplo, se devidamente configurados, fulminam a eficácia da garantia (CC, art. 763, 768 e 769).[251]

A convocação do segurado tem outra razão de ser. Ela existe por uma questão de *política de proteção às vítimas*.[252] A exigência representa o desejo da lei de garantir que a vítima disponha da presença do segurado na lide para não correr o risco de ficar desamparada se a seguradora, ao final, não tiver obrigação de indenizar por conta de alguma falta contratual que prejudicou a eficácia do seguro.[253] Abriu-se, assim, a possibilidade de chamar o segurado para que, na eventual ausência de cobertura securitária, seja ao menos ele *condenado* a reparar o dano.

---

[250] OLIVEIRA, Rafael Alexandria de. "Notas sobre a decisão que acolhe exceção substancial dilatória". *Revista de Processo*. n. 223, p. 101. São Paulo: RT, setembro, 2013.

[251] É preciso atentar para as peculiaridades do direito material. Por esse motivo, não é correto afirmar que a exceção do contrato não cumprido constitui "sempre" uma *exceção substancial dilatória*, como se costuma dizer na doutrina. O texto do art. 788 do CC apresenta uma modalidade de exceção que precisa ser melhor compreendida. Exceção *peremptória*, portanto. Vale a pena conferir a discussão que tomou conta do precedente: STJ, 3ª T., REsp 673.773-RN, rel. p/ acórdão Min. Ari Pargendler, j. 15.03.2007.

[252] ALVIM, Pedro. *O Seguro e o Novo Código Civil*. Rio de Janeiro: Forense, 2007, p. 147.

[253] Essa explicação está no depoimento autorizado de quem redigiu o capítulo do contrato de seguro no Código Civil de 2002: "Mas a responsabilidade do segurador continua a ser de natureza contratual. Por isso mesmo, o parágrafo único do art. XXVII admite expressamente que o segurador possa opor a exceção de contrato não cumprido pelo segurado, desde que promova a citação deste para integrar o contraditório, de modo a não deixar o autor sem garantias de indenização" (COMPARATO, Fábio Konder. "Substitutivo ao Capítulo referente ao Contrato de Seguro no Anteprojeto de Código Civil". *Revista de Direito Mercantil*. n. 05, p. 149. São Paulo: RT, 1972).

Na falta de norma específica para reger a espécie, e até para proporcionar mais coerência e harmonia ao sistema, entendemos aplicável no âmbito dos *seguros facultativos* o *chamamento do segurado* com a *condição* prevista no § único do art. 788 do Código Civil.[254] Não há razão para permitir o chamamento do segurado indiscriminadamente. Sua convocação só faz sentido se houver alegação pela seguradora de que ele deixou de cumprir alguma obrigação que lhe cabia no contrato de seguro (*relevante, portanto*), que possa implicar a perda da garantia ou do direito à indenização.

O leque de matérias que podem ser suscitadas pela seguradora compreende tanto as faltas de ordem *contratual* quanto as defesas de natureza *extracontratual*. Só as primeiras, no entanto, criam o ônus para a seguradora de promover a citação do segurado.

10. DEFESAS DA SEGURADORA

A companhia de seguros, quando acionada sozinha pelo terceiro, dispõe de uma pauta bastante variada de defesas de mérito (diretas e indiretas). Na dinâmica do fato, ela pode discutir amplamente a *culpa* do segurado como possível autor do dano. A comprovação desse fato, como se sabe, é o pressuposto básico a ensejar sua responsabilidade securitária. Do contrário, se ficar provado que o segurado não atuou com negligência, imperícia ou imprudência, não haverá obrigação por parte da seguradora.

Há situações, entretanto, que não comportam discussão sobre a *culpa* do segurado. São os casos em que a relação dele com a vítima está sujeita ao regime da responsabilidade *objetiva*, como acontece, por exemplo, nos acidentes e incidentes de consumo. Basta a prova do dano e do nexo causal entre este e o agente causador (Lei n. 8.078/90, art. 12, 14 e 18).[255]

---

[254] Proposta apresentada em: MELO, Gustavo de Medeiros. "Ação direta da vítima contra a seguradora no seguro de responsabilidade civil". *Revista de Processo*. n. 243, p. 55. São Paulo: RT, maio, 2015.

[255] STJ, 3ª T., REsp 480.697-RJ, Min.ª Nancy Andrighi, j. 07.12.2004; 4ª T., REsp

CAPÍTULO VI - REGIME PROCESSUAL DA AÇÃO DIRETA NO DIREITO...

Outra situação é a obrigação da seguradora no seguro *facultativo* de responsabidade civil dos proprietários de veículos automotores de via terrestre. A responsabilidade securitária não depende da comprovação de culpa do segurado, de sorte que o pagamento da indenização deve ser feito à vítima tão logo concluída a regulação, sem prejuízo de eventual ação repetitória da companhia, se descobrir depois, nos autos da ação judicial movida contra o segurado, que a culpa pelo acidente foi *exclusivamente* da vítima.[256]

De todo modo, mesmo no campo da responsabilidade *objetiva*, existem determinados fatos que podem quebrar o próprio *nexo de causalidade* que haveria de existir entre o comportamento do segurado e o resultado lesivo, a excluir a responsabilidade dele e, por consequência, de sua seguradora. Trata-se da *culpa exclusiva da vítima, caso fortuito* e *força maior*.[257]

Fora daí, mesmo havendo nexo causal e aparente responsabilidade do agente, a seguradora pode invocar fatos impeditivos, modificativos e extintivos para fulminar a pretensão do autor da ação. A *prescrição* pode ser levantada para mostrar a passagem em branco do prazo previsto em lei para o exercício da pretensão. Note-se que, apesar de haver um contrato de seguro na causa de pedir, a justificar a colocação da seguradora no polo passivo, esse prazo prescricional do terceiro não é o prazo ânuo previsto para o segurado (CC, art. 206, § 1º, II),[258]

1.306.167-RS, Min. Luis Felipe Salomão, j. 13.12.2013; 4ª T., REsp 1.365.609-SP, Min. Luis Felipe Salomão, j. 28.04.2015.

[256] Não se descarta eventual ação de regresso para ressarcimento junto ao segurado, por conta de alguma falta, cometida por ele, grave o suficiente para isentar a companhia da obrigação de indenizar. Essa é a leitura possível que extraímos desse enunciado não muito claro do art. 9º da Lei n. 6.194/74 (Lei do DPVAT): "*Nos seguros facultativos de responsabilidade civil dos proprietários de veículos automotores de via terrestre, as indenizações por danos materiais causados a terceiros serão pagas independentemente da responsabilidade que for apurada em ação judicial contra o causador do dano, cabendo à Seguradora o direito de regresso contra o responsável*".

[257] STJ, 4ª T., REsp 365.008-MG, Min. Cesar Asfor Rocha, j. 25.06.2002.

[258] No seguro de RC, existe regra específica que define como termo inicial da prescrição o momento em que o segurado é *citado* para responder à ação do terceiro, ou, antes de disso, a partir do pagamento feito ao terceiro, com anuência do segurador, para efeito de

mas, sim, o *prazo de três anos das ações comuns de reparação civil* (CC, art. 206, § 3º, V).²⁵⁹

Via de regra, sua contagem se inicia para a vítima com o fato gerador da pretensão, ou seja, com o *acidente*, mas é preciso estar atento para determinadas situações que, sendo complexas, podem justificar o nascimento da pretensão em momento *posterior*.²⁶⁰ É o caso, por exemplo,

---

reembolso (CC, art. 206, § 1º, II, "a"). Nesse sentido: STJ, 4ª T., AgRg no AREsp 467.496-SP, Min. Luis Felipe Salomão, j. 20.03.2014. A primeira parte dessa regra, porém, não faz sentido. Via de regra, quando recebe a citação, o segurado não teve ainda negativa da seguradora que caracterize o nascimento da pretensão a justificar o início do prazo ânuo. Talvez se possa falar aí de pretensão de cobrança referente à cobertura dos custos de defesa negados pela seguradora. Fora dessas hipóteses, o fato gerador mais comum é a *negativa* expressa e escrita da seguradora (CC, art. 206, § 1º, II, "b"). Até então, a rigor, não é correto dizer que o prazo iniciou após o sinistro e ficou "suspenso" com o aviso feito ao segurador. Está errada a Súmula 229 do STJ. Não existe ainda pretensão *indenizatória* com a ocorrência do evento por si só. No máximo, o segurado tem pretensão para exigir da companhia o cumprimento de uma *obrigação de fazer*, no caso a de *regular* o sinistro na forma e no prazo devidos. Nesse sentido, vale a pena conferir a crítica voltada contra o efeito "suspensivo" criado pela Súmula 229: THEODORO Jr., Humberto. "Contrato de seguro: Ação do segurado contra o segurador. Prescrição". *In*: MARTINS-COSTA, Judith; FRADERA, Véra Jacob de (Org.). *Estudos de direito privado e processual civil:* Em homenagem a Clóvis do Couto e Silva. São Paulo: RT, 2014, p. 151; PIZA, Paulo Luiz de Toledo. "Provisão de Sinistros Ocorridos e Não Avisados, Aviso de Sinistro e Cômputo do Prazo Prescricional da Pretensão do Segurado em Face do Segurador". *Revista Brasileira de Direito Comercial*. n. 3, p. 32. Porto Alegre: Magister, fev-mar/2015; MARTINS-COSTA, Judith. "Contrato de seguro e contrato de resseguro. Sinistro complexo e cláusula de interdependência. Defeito no fornecimento. Interpretação contratual. A prática ("usos individuais") e as relações interempresariais. Comportamento posterior das partes. Comportamento deslealmente contraditório e proteção da confiança legítima. Prescrição e pretensão de direito material". *Revista dos Tribunais*. n. 948, p. 193. São Paulo: RT, outubro, 2014. Até sob o CC/16 houve sinalização nesse sentido, embora não predominante: STJ, 4ª T., REsp 305.746-MG, Min. Fernando Gonçalves, j. 26.08.2003.

²⁵⁹ A jurisprudência pacífica das duas Turmas de Direito Privado do STJ reservou esse regime para as pretensões decorrentes da relação *extracontratual*. Do contrário, se a relação jurídica firmada entre terceiro e segurado for de natureza *contratual*, não havendo prazo específico para reger a espécie, a pretensão do terceiro se submete ao prazo geral de 10 anos: STJ, 4ª T., AgRg no AREsp 477.387-DF, Min. Raul Araújo, j. 21.10.2014; 3ª T., AgRg no REsp 1.317.745-SP, Min. Paulo de Tarso Sanseverino, j. 06.05.2014; 4ª T., AgRg no Ag 1.401.863-PR, Min. Antônio Carlos Ferreira, j. 12.11.2013.

²⁶⁰ Exemplo emblemático de sinistro complexo, com efeitos latentes e diferidos no tempo, foi o colapso ocorrido no Sistema Transportador de Minério da CSN, objeto

CAPÍTULO VI – REGIME PROCESSUAL DA AÇÃO DIRETA NO DIREITO...

de um dano ambiental cuja existência, efeitos e autoria, muitas vezes só vêm a ser plenamente conhecidos após um determinado tempo.[261] Algo muito similiar ocorre em grandes projetos de engenharia, como os acidentes ocorridos em plantas industriais, refinarias, barragens, usinas siderúrgicas, hidreléticas, projetos de infraestrutura em pontes, portos e aeroportos, entre outros.[262]

Desse modo, imaginando que não haja vínculo contratual com o segurado, a exemplo de um acidente de trânsito, o terceiro disporá do mesmo prazo (três anos) para acionar tanto o segurado quanto a seguradora deste. A seguradora, por sua vez, poderá arguir contra o terceiro eventual prescrição da *pretensão que ele (terceiro) possui contra ela (seguradora)*, e não da pretensão dele contra o segurado.

Embora a pretensão do terceiro nasça do mesmo fato, são duas situações independentes. É possível que o fluxo do prazo tenha sofrido *interrupção perante a seguradora*, mas não perante o segurado, e vice-versa. Basta que tenha havido um protesto interruptivo em juízo somente contra a seguradora.[263] Nesse caso, embora prescrita a pretensão da vítima em face do segurado, a seguradora não poderá levantar esse fato extintivo que não lhe diz respeito. O que se extinguiu, pelo decurso do tempo, foi a pretensão do terceiro para exigir do *segurado* o cumprimento

---

de substancioso parecer de Judith Martins-Costa: "Contrato de seguro e contrato de resseguro. Sinistro complexo e cláusula de interdependência. Defeito no fornecimento. Interpretação contratual. A prática ("usos individuais") e as relações interempresariais. Comportamento posterior das partes. Comportamento deslealmente contraditório e proteção da confiança legítima. Prescrição e pretensão de direito material". *Revista dos Tribunais*. n. 948, p. 193. São Paulo: RT, outubro, 2014.

[261] Acórdão paradigmático: STJ, 4ª T., REsp 1.354.348-RS, Min. Luis Felipe Salomão, j. 26.08.2014.

[262] TZIRULNIK, Ernesto. *Seguro de riscos de engenharia:* instrumento do desenvolvimento. São Paulo: Roncarati, 2015, p. 183. Com foco nas particularidades do *erro de projeto*: BRAGA, Francisco de Assis. *Contrato de Seguro:* A Técnica do Risco ao Sinistro. São Paulo: EMTS, 2005, p. 154.

[263] A menos que haja relação de consumo entre a vítima e o segurado (fornecedor). Se segurado e segurador forem responsáveis *solidários*, o protesto interruptivo contra a seguradora alcança automaticamente o segurado, e vice-versa (CC, art. 204, § 1º).

de uma prestação positiva (pagar indenização).²⁶⁴ Contra a seguradora, porém, a pretensão do terceiro se manteve preservada.

Além disso, a seguradora, no regime da ação direta, pode suscitar defesas diretamente ligadas ao contrato de seguro. A primeira delas seria sustentar a *ausência de uma relação jurídica securitária*. Isso pode acontecer, seja porque o segurado não chegou efetivamente a contratar um seguro de responsabilidade, seja porque não se procedeu à sua renovação em tempo hábil. Nessa segunda hipótese, o fato pode ter acontecido quando já encerrado o período de vigência do contrato.

Pois bem. Se houver contrato de seguro válido, vigente e eficaz, a seguradora, ainda assim, pode acusar *exclusão de cobertura* para o evento, com base nas condições gerais, especiais e particulares da apólice.

Outra posição que ela pode assumir seria acusar faltas cometidas pelo segurado como *exceção do contrato de seguro não cumprido*. Um exemplo frequente é a *mora* do segurado em relação ao pagamento do *prêmio* devido à seguradora (CC, art. 763).²⁶⁵⁻²⁶⁶

---

²⁶⁴ A prescrição extingue a *pretensão* e não o crédito em si. Na linha do Código de Defesa do Consumidor (art. 27), o Código Civil de 2002 evitou a controvérsia sobre o objeto da prescrição. Para um exame histórico da exposição de motivos da Parte Geral do Projeto de Código Civil: MOREIRA ALVES, José Carlos. *A Parte Geral do Projeto de Código Civil Brasileiro (subsídios históricos para o novo Código Civil brasileiro)*. 2ª ed. São Paulo: Saraiva, 2003, p. 158. O novo sistema recebeu aplausos da doutrina: BARBOSA MOREIRA, J. C. "O novo Código Civil e o direito processual". *Temas de Direito Processual (Nona Série)*. São Paulo: Saraiva, 2007, p. 06; NERY Jr., Nelson; NERY, Rosa M. de Andrade. *Código Civil Comentado*. 9ª ed. São Paulo: RT, 2012, p. 467; DIDIER Jr., Fredie. *Regras Processuais no Novo Código Civil*. 2ª ed. São Paulo: Saraiva, 2004, p. 15.

²⁶⁵ CC, art. 763: "*Não terá direito a indenização o segurado que estiver em mora no pagamento do prêmio, se ocorrer o sinistro antes de sua purgação*". Vale lembrar que a mora, nesse caso, não é automática. A jurisprudência do STJ abrandou o rigor dessa regra ao exigir da seguradora a *prévia interpelação* do segurado inadimplente. Só após escoado o prazo concedido, sem o correspondente pagamento do prêmio, estará constituído o estado de mora do segurado, cancelando-se a garantia (STJ, 2ª Seção, REsp 316.552-SP, Min. Aldir Passarinho, j. 09.10.2002).

²⁶⁶ Salvo em situações específicas que fogem da regra geral, como o seguro DPVAT, por exemplo. Aqui, interpretando a Lei n. 6.194/74 (art. 5º e 7º), o STJ produziu o

CAPÍTULO VI – REGIME PROCESSUAL DA AÇÃO DIRETA NO DIREITO...

Outro exemplo que pode implicar a perda da garantia é o *agravamento intencional do risco* (CC, art. 768), a ausência de boa-fé objetiva, omissão de circunstâncias essenciais à precificação do prêmio, prestação de informação inexata ou falsa, sonegação de informação pelo segurado ao longo da relação contratual (CC, art. 765, 766 e 769),[267] o comportamento doloso e fraudulento do segurado ou de seu representante (CC, art. 762), etc.

Mas não basta enunciar o rol de matérias passíveis de invocação pelo segurador. É preciso estabelecer um *limite temporal* em relação aos fatos que podem ser arguidos contra o terceiro.[268] Apesar dessa regra não estar escrita na lei brasileira, a lógica do sistema impõe que determinadas faltas contratuais, como mora no pagamento do prêmio e agravamento intencional de risco, precisam ter ocorrido *antes do sinistro*.[269] É o que a doutrina chama de *inoponibilidade das exceções posteriores*, regra hoje adotada pelas principais leis de contrato de seguro da Europa e da América Latina, conforme visto ao longo das exposições do capítulo IV.[270]

---

seguinte entendimento: "*A falta de pagamento do prêmio do seguro obrigatório de Danos Pessoais Causados por Veículos Automotores de Vias Terrestres (DPVAT) não é motivo para a recusa do pagamento da indenização*" (STJ, Súmula 257). Outra exceção à regra reside no regime do seguro garantia de obrigações contratuais. A obrigação de pagar o prêmio não é do segurado (credor), mas do tomador da garantia (devedor). Por esse motivo, a falta de pagamento do prêmio devido pelo tomador não suspende a eficácia do seguro para não prejudicar o segurado (Circular SUSEP n. 477/2013, art. 11). A propósito: MELO, Gustavo de Medeiros. "Seguro garantia judicial: Aspectos processuais e materiais de uma figura ainda desconhecida". *Revista de Processo*. n. 201, p. 110. São Paulo: RT, novembro, 2011.

[267] CC, art. 766: "*Se o segurado, por si ou por seu representante, fizer declarações inexatas ou omitir circunstâncias que possam influir na aceitação da proposta ou na taxa do prêmio, perderá o direito à garantia, além de ficar obrigado ao prêmio vencido*".

[268] STIGLITZ, Rubén S. "El tercero en el contrato de seguro de responsabilidad civil". *Revista del Derecho Comercial y de las Obligaciones*. Año 3, n. 13 a 18, Buenos Aires: Depalma, 1970, p. 584.

[269] Entre os autores tradicionais, Mário Porto foi o primeiro a chamar a atenção para esse importante detalhe: "Por abundância acrescentamos que o direito do terceiro prejudicado surge com o acidente. Segue-se daí que o descumprimento de cláusulas do seguro por parte do segurado, *após o acidente*, não pode afetar o direito próprio da vítima contra a seguradora" (PORTO, Mário Moacyr. "Algumas notas sobre seguros de indenização e seguros pessoais". *Temas de responsabilidade civil*. São Paulo: RT, 1989, p. 140).

[270] STIGLITZ, Rubén S. "El tercero en el contrato de seguro de responsabilidad civil". *Revista del Derecho Comercial y de las Obligaciones*. Año 3, n. 13 a 18, Buenos Aires: Depalma, 1970, p. 584.

Por outro lado, justamente em razão desse vácuo legislativo, nada impede que a ausência de aviso de sinistro, que constitui falta contratual *posterior*, venha a ser invocada pela sociedade seguradora. O segurado tem o dever de informar imediatamente o segurador da ocorrência do evento, cujo descumprimento pode implicar a perda do direito à indenização (CC, art. 771 e 787, § 1º).[271] A seguradora pode eventualmente não ser obrigada a pagar indenização em reclamações decorrentes de fatos que jamais foram informados a ela, sobretudo quando já se passou tempo considerável, a ponto de prejudicar todo o processo de *regulação de sinistro* que deveria ter sido realizado antes.[272]

Outro exemplo de falta contratual *posterior ao sinistro*, passível de invocação pela seguradora, é o fato do segurado transacionar com a vítima, reconhecer a procedência do pedido em juízo ou reconhecer sua responsabilidade sem a anuência da companhia (CC, art. 787, § 2º).

Como se vê, não é pequeno o leque de defesas que a seguradora pode levantar contra o terceiro no âmbito da ação direta autônoma, o que desmistifica a crença de que ela não teria como se defender em juízo sem a presença do segurado. O acionamento direto não retira da

---

[271] HARTEN, Carlos. "A Ação direta da vítima contra a seguradora em caso de responsabilidade civil". *I Congresso Internacional de Direito do Seguro do Conselho da Justiça Federal e Superior Tribunal de Justiça: VI Fórum de Direito do Seguro José Sollero Filho*. São Paulo: Roncarati, 2015, p. 75.

[272] Cumpre lembrar que o descumprimento desse *dever* não implica a perda automática da indenização. É necessário provar que a omissão do segurado prejudicou efetivamente o processo de regulação e de levantamento das perdas a cargo da sociedade seguradora. A doutrina, desde os clássicos aos mais mais modernos, vem chamando a atenção para isso. Sob o regime do CC/16: CARVALHO SANTOS, J. M. *Código Civil Brasileiro Interpretado:* Direito das Obrigações (arts. 1.363-1.504). 10ª ed. v. XIX. Rio de Janeiro: Freitas Bastos, 1981, p. 352. No regime atual: PIZA, Paulo Luiz de Toledo. "Provisão de Sinistros Ocorridos e Não Avisados, Aviso de Sinistro e Cômputo do Prazo Prescricional da Pretensão do Segurado em Face do Segurador". *Revista Brasileira de Direito Comercial.* n. 3, p. 45. Porto Alegre: Magister, fev-mar/2015; DELGADO, José Augusto. *Comentários ao novo Código Civil:* Das Várias Espécies de Contrato. Do Seguro – Arts. 757 a 802. *In:* TEIXEIRA, Sálvio de Figueiredo (Coord.). Rio de Janeiro: Forense, 2004, Vol. 11. Tomo I, p. 291. Na doutrina portuguesa: MOITINHO DE ALMEIDA, J. C. *O Contrato de Seguro no Direito Português e Comparado.* Lisboa: Livraria Sá da Costa, 1971, p. 112.

seguradora suas possibilidades de defesa, nem a obriga a nada além de sua responsabilidade assumida no contrato de seguro.[273]

Além de tudo, a seguradora ainda pode *chamar o segurado* ao processo se tiver a intenção de acusar alguma falta contratual por ele cometida a título de exceção do contrato não cumprido.

11. DEFESAS DO SEGURADO

Uma vez citado para responder em juízo no âmbito da ação judicial movida pela vítima, o segurado pode invocar todas as defesas de mérito que comumente se levantam em matéria de responsabilidade civil. Hipótese comum é a alegação de *culpa exclusiva da vítima* como fato jurídico apto, desde que provado, a isentar o segurado da imputação como causador do acidente (CC, art. 945). Ausente o nexo causal, excluída estará sua responsabilidade pelo evento danoso.

Pode-se alegar e demonstrar a ocorrência de *caso fortuito* e *força maior* como elementos estranhos à vontade do agente, igualmente capazes de exonerá-lo de responsabilidade (CC, art. 393). A *prescrição* constitui fato jurídico passível de ser arguido pelo segurado, ao acusar o transcurso do prazo de três anos contados do evento danoso, como marco que inicia o nascimento da pretensão de reparação civil a ser exercida pelo terceiro (CC, art. 206, § 3º, V).

É possível também que o segurado tenha vínculo contratual com a vítima, numa relação de consumo, por exemplo, de onde possa extrair alguma defesa fundada no contrato ali celebrado (CDC, art. 12, § 3°, I, II e III, art. 14, § 3°, I e II). Resta saber quais as conexões que podem existir com o processo penal que investiga o fato pela ótica de um possível crime.

12. RELAÇÃO DE PREJUDICIALIDADE COM O PROCESSO PENAL

A discussão sobre a conduta lesiva de alguém pode gerar reflexos para além do território da responsabilidade civil. O mesmo fato investigado

---

[273] IRIBARREN, Miguel. "A ação direta da vítima perante a seguradora no seguro de responsabilidade civil, à luz do Projeto de Lei de Seguros Privados n. 3.555/04". *IV Fórum de Direito do Seguro José Sollero Filho*. São Paulo: IBDS, 2006, p. 618.

na jurisdição civil pode tomar contornos mais graves no âmbito da jurisdição penal. As instâncias são independentes, a princípio, porque a absolvição no processo criminal não implica afastamento automático do dever de indenizar na esfera civil.

É possível que, apesar de não constituir crime, o ato praticado venha a representar um ilícito civil que responsabilize o seu autor (ou representante) pelos danos causados na vítima. A menos que no processo penal fique provado, peremptoriamente, que o fato não existiu ou que o acusado não foi o seu autor. Nesse caso, o sistema permite que a sentença penal absolutória definitiva projete sua eficácia para influenciar diretamente o resultado do processo civil (CC, art. 935 e CPP, art. 66).

Da mesma forma, eventual condenação de alguém na esfera civil não configura, por automático, sua responsabilização penal.

Entretanto, mais complexa fica a situação quando envolve um contrato de seguro. Aqui, existem circunstâncias particulares que merecem um cuidado especial, no mínimo a reclamar um canal de comunicação entre as duas instâncias. Não é rara a ocorrência de *fraude* contra o instituto do seguro.[274] O Código Penal tipifica essa conduta como crime de *estelionato* na modalidade fraude para recebimento de indenização ou valor de seguro (CP, art. 171, § 2º, inc. V),[275] enquanto o Código Civil qualifica de *nulo* o negócio jurídico que tiver por objetivo *fraudar a lei imperativa* (CC, art. 166, VI).[276] Por expressa disposição de lei, qualquer ato *doloso* do segurado implica a perda do seu direito à garantia (CC, art. 762).[277]

---

[274] STJ, 5ª T., HC 203.857-AC, Min. Jorge Mussi, j. 06.03.2012.

[275] CP, art. 171, § 2º, V: "*Obter, para si ou para outrem, vantagem ilícita, em prejuízo alheio, induzindo ou mantendo alguém em erro, mediante artifício, ardil, ou qualquer outro meio fraudulento: (...) § 2º: (...) V – destrói, total ou parcialmente, ou oculta coisa própria, ou lesa o próprio corpo ou a saúde, ou agrava as consequências da lesão ou doença, com o intuito de haver indenização ou valor de seguro*".

[276] ARMELIN, Donaldo. "A prova indiciária da fraude". *II Fórum de Direito do Seguro José Sollero Filho*. São Paulo: IBDS, 2002, p. 373.

[277] CC, art. 762: "*Nulo será o contrato para garantia de risco proveniente de ato doloso do segurado, do beneficiário, ou de representante de um ou de outro*". A propósito, Pontes de

CAPÍTULO VI – REGIME PROCESSUAL DA AÇÃO DIRETA NO DIREITO...

Além do crime de *fraude* contra o seguro, existe uma variedade de casos que podem gerar imputação penal, desde um acidente de automóvel com vítima fatal até atos tipificados na legislação como crime ambiental, gestão fraudulenta de instituição financeira ou outros. Aqui, os elementos *dolo e culpa grave*, à semelhança da fraude, representam outros problemas a serem investigados para fins de caracterização do evento como sinistro indenizável pelo contrato de seguro.[278]

Na prática, conforme advertência de Pedro Alvim, não é fácil distinguir os casos de *culpa grave* e *dolo* para efeito de excluir a cobertura do seguro. A grande dificuldade é provar o elemento subjetivo presente na mente de quem teve a intenção de ver o risco se consumar em sinistro.[279]

A *culpa grave*, por sua vez, abre uma discussão ainda mais difícil de ser avaliada, considerando a proximidade que isso representa com o chamado *agravamento de risco* (CC, art. 768).[280] O agravamento de risco não exige o dolo propriamente dito, mas requer um mínimo de *intenção* do segurado na realização do evento.[281] Se ficar provado que a conduta

---

Miranda ensinava que "Somente não é segurável a responsabilidade do segurado por fato oriundo de dolo. (...) Não se segura a responsabilidade criminal ou penal. (...) A responsabilidade, que se segura, é qualquer responsabilidade em que não haja dolo do segurado, perante terceiro, por dano a pessoa desse, ou a bens, inclusive animal, que pertença ao terceiro" (*Tratado de Direito Privado:* Parte Especial. 3ª ed. Tomo XLVI. Rio de Janeiro: Borsoi, 1972, p. 48 e 50).

[278] SANTOS, Ricardo Bechara. "O seguro de responsabilidade civil do empregador e a nova Carta Constitucional de 1988. Dolo e culpa". *RF*, n. 304, 1988, p. 345.

[279] ALVIM, Pedro. *Responsabilidade civil e seguro obrigatório.* São Paulo: RT, 1972, p. 27.

[280] CC, art. 768: "*O segurado perderá o direito à garantia se agravar intencionalmente o risco objeto do contrato*".

[281] Muito antes do Código Civil atual, Miguel Reale já chamava a atenção para a necessidade do aplicador da pena não se deixar "levar por elementos aparentes (*probabilidades infundadas*) e só prive o seguro de eficácia quando haja *elementos tangíveis* que comprovem tenha o segurado efetiva e intencionalmente agido de modo a aumentar os riscos do contrato". ("A equidade nos contratos de seguro". *Teoria e Prática do Direito*. São Paulo: Saraiva, 1984, p. 308). Fábio Comparato também entendia que a sanção jurídica varia de intensidade, a depender da *intenção* ou *não-intenção* do segurado em agravar o risco, o que pode afetar a avaliação de risco e a probabilidade de sua realização ("Seguro de garantia

do agente extrapolou em muito os limites da culpa ordinária, representando um comportamento de extrema e manifesta negligência,[282] o fato pode ser enquadrado como agravamento de risco apto a influenciar a condução do processo civil rumo ao reconhecimento da perda do direito à garantia securitária.[283]

Mas é preciso lembrar que nem sempre a condenação do agente ou seu preposto no juízo criminal ensejará a perda do seguro.[284] É possível que o comportamento tenha sido reprovado pela Justiça Penal dentro de um grau de culpa que, sendo leve, não chega a comprometer a eficácia da garantia.[285]

De todo modo, o resultado do processo-crime pode ser determinante para caracterizar aquele evento específico como sinistro *não indenizável pelo contrato de seguro*. Não ser indenizável pelo contrato de seguro, fique claro, significa não ter havido sinistro à luz das coberturas de seguro, o que isenta a seguradora de responsabilidade pelo pagamento de indenização. Restará à vítima acionar o próprio causador do acidente.

Do ponto de vista processual, não é necessário aguardar o trânsito em julgado da sentença (ou acórdão) penal condenatória para se resolver a lide securitária.[286] Entretanto, é possível que o órgão judicial,

---

de obrigações contratuais". *Novos Ensaios e Pareceres de Direito Empresarial*. Rio de Janeiro: Forense, 1981, p. 362).

[282] ALVIM, Pedro. *Responsabilidade civil e seguro obrigatório*. São Paulo: RT, 1972, p. 27.

[283] STJ, 3ª T., REsp 1.175.577-PR, Min. Nancy Andrighi, j. 18.11.2010; 3ª T., AgRg no Ag. 574.721-SP, Min. Humberto Gomes de Barros, j. 22.03.2007; 4ª T., REsp 189.009-SP, Min. Sálvio de Figueiredo Teixeira, j. 23.11.1999.

[284] MEILIJ, Gustavo Raúl. *Seguro de responsabilidad civil*. Buenos Aires: Depalma, 1992, p. 61.

[285] Em antigo acórdão de 1951, o STF examinou um acidente de trânsito com vítima fatal e considerou que o fato que motivou a condenação criminal do preposto do segurado não era suficiente para configurar *culpa grave* equiparável ao *dolo*, a ponto de excluir o direito à garantia de seguro: STF, 2ª T., RE 19.708-RS, Min. Orozimbo Nonato, j. 16.11.1951, *RF*, n. 142, 1952, p. 109.

[286] STJ, 3ª T., Ag. Reg. em AI 175.499-SP, j. 15.10.1998; 4ª T., REsp 347.915-AM, j. 16.10.2007.

CAPÍTULO VI – REGIME PROCESSUAL DA AÇÃO DIRETA NO DIREITO...

no âmbito do processo civil movido pela vítima contra a seguradora, vislumbre nos autos do processo penal *fundados* elementos que o levem a crer ter havido um crime de fraude, um ato doloso do segurado, ou mesmo um comportamento tão absurdamente negligente que justifique a *suspensão do processo civil* enquanto se aguarda o desfecho na esfera penal (CPC/2015, art. 313, V, "b"; CPP, art. 64, § único).[287]

O cenário é típico de uma relação de *prejudicialidade externa* capaz de autorizar a suspensão temporária do processo civil instaurado pela vítima, como forma de direcionar melhor a cognição do juízo cível sobre os fatos comuns apurados em paralelo na instância criminal. A providência é salutar também como medida de prevenção, na medida em que pode evitar que o processo civil se adiante demais rumo ao cumprimento da prestação securitária, num cenário em que tudo indica não ser devida a indenização pela companhia seguradora.

Todos esses problemas ligados ao comportamento do segurado podem ser arguidos na defesa de mérito da seguradora citada em ação direta, conforme explicado linhas atrás.

13. LITISCONSÓRCIO FACULTATIVO SIMPLES

Sustentamos a tese de que é possível a ação direta da seguradora pelo terceiro sem necessidade de litisconsórcio com o segurado.[288] O litisconsórcio é do tipo *facultativo simples*. Essa solução parece hoje a mais

---

[287] A jurisprudência do STJ entende ser uma *faculdade* do órgão julgador, e não um dever de promover a suspensão do processo: 2ª T., REsp 860.097-PI, Min. Castro Meira, j. 13.05.2008; 4ª T., REsp 347.915-AM, Min. Fernando Gonçalves, j. 16.10.2007.

[288] No passado (1942): ROSÁRIO, Abelardo Barreto do. "Ação da Vítima contra o Segurador". *RF*, n. 89, 1942, p. 391. Na doutrina moderna: TZIRULNIK, Ernesto. "El seguro de responsabilidad civil, su función social y la acción directa en el derecho brasileño contemporáneo". *In:* GALLARDO, Leonardo B. Pérez (Coord.). *El derecho de contratos en los umbrales del siglo XXI:* memorias de las Jornadas Internacionales de Derecho de Contratos Celebradas en La Habana, Cuba, en el período 2001-2007. São Paulo: MP Editora, 2007, p. 647; TZIRULNIK, Ernesto; CAVALCANTI, Flávio de Queiroz B.; PIMENTEL, Ayrton. *O contrato de seguro de acordo com o Código Civil brasileiro*. 3ª ed. São Paulo: Roncarati, 2016, p. 213 e ss.

adequada e tem apoio no sistema jurídico, principalmente se submetida às regras da corresponsabilidade.[289] O regime de corresponsabilidade solidária previsto no CDC, ou de corresponsabilidade comum previsto no Código Civil, permite que o terceiro possa promover a ação contra qualquer dos dois coobrigados – segurador ou segurado.

Isso significa que o terceiro tem a opção de litigar contra quem ele quiser. Ele pode acionar somente o causador do dano, ou pode demandar tão-somente a seguradora do responsável. Uma terceira hipótese à disposição da vítima é ajuizar a ação contra ambos em litisconsórcio passivo. O regime do litisconsórcio seria então *facultativo simples*, considerando que o comando da sentença pode não ser igual para os dois réus.

O pedido condenatório pode ser julgado *procedente* contra o segurado no plano da relação (contratual ou extracontratual) firmada com o terceiro, mas o pleito voltado contra a seguradora pode não ter o mesmo sucesso. O evento, apesar de comprometer a esfera jurídica do segurado, pode não se enquadrar nas coberturas de seguro, mercê das várias circunstâncias que procuramos apontar em tópicos anteriores. Em casos tais, o juiz julgará *procedente* a demanda do terceiro em face do segurado e *rejeitará* o pedido deduzido contra a seguradora.

Típica situação de litisconsórcio *simples* por conexão entre as causas de pedir e afinidade entre questões de fato (CPC/2015, art. 113, II e III).

Por outro lado, não se pode deixar de apontar uma hipótese em que os resultados devem ser iguais para as duas pretensões cumuladas. Isso se dá quando o pedido indenizatório do terceiro é julgado *improcedente* em face do segurado. Nesse caso, a declaração de inexistência de responsabilidade do segurado implica necessariamente a *rejeição* do pe-

---

[289] Tal como funciona na jurisprudência do Tribunal Supremo da Espanha. *Cf.* CALERO, Fernando Sánchez. "La acción directa del tercero damnificado contra el asegurador". *Revista Ibero-latinoamericana de Seguros*. Javegraf: Bogotá, n. 10, 1997, pp. 81 e 86. Há críticas a esse entendimento: CONDE, Ma Ángeles Calzada. *El Seguro de Responsabilidade Civil*. Navarra: Aranzadi, 2005, p. 127.

CAPÍTULO VI - REGIME PROCESSUAL DA AÇÃO DIRETA NO DIREITO...

dido formulado contra a seguradora. Em outras palavras, a responsabilidade civil do segurado (objetiva ou subjetiva) *antecede logicamente* a discussão em torno da responsabilidade securitária. Esta *pressupõe* aquela.[290]

Como se vê, existe aqui uma questão *prejudicial* que condiciona o resultado do pleito envolvendo a seguradora. Vejamos como isso funciona em casos variados.

14. O GRAU DE INFLUÊNCIA DA QUESTÃO PREJUDICIAL

Ainda no exemplo anterior, focando o problema da questão *prejudicial* que envolve a participação do segurado, o cenário não muda quando existem duas *ações autônomas*. Mesmo que o terceiro acione segurado e seguradora em ações separadas, a responsabilidade da seguradora *pressupõe* a do segurado frente à vítima. Isso significa que, se *sucumbir* perante o segurado, porque reconhecida sua culpa exclusiva no evento, o terceiro não poderá abrir processo contra a seguradora para obrigá-la a indenizar. Se a responsabilidade do segurado foi discutida e *afastada* como questão *principal* da cognição (*principaliter*),[291] o resultado da segunda ação (contra a seguradora) estará predeterminado ao fracasso.

A questão agora reside em saber qual é o verdadeiro efeito dessa questão *prejudicial* em relação a determinadas situações particulares.

Imaginemos a situação do terceiro que resolve acionar primeiro a seguradora e obtém nesse processo da ação direta o reconhecimento de que *o segurado foi o responsável pelo sinistro*. Na sentença, constatada a

---

[290] Na literatura clássica, faz-se distinção entre antecedentes lógicos *necessários* e antecedentes lógicos *contingentes*: "só será prejudicial a questão *necessariamente* posta como antecedente lógico da solução de outra" (BARBOSA MOREIRA, J. C. "Questões prejudiciais e coisa julgada". *Revista de Direito da Procuradoria Geral do Estado da Guanabara*, 1967, v. 16, p. 195).

[291] Lembre-se: "Decidir *principaliter* é estabelecer, na parte decisória da sentença, o concreto preceito jurídico-material que há de prevalecer entre as partes. Decidir *incidenter tantum* é solucionar meras questões no curso da motivação da sentença, sem qualquer conteúdo preceptivo" (DINAMARCO, Cândido Rangel. *Instituições de Direito Processual Civil*. 6ª ed. Vol. 3. São Paulo: Malheiros, 2009, p. 539).

existência de cobertura, o juiz condena a companhia de seguros a pagar a correspondente indenização. Pergunta-se: se o terceiro vier depois a mover ação contra o segurado, o resultado daquela primeira demanda (ação direta) produz coisa julgada material para efeito de predeterminar o mérito da segunda?

Nesse caso, a resposta é evidentemente *negativa*. O segurado não pode ser impedido de se defender por conta do resultado obtido num processo para o qual não foi chamado, sob pena de ofensa à garantia constitucional do contraditório e da ampla defesa (CF, art. 5º, LIV e LV) e à regra dos limites subjetivos da coisa julgada (CPC/2015, art. 506).[292]

Além disso, a questão ligada à sua responsabilidade foi resolvida ali na ação direta apenas a título *incidental (incidenter tantum)*, não podendo criar uma cadeia de vínculo negativo contra o segurado. Lembre-se, com Barbosa Moreira, que a questão prejudicial não gera *decisão* ou *julgamento* sobre ela, mas simples *cognição*. O juiz *resolve* a questão como etapa necessária do itinerário lógico que lhe cumpre percorrer para chegar ao pronunciamento final.[293]

Na ação direta, o reconhecimento *incidental* produzido somente de passagem não vincula o mérito do processo que vier a ser instaurado contra o segurado. Aplica-se a regra segundo a qual os *motivos*, ainda que importantes para determinar o alcance da parte dispositiva da sentença, e a *verdade dos fatos*, estabelecida como fundamento da sentença, não fazem coisa julgada material (CPC/2015, art. 504).[294]

---

[292] DINAMARCO, Cândido Rangel. *Instituições de Direito Processual Civil*. 6ª ed. Vol. 3. São Paulo: Malheiros, 2009, p. 326.

[293] BARBOSA MOREIRA, J. C. "Os limites objetivos da coisa julgada no sistema do novo Código de Processo Civil". *Temas de Direito Processual*: Primeira Série. 2ª ed. São Paulo: Saraiva, 1988, p. 93.

[294] Há vozes autorizadas, na linha de Savigny, esgrimindo fortes argumentos contra o dogma de que os fundamentos da decisão não fazem coisa julgada material: MOURÃO, Luiz Eduardo Ribeiro. *Coisa julgada*. Belo Horizonte: Fórum, 2008, p. 193; CABRAL, Antonio do Passo. *Coisa julgada e preclusões dinâmicas:* Entre continuidade, mudança e transição de posições processuais estáveis. Salvador: JusPodivm, 2013, pp. 388 e 425.

CAPÍTULO VI – REGIME PROCESSUAL DA AÇÃO DIRETA NO DIREITO...

Portanto, se acionado for, o segurado ainda poderá provar que não foi o responsável pelo dano, obtendo eventualmente uma declaração de improcedência do pedido deduzido contra ele, agora sim, como objeto *principal* do julgamento. Essa é uma das razões pelas quais consideramos um *falso problema* o fundamento que levou o STJ a exigir o litisconsórcio necessário para proteger o direito de defesa do segurado.

Algo semelhante ocorrerá se o pleito contra a seguradora for julgado *improcedente* com a declaração de que o segurado não teve responsabilidade no evento. Como dito antes, esse reconhecimento *incidental* na ação direta não produz necessariamente um julgamento de improcedência a favor do segurado. Além dos elementos da ação não serem os mesmos, o resultado da questão *prejudicial* não faz coisa julgada material no sistema processual brasileiro, salvo se houver pedido declaratório incidental[295] que submeta a questão prejudicial ao nível de *questão principal* da cognição.[296]

Isso significa que os *fatos* podem ser amplamente *rediscutidos* na segunda demanda endereçada contra o segurado, com possibilidade (ainda que remota) de haver conclusão em sentido *contrário* àquele obtido na primeira investida do terceiro em face da seguradora.

Por fim, é importante registrar o novo regime jurídico estabelecido pela Lei n. 13.105/2015 para as questões prejudiciais. O novo CPC/2015 apresenta hoje a seguinte regra:

> "Art. 503. A decisão que julgar total ou parcialmente o mérito tem força de lei nos limites da questão principal expressamente decidida.

---

[295] O pedido declaratório incidental amplia o objeto de conhecimento do juiz e o objeto da decisão (BUENO, Cassio Scarpinella. *Curso Sistematizado de Direito Processual Civil:* Procedimento comum: ordinário e sumário. 6ª ed. Vol. 2, Tomo I. São Paulo: Saraiva, 2013, p. 190).

[296] BARBOSA MOREIRA, J. C. "Os limites objetivos da coisa julgada no sistema do novo Código de Processo Civil". *Temas de Direito Processual:* Primeira Série. 2ª ed. São Paulo: Saraiva, 1988, p. 94; ARRUDA ALVIM WAMBIER, Thereza. *Questões prévias e os limites objetivos da coisa julgada.* São Paulo: RT, 1977, p. 99.

§ 1º O disposto no caput aplica-se à resolução de questão prejudicial, decidida expressa e incidentemente no processo, se:

I – dessa resolução depender o julgamento do mérito;

II – a seu respeito tiver havido contraditório prévio e efetivo, não se aplicando no caso de revelia;

III – o juízo tiver competência em razão da matéria e da pessoa para resolvê-la como questão principal.

§ 2º A hipótese do § 1º não se aplica se no processo houver restrições probatórias ou limitações à cognição que impeçam o aprofundamento da análise da questão prejudicial".

Desse modo, o novo CPC/2015 institui uma *ampliação* no regime da coisa julgada a ser formada sobre a questão prejudicial. Não se exigirá mais a propositura de ação declaratória incidental. Basta que o julgamento de mérito dependa da solução a ser dada à questão prejudicial, que tenha havido contraditório prévio e efetivo sobre ela, e que o juízo seja competente em razão da matéria e da pessoa para apreciá-la como questão principal.

A exceção prevista para afastar o efeito vinculante da coisa julgada fica reservada para os casos onde haja restrições ao contraditório ou à cognição a ponto de prejudicar o aprofundamento da questão prejudicial.

É louvável a política legislativa que move essa alteração de regime. Funda-se ela nos princípios da isonomia, segurança jurídica e economia processual, proporcionando mais previsibilidade e coerência sistêmica entre os julgamentos.[297]

---

[297] ARRUDA ALVIM WAMBIER, Teresa. "O que é abrangido pela coisa julgada no direito processual civil brasileiro: a norma vigente e as perspectivas de mudança". *Revista de Processo*. n. 230, p. 81. São Paulo: RT, abril, 2014. Na doutrina, há quem sustente, de forma mais ousada, a impossibilidade de se rediscutir a questão prejudicial já no velho CPC/73, por imperativo de coerência sistêmica que deve conformar o conteúdo estável dos esquemas argumentativos e a cadeia de vínculos. É o pensamento de Antonio do Passo Cabral em obra de leitura obrigatória: *Coisa julgada e preclusões dinâmicas:* Entre continuidade, mudança e transição de posições processuais estáveis. Salvador: JusPodivm, 2013, p. 403 e 470.

CAPÍTULO VI – REGIME PROCESSUAL DA AÇÃO DIRETA NO DIREITO...

15. SITUAÇÕES EQUIVALENTES DE LITISCONSÓRCIO FACULTATIVO

Saindo um pouco do campo securitário, convém observar o que acontece em territórios adjacentes. A tese hoje predominante no Superior Tribunal de Justiça pode ser refutada à luz não só do sistema jurídico posto, como também diante de situações equivalentes que não exigem a formação de litisconsórcio.

Por exemplo, a ação movida pelo locador contra o fiador. O locatário (devedor principal) terá o seu direito de defesa "prejudicado" se não lhe for dado participar do processo movido exclusivamente contra o seu fiador? Afinal de contas, é possível seja destilada ali uma série de alegações que dizem respeito diretamente ao comportamento do locatário, a quem se imputa a culpa por todas as mazelas ocorridas no imóvel locado.

Diante disso, haverá litisconsórcio necessário entre fiador e inquilino? A presença do locatário é obrigatória no processo, sob pena de ofensa ao seu direito de defesa? A resposta da doutrina é negativa, com toda a razão.[298]

Outra situação que pode ser utilizada a título comparativo é a do agente público que comete algum dano no exercício ou em razão da função pública (CF, art. 37, § 6º). Imaginemos um acidente automobilístico causado pelo funcionário público no exercício da função de motorista. Acionada a pessoa jurídica de direito público pela vítima, a citação do motorista será obrigatória?

Mais uma vez, a resposta é negativa. A jurisprudência dos tribunais, inclusive do STF, não admite sequer o ajuizamento de ação contra o

---

[298] Nesse sentido, Humberto Theodoro Jr.: "O prestador da garantia real ocupa, no processo, a posição de parte e pode ser executado individualmente, tal como se dá com o fiador, mesmo na ausência do devedor originário. Não há litisconsórcio necessário entre os dois. O que não se pode é ultrapassar a excussão do bem gravado, porque uma vez exaurida a garantia, extingue-se a 'responsabilidade real' do prestador da garantia" ("Partes e terceiros na execução: Responsabilidade patrimonial". *O processo civil brasileiro no limiar do novo século*. Rio de Janeiro: Forense, 1999, p. 261).

agente público. Pela interpretação que a Corte Suprema faz da regra constitucional, só o Estado pode responder perante a vítima. Nega-se, assim, a legitimidade concorrente, de modo que o agente só responde na via regressiva que vier a ser direcionada pelo Estado nos casos de dolo ou culpa.[299]

No embalo desse raciocínio, o STF entendeu também não ser cabível a *denunciação da lide* ao funcionário por considerar que a introdução de alegações fundadas no elemento *culpa* desvirtuaria a discussão centrada na responsabilidade objetiva da Fazenda Publica,[300] gerando atraso por conta de uma instrução probatória que, a princípio, não haveria.[301]

Na pior das hipóteses, ainda que fosse aceita em casos tais, a denunciação da lide seria uma *faculdade* do ente público, e não um dever (CPC/2015, art. 125, II). Em outros termos, ainda que fosse admitida a denunciação, a convocação do agente ao processo não seria obrigatória, por mais negligente que tenha sido o seu comportamento. O mesmo raciocínio pode ser aplicado no âmbito da responsabilidade objetiva da empresa por danos cometidos por seus empregados e prepostos (CC, art. 928).

---

[299] STF, 1ª T., RE 327.904-SP, Min. Carlos Britto, j. 15.08.2006; 1ª T., RE 344.133-PE, Min. Marco Aurélio, j. 09.09.2008; 2ª T., RE 228.977, Min. Néri da Silveira, j. 05.03.2002; 2ª T., RE 518.278-AgR, Min. Eros Grau, j. 31.03.2009.

[300] Fazendo um apanhado de toda essa discussão: NERY Jr., Nelson. "Responsabilidade civil da administração pública. Aspectos do direito brasileiro positivo vigente: CF 37, § 6º, e CC 15". *Revista de Direito Privado*. n. 01, p. 37. São Paulo: RT, jan/mar, 2000.

[301] No nosso modo de ver, não há razão para esse impedimento. No fundo, a legitimação deveria, sim, ser *concorrente* para dar à vítima a opção de acionar a *pessoa física* de quem lhe causou o dano (*responsabilidade subjetiva*) ou a *pessoa jurídica* que responde por ele (*responsabilidade objetiva*). O litisconsórcio seria facultativo simples e o ente público, uma vez acionado sozinho, poderia denunciar a lide ao funcionário responsável. Vale lembrar, com Leonardo Carneiro da Cunha, que nem sempre o Estado responde pelo regime da responsabilidade *objetiva*. Basta pensar nos casos em que o dano foi causado por *omissão* do poder publico, situação em que não haveria impedimento à denunciação da lide. *Cf.* CUNHA, Leonardo Carneiro da. "Breves notas sobre a denunciação da lide ao agente público pela Fazenda Pública". *In:* DIDIER Jr., Fredie *et al* (Coord.). *O terceiro no processo civil brasileiro e assuntos correlatos:* Estudos em homenagem ao Professor Athos Gusmão Carneiro. São Paulo: RT, 2010, p. 339.

Se levada a ferro e fogo a justificativa apresentada pelo Superior Tribunal de Justiça, quanto ao seguro de responsabilidade, o tabelião também haveria de ser obrigatoriamente arrolado na ação declaratória de falsidade de escritura, considerando que o resultado ali poderá lhe trazer implicações no campo de sua responsabilidade civil e até penal. No entanto, não é isso que acontece, nem existiria necessidade que assim o fosse. Trata-se de um exemplo clássico de *assistência simples*.[302]

Esses exemplos mostram que o litisconsórcio necessário não se justifica até mesmo em situações mais graves, como ocorre nos acidentes automobilísticos passíveis de gerar reflexos *civis* e *penais* contra a pessoa física do agente público.

Nessa perspectiva, o fundamento atualmente prevalecente no Superior Tribunal de Justiça, que exige a presença do segurado no processo movido pela vítima contra a seguradora, não se justifica até mesmo à luz do contraditório e da ampla defesa. Não é hipótese de litisconsórcio legal, tampouco de litisconsórcio decorrente da natureza da relação jurídica de direito material. Prova disso são as situações equivalentes que procuramos apresentar acima, onde o litisconsórcio é francamente facultativo.

16. AÇÃO DIRETA EM LITISCONSÓRCIO ATIVO COM O SEGURADO

A ideia de que o acionamento da seguradora pelo terceiro depende sempre da presença do segurado no polo passivo ignora a dinâmica que existe por trás dessa complexa cadeia de relações. Há casos em que o segurado pode inclusive comungar dos mesmos interesses da vítima em face da seguradora. A depender da situação, como já observado em relação às possibilidades de intervenção do assistente simples, o segurado

---

[302] BARBOSA MOREIRA, José Carlos. "Intervenção Litisconsorcial Voluntária". *Direito Processual Civil (Ensaios e Pareceres)*. Rio de Janeiro: Borsoi, 1971, p. 26; BUENO, Cassio Scarpinella. *Curso Sistematizado de Direito Processual Civil:* Procedimento comum: ordinário e sumário. 6ª ed. Vol. 2, Tomo. I. São Paulo: Saraiva, 2013, p. 453.

pode ingressar voluntariamente no processo para assistir ou a seguradora ou a própria vítima (cap. VI, item 6).

Nesse cenário de conflito, se discordar da negativa de indenização que lhe apresentou sua seguradora, nada impede que o segurado se litisconsorcie com a vítima e ambos ajuízem ação de cobrança contra a companhia de seguros. Pede-se a condenação desta ao pagamento da indenização diretamente ao terceiro, nos limites e nas condições do contrato de seguro, resolvendo assim um potencial conflito que poderia eclodir entre vítima e segurado, ou entre vítima, segurado e seguradora, ou entre segurado e seguradora.

Nessa ação direta, o litisconsórcio será *ativo* entre terceiro e segurado, o que desafia inclusive a exigência jurisprudencial do litisconsórcio passivo "obrigatório" estabelecido pela Súmula 529 do STJ.

Por outro ângulo, há um problema que precisa ser resolvido. Se a sentença condenar a seguradora, mas com a certificação de que o dano *supera* o limite da garantia? Como fica o segurado diante do reconhecimento de que sua responsabilidade *subsiste* em relação ao dano que sobejou o teto da seguradora? Existe algum reflexo direto dessa condenação para quem ocupa o polo *ativo* da demanda?

Entendemos que sim, apesar de estar o segurado no polo ativo. Não há por que se apegar a formalismos do passado. No fundo, estão presentes todas as condições para o reconhecimento de sua responsabilidade. O fato dele próprio haver ajuizado a ação em conjunto com a vítima já representa uma *confissão* como autor do dano. A situação pode ficar ainda mais evidente se o segurado, na petição inicial ou em algum outro momento, assumir o compromisso de arcar com a parcela do prejuízo que ultrapassar a importância segurada.[303]

Ao final, se procedente a demanda contra a seguradora, a sentença pode ter dois capítulos. Um principal, que condena a companhia perante os autores, e um segundo, que reconhece a obrigação *subsidiária* do segurado perante a vítima. Esse segundo capítulo tem carga cognitiva

---

[303] Pelas mesmas razões expostas no item 6 do Cap. VI, referente à assistência simples do segurado ao lado da vítima, não se pode aqui apontar ofensa à regra proibitiva do art. 787, § 2º, do CC. Isso porque não faz sentido exigir anuência prévia da seguradora estando ela e seu segurado em polos opostos.

suficiente para definir a responsabilidade do segurado como questão *prejudicial* passível de coisa julgada material (CPC/2015, art. 503, § 1º). Mesmo que a linguagem do pronunciamento não contenha o jargão tradicional condenatório, o reconhecimento da obrigação do segurado, seja no dispositivo, seja na fundamentação, constitui *título executivo judicial*, autorizando a vítima a instaurar, nos mesmos autos, a fase de execução de sentença, nos termos do art. 515, I, do CPC/2015.[304]

É essa a marca registrada do processo civil moderno, instrumento cooperativo e eficiente de tutela do direito material (CPC/2015, art. 6º e 8º).

17. AÇÃO DIRETA DE RESSARCIMENTO DE SEGURADORA CONTRA SEGURADORA

Como lembrado no tópico anterior, a técnica processual da ação direta suscita situações curiosas que demandam atenção. No grupo dos chamados seguros de danos (patrimoniais), a seguradora tem o direito assegurado por lei, ao indenizar o seu segurado, quando vítima de um sinistro, de se voltar contra o causador do dano em *ação regressiva* de ressarcimento. No termos do art. 786 do Código Civil, paga a indenização, o segurador se sub-roga, nos limites do valor respectivo, nos direitos e ações que competirem ao segurado contra o autor do dano.[305] Em capítulo próprio do direito das obrigações, o Código Civil é ainda mais enfático ao dizer que *"a sub-rogação transfere ao novo credor todos os direitos, ações, privilégios e garantias do primitivo, em relação à dívida, contra o devedor principal e os fiadores"* (art. 349).[306]

Aliás, antiga orientação do Supremo Tribunal Federal, construída em precedentes do início dos anos 60, vazada até hoje na Súmula 188,

---

[304] Jurisprudência consolidada à luz do art. 475-N, I, do CPC/73 para a sentença "declaratória" de natureza *dúplice*: STJ, Corte Especial, REsp 1.324.152-SP, Min. Luis Felipe Salomão, j. 04.05.2016; 3ª T., REsp 1.359.200-SC, Min. João Otávio de Noronha, j. 03.05.2016.

[305] Hipótese de sub-rogação legal: NERY Jr., Nelson. "Citação e arbitragem – Anti Injunction Jurisdiction ou Anti-Suit Injunction". *Soluções Práticas de Direito*. Vol. 5, p. 185. São Paulo: RT, setembro, 2014.

[306] STJ, 4ª T., REsp 1.085.178-RS, Min. Marco Buzzi, j. 15.05.2014.

assinala que "*o segurador tem ação regressiva contra o causador do dano, pelo que efetivamente pagou, até ao limite previsto no contrato de seguro*".[307]

Observe-se que, nesse tipo de relação, o quadro muda um pouco de figura. O sujeito agraciado pela lei é a companhia seguradora contratada pela *vítima* do sinistro. A vítima que tenha uma apólice de seguro de responsabilidade civil. Nesse caso, o segurador indeniza o segurado dele, como vítima do sinistro, e assume o seu lugar por força da sub-rogação, carregando assim os mesmos direitos, ações, privilégios e garantias que competiam à vítima contra o autor do dano.

Na outra ponta, se o autor do dano também possuir uma apólice de responsabilidade civil, a seguradora da vítima, já sub-rogada nos direitos desta, poderá, se for o caso, acionar diretamente a companhia de seguros contratada pelo causador, numa espécie de *ação direta de ressarcimento movida por uma seguradora contra outra seguradora*.

Mas não se pode esquecer que todo o regime jurídico que rege essa demanda direta continua sendo o mesmo que teria a vítima se houvesse exercido sua pretenção contra o causador do dano.[308] Por exemplo, o prazo prescricional é o mesmo prazo que teria o terceiro em determinado tipo de relação jurídica,[309] e o litisconsórcio passivo continua sendo necessário por força da Súmula 529 do STJ.

---

[307] Para manter aceso o debate, *Cf.* interessante crítica a esse enunciado sumular, com a tese de que o segurador não paga dívida alheia, mas sim *dívida própria*: PORTO, Mário Moacyr. "Ação da seguradora contra o terceiro causador do sinistro". *Ação de responsabilidade civil e outros estudos*. São Paulo: RT, 1966, p. 24; PORTO, Mário Moacyr. "Da sub-rogação nos contratos de seguro: sub-rogação legal e convencional". *Ação de responsabilidade civil e outros estudos*. São Paulo: RT, 1966, p. 31; COSTA, Moacir Lobo da. "Da sub-rogação legal em favor do segurador terrestre no Direito Civil Comparado". *Revista dos Tribunais*. n. 198, p. 20. São Paulo: RT, abril, 1952.

[308] STJ, 4ª T., REsp 1.162.649-SP, Min. Antonio Carlos Ferreira, j. 13.05.2014.

[309] Na doutrina: PORTO, Mário Moacyr. "Algumas notas sobre seguros de indenização e seguros pessoais". *Temas de responsabilidade civil*. São Paulo: RT, 1989, p. 139. Nesse sentido, copiosa jurisprudência atual: STJ, 4ª T., REsp 982.492-SP, Min. Luis Felipe Salomão, j. 27.09.2011; STJ, 3ª T., AgRg no REsp 1.378.371-SP, Min. João Otávio de Noronha, j. 15.03.2016; 3ª T., REsp 476.458-SP, Min.ª Nancy Andrighi, j. 04.08.2005; 4ª T., REsp 286.328-DF, Min. Ruy Rosado de Aguiar, j. 20.03.2001.

Em outras palavras, para atender a uma exigência jurisprudencial do Tribunal Superior, apesar das críticas que ela merece, a seguradora da vítima haverá de acionar o autor do dano e a seguradora dele em conjunto.

18. AÇÃO DIRETA NO REGIME DO COSSEGURO

Outra questão interessante que surge está em saber quais são os desdobramentos de uma ação direta no regime do cosseguro. Por definição de lei, o cosseguro é uma operação de seguro onde duas ou mais sociedades seguradoras distribuem entre si, percentualmente, os riscos de determinada apólice, com anuência do segurado.[310] Geralmente, emite-se uma só apólice contendo a relação de todas as seguradoras envolvidas e os valores das respectivas parcelas de responsabilidade.[311]

No Código Civil brasileiro, o único dispositivo que trata do assunto estabelece que *"quando o risco for assumido em cosseguro, a apólice indicará o segurador que administrará o contrato e representará os demais, para todos os seus efeitos"* (CC, art. 761). A dúvida que logo se apresenta consiste no seguinte: o que significa ser *"representante"* das demais seguradoras? Qual é o alcance dessa expressão *"para todos os seus efeitos"*?

Sustenta-se que essa *"representação"* mencionada no texto significa a ideia de *substituição processual*. Segundo esse entendimento, a seguradora líder assume a posição de substituto processual das demais, manifestando-se em *nome próprio* por *direito alheio* (CPC/2015, art. 18).[312]

Não parece, todavia, tenha sido essa a finalidade da lei.[313] Conferiu-se à seguradora líder uma *representação legal* com o poder de administrar o

---

[310] LC n. 126/2007, art. 2º, § 1º, II.

[311] Decreto n. 60.459/67, art. 5º: *"Nos casos de cosseguro é permitida a emissão de uma só apólice, cujas condições valerão integralmente para todas as co-seguradoras. Parágrafo Único. Além das demais declarações necessárias, a apólice conterá os nomes de todas as co-seguradoras, por extenso, os valores da respectiva responsabilidade assumida devendo ser assinada pelos representantes legais de cada Sociedade co-seguradora"*.

[312] TZIRULNIK, Ernesto; CAVALCANTI, Flávio de Queiroz B.; PIMENTEL, Ayrton. *O contrato de seguro de acordo com o Código Civil brasileiro*. 3ª ed. São Paulo: Roncarati, 2016, p. 87.

[313] Esse dispositivo foi redigido por Fábio Konder Comparato e apresentado à Comissão

contrato de seguro, falando em *nome próprio* e em *nome das consorciadas* para todos os efeitos,[314] tanto em juízo quanto no âmbito extrajudicial.[315] Ao anuírem com a assunção do cosseguro, as seguradoras estão outorgando, na verdade, poderes para a líder avaliar o risco, concluir o contrato, emitir a apólice, administrar o recebimento dos prêmios, receber aviso de sinistro, proceder à sua regulação e liquidação, entre outros procedimentos.[316]

Isso confere, no plano processual, legitimidade ao terceiro para acionar diretamente a seguradora líder, que será citada para se defender em juízo na condição de representante, falando *em nome próprio e em nome das demais por direito e obrigação alheios*.[317] Se condenada em juízo, condenadas estarão as demais consorciadas, com eficácia de coisa julgada extensível a todas as companhias que subscreveram a apólice.[318]

O terceiro também pode acionar em juízo uma das cosseguradoras. Nada impede tal caminho. Há, porém, duas desvantagens. Eventual condenação não poderá ir além da *quota-parte* da consorciada (que deve

---

Revisora do Anteprojeto de Código Civil, em 1969. Naquela ocasião, o ilustre Professor da USP justificou a redação proposta dizendo o seguinte: "*Afastando dúvidas já suscitadas nos tribunais, o art. IV precisa a função do segurador-líder, no cosseguro, como representante necessário dos demais, em juízo ou fora dele*" ("Substitutivo ao Capítulo referente ao Contrato de Seguro no Anteprojeto de Código Civil". *Revista de Direito Mercantil*. n. 05, p. 147. São Paulo: RT, 1972).

[314] NETTO, Nelson Rodrigues. "Contratos de Co-seguro: Aspectos Materiais e Processuais da Representação". *Revista Dialética de Direito Processual*. n. 15, p. 109. São Paulo: Dialética, junho, 2004.

[315] O Decreto-lei n. 72/2008 de Portugal é mais claro a esse respeito: "*Cabe ao líder do cosseguro exercer, em seu próprio nome e em nome dos restantes co-seguradores, as seguintes funções em relação à globalidade do contrato: (...)*" (art. 65). Embora essa mesma lei venha depois permitir que, por estipulação das partes, o segurador líder seja tratado como substituto processual dos demais no âmbito judicial: "*O contrato de co-seguro pode estipular que a acção judicial seja intentada contra o líder em substituição processual dos restantes co-seguradores*" (art. 69, n. 2). *Cf.* MENEZES CORDEIRO, António. *Direito dos Seguros*. Coimbra: Almedina, 2013, p. 725.

[316] ALVIM, Pedro. *O Seguro e o Novo Código Civil*. Rio de Janeiro: Forense, 2007, p. 29; MARTINS-COSTA, Judith. "O co-seguro no Direito brasileiro: entre a fragilidade da prática e a necessidade de reconstrução positiva do instituto". *II Fórum de Direito do Seguro José Sollero Filho*. São Paulo: IBDS, 2002, p. 349.

[317] MARTINS-COSTA, Judith. "O co-seguro no Direito brasileiro: entre a fragilidade da prática e a necessidade de reconstrução positiva do instituto". *II Fórum de Direito do Seguro José Sollero Filho*. São Paulo: IBDS, 2002, p. 347.

[318] O PL n. 8.290/2014 propõe que "*A sentença proferida contra a líder fará coisa julgada em relação às demais, que serão executadas nos mesmos autos*" (art. 38, § 4º).

CAPÍTULO VI – REGIME PROCESSUAL DA AÇÃO DIRETA NO DIREITO...

ser menor que a líder)³¹⁹ e não haverá *representatividade* em relação às demais. Sem representatividade, as outras cosseguradoras não estarão vinculadas à eficácia condenatória da sentença e tampouco poderão ser chamadas a juízo na fase subsequente de execução. Talvez a estratégia mais plausível de acionamento da cosseguradora (que não seja a líder) fique reservada para a hipótese em que o terceiro já recebeu parte da indenização correspondente à líder, restando demandar as demais companhias que se recusaram a liquidar sua respectiva quota.³²⁰

Na fase de execução, a líder continua respondendo pelas demais, podendo inclusive nomear bens da consorciada. Porém, se não houver cumprimento da obrigação por parte das cosseguradoras, os atos constritivos terão que ser realizados individualmente contra cada uma delas.³²¹

A ideia de representação legal, para todos os efeitos, significa também que a ação (ou protesto interruptivo) ajuizada contra a companhia líder interrompe o prazo prescricional em relação às demais.³²²

Via de regra, não há responsabilidade solidária entre as empresas cosseguradoras (LC n. 126/2007, art. 2º, § 1º, II).³²³ Isso significa que nem a seguradora líder, nem qualquer das consorciadas, pode ser compelida a pagar o montante integral das coberturas contratadas na

---

³¹⁹ TJSP, 26ª Câm. de Dir. Priv., EI n. 0004260-19.2006.8.26.0097, Des. Antônio Nascimento, j. 30.11.2011.

³²⁰ CARNEIRO, Athos Gusmão. "Resseguro, co-seguro e seguro cumulativo". *IV Fórum de Direito do Seguro José Sollero Filho*. São Paulo: IBDS, 2006, p. 357.

³²¹ NETTO, Nelson Rodrigues. "Contratos de Co-seguro. Aspectos Materiais e Processuais da Representação". *Revista Dialética de Direito Processual*. n. 15, p. 114. São Paulo: Dialética, junho, 2004; FIGUEIREDO, Helena Lanna. "O contrato de seguro". In: BUENO, Cassio Scarpinella (Coord.). *Impactos processuais do direito civil*. São Paulo: Saraiva, 2008, p. 327.

³²² Interrupção que se opera com o despacho do juízo, mesmo incompetente, que ordenar a citação, se o interessado a promover no prazo e na forma da lei processual (CC, art. 202, inc. I).

³²³ Já era o entendimento do STF: "Cosseguro. Inexistência de solidariedade entre as cosseguradoras. Acionada isoladamente, a seguradora líder não responde senão pela sua cota na cobertura dos riscos totais. Recurso conhecido e provido" (2ª T., RE 78.689/SP, Min. Xavier de Albuquerque, j. 27.05.75). No mesmo sentido: STF, 2ª T., RE 82.392/SP, Min. Thompson Flores, j. 07.05.76.

apólice. Cada uma se responsabiliza até o limite de sua respectiva *quota de garantia*.[324]

Sustenta-se, no entanto, que pode haver responsabilidade solidária no chamado *cosseguro anômalo*, onde não houve o consentimento do segurado para a formação do painel de seguradores.[325] Todos seriam corresponsáveis até o limite máximo da garantia prevista na apólice. Aqui, a responsabilidade é mais ampla. Deixa de ser limitada à *quota de cada cossegurador* e passa a ter como referência o *limite de garantia previsto no contrato*.[326]

Não concordamos com esse entendimento. O fenômeno acima não se afigura suficiente para justificar a responsabilidade solidária entre as companhias. Mesmo que não tenha havido anuência do segurado, a falha de comunicação inicial não deve alterar o regime de distribuição do risco, desde que o segurado disponha de informação clara sobre o *pool* de seguradores e suas respectivas parcelas de responsabilidade.

Do contrário, se não houver na apólice condições de compreender claramente os *limites* de responsabilidade de cada seguradora, aí, sim, se justifica a incidência da responsabilidade solidária entre elas. Nesse caso, o descumprimento do dever de prestar informação adequada a cargo da companhia líder implica a corresponsabilidade dela e das demais pelo total da garantia assumida.[327] O entendimento é bastante razoável,

---

[324] Regra há muito anunciada pela doutrina, conforme está em Pontes: "*No co-seguro não há solidariedade dos seguradores. Cada um assume a sua quota de risco ou de riscos. Não se pode pensar, por conseguinte, em direito de regresso. Sejam em co-seguros separados, sejam em contrato único de co-seguro, as assunções de risco são independentes*" (PONTES DE MIRANDA, F. C. *Tratado de Direito Privado*: Parte Especial. 3ª ed. Rio de Janeiro: 1972, § 4.915, t. XLV, p. 292).

[325] MARTINS-COSTA, Judith. "O co-seguro no Direito brasileiro: entre a fragilidade da prática e a necessidade de reconstrução positiva do instituto". *II Fórum de Direito do Seguro José Sollero Filho*. São Paulo: IBDS, 2002, p. 347.

[326] TJSP, 31ª Câm. de Dir. Privado, Ap. n. 0022731-22.2008.8.26.0224, Des. Antônio Rigolin, j. 19.02.2013.

[327] PAREDES, José María Muñoz. "O co-seguro tradicional e o contemporâneo: questões fundamentais do co-seguro moderno". *II Fórum de Direito do Seguro José Sollero Filho*. São Paulo: IBDS, 2002, p. 360; GODOY, Claudio Luiz Bueno de. *Código Civil Comentado*: Doutrina e jurisprudência. *In*: PELUSO, Ministro Cezar (Coord.). Barueri: Manole, 2007, p. 627.

CAPÍTULO VI – REGIME PROCESSUAL DA AÇÃO DIRETA NO DIREITO...

o que representa inclusive um critério há muito adotado pelo velho Código Comercial no ramo dos seguros marítimos.[328]

A solidariedade pode ser aplicada também nas relações de consumo firmadas entre vítima e segurado ou entre segurado e seguradora. Segundo o Código de Defesa do Consumidor, *"as sociedades consorciadas são solidariamente responsáveis pelas obrigações decorrentes deste código"* (CDC, art. 38, § 3°). Com essa informação, é possível concluir que, nas relações de consumo, pode haver solidariedade entre as próprias companhias de seguro que se relacionem pelo sistema do cosseguro.[329]

Em suma, o terceiro prejudicado pode fazer uso da ação direta contra a seguradora líder nas operações de cosseguro, a qual não tem, salvo em casos específicos, responsabilidade solidária em face das demais cosseguradoras, cada qual comprometida com sua respectiva quota de garantia.

19. AÇÃO DIRETA CONTRA O RESSEGURADOR

A discussão envolvendo o contrato de resseguro assume contornos ainda mais específicos e complexos. Antes de examinar a posição da vítima, convém focar a situação do segurado. Numa linguagem mais didática, o resseguro é o *seguro da seguradora*, constituindo o que a doutrina nacional[330]

---

[328] Código Comercial, Art. 668: *"Sendo diversos os seguradores, cada um deve declarar a quantia por que se obriga, e esta declaração será datada e assinada. Na falta de declaração, a assinatura importa em responsabilidade solidária por todo o valor segurado. Se um dos seguradores se obrigar por certa e determinada quantia, os seguradores que depois dele assinarem sem declaração da quantia por que se obrigam, ficarão responsáveis cada um por outra igual soma"*.

[329] PAREDES, José María Muñoz. "O co-seguro tradicional e o contemporâneo: questões fundamentais do co-seguro moderno". *II Fórum de Direito do Seguro José Sollero Filho*. São Paulo: IBDS, 2002, p. 327.

[330] POLIDO, Walter Antonio. *Resseguro*: Cláusulas Contratuais e Particularidades sobre Responsabilidade Civil. 2ª ed. Rio de Janeiro: Funenseg, 2011, p. 26; TZIRULNIK, Ernesto. *Regulação de Sinistro (ensaio jurídico)*. 3ª ed. São Paulo: Max Limonad, 2001, p. 127; TZIRULNIK, Ernesto; CAVALCANTI, Flávio de Queiroz B., PIMENTEL, Ayrton. *O contrato de seguro de acordo com o Código Civil brasileiro*. 3ª ed. São Paulo: Roncarati, 2016, p. 65; ALVIM, Pedro. *O Contrato de Seguro*. 3ª ed. Rio de Janeiro: Forense, 1999, p. 375; BRAGA, Francisco de Assis. *Contrato de Seguro: A Técnica do Risco ao Sinistro*. São Paulo: EMTS, 2005, p. 31; PIZA, Paulo Luiz de Toledo. "O risco no contrato de resseguro". *Seguros*: uma questão atual. São Paulo: Max Limonad, 2001, p. 175; MARTINS, João Marcos Brito, MARTINS, Lídia de Souza. *Resseguros*: fundamentos

e estrangeira[331] comumente classificam de *res inter alios acta* em relação ao segurado.[332]

O contrato de resseguro tem objeto próprio e elementos peculiares à sua formação que influenciam o prêmio e o interesse segurável. Seu risco é diferente do risco que ensejou a formação do seguro original. O resseguro constitui uma garantia de solvabilidade para a companhia seguradora, a fim de que ela não sofra com desequilíbrios econômico-financeiros decorrentes de diversos fatores naturais à sua atividade como empresa de seguros.[333]

Regra geral, não há relação contratual entre segurado e ressegurador. Hoje, o art. 14 da LC n. 126/2007 é categórico ao dizer que

> Os resseguradores e os seus retrocessionários não responderão diretamente perante o segurado, participante, beneficiário ou assistido pelo montante assumido em resseguro e em retrocessão,

---

técnicos e jurídicos. Rio de Janeiro: Forense Universitária, 2008, p. 97; FRANCO, Vera Helena de Mello. *Lições de Direito Securitário:* Seguros Terrestres e Privados. São Paulo: Maltese, 1993, p. 129.

[331] Na Inglaterra: CARTER, R. L. *El Reaseguro*. Edição Espanhola, Madrid: Mapfre S.A., 1979, p. 169 e 198. Na Espanha: CALERO, Fernando Sánches. "El reaseguro en la ley española de contrato de seguro". *Estudios sobre el contrato de reaseguro*. Madrid: Española de Seguros, 1997, pp. 104 e 106; PONT, Manuel Broseta. *El contrato de reaseguro*. Madrid: Aguilar, 1961, p. 21; López, Álvaro Muñoz. "Desnaturalización del contrato de reaseguro". *Estudios sobre el contrato de reaseguro*. Madrid: Española de Seguros, 1997, p. 178. Na França: HAGOPIAN, Mikaël; LAPARRA, Michel. *Aspectos teóricos y prácticos del reaseguro*. Madrid: Mapfre, 1996, p. 87. Na Argentina: SAAVEDRA, Domingo M. López; PERUCCHI, Héctor A. *El Contrato de Reaseguro y Temas de Responsabilidad Civil y Seguros*. Buenos Aires: La Ley, 1999, p. 21; DIRUBE, Ariel Fernández. *Manual de Reaseguros*. 3ª ed. Buenos Aires: Biblioteca General Re, v. 2, 1993, p. 63; Na Colômbia: JARAMILLO, J. Carlos Ignácio. *Distorsión funcional del contrato de reaseguro tradicional*. Bogotá: Pontifícia Universidade Javeriana, 1999, p. 93.

[332] TJRS, 1ª Câmara Cível, Ap. 8.917/Porto Alegre, Des. Mário Prunes, j. 28.07.1953, *RF*, n. 158/295.

[333] PIZA, Paulo Luiz de Toledo. "O risco no contrato de resseguro". *Seguros: uma questão atual*. São Paulo: Max Limonad, 2001, p. 181; Na literatura brasileira, a obra de fôlego que pode ser considerada um verdadeiro tratado científico: PIZA, Paulo Luiz de Toledo. *Contrato de resseguro:* Tipologia, Formação e Direito Internacional. São Paulo: IBDS, 2002, p. 187 e 196.

ficando as cedentes que emitiram o contrato integralmente responsáveis por indenizá-los.[334]

Do mesmo modo que o segurado não merece ser prejudicado por intervenções do ressegurador com quem nunca manteve vínculo de espécie alguma, este, por sua vez, não pode ser acionado diretamente pelo segurado, que nada tem a ver com os compromissos celebrados entre o ressegurador e sua ressegurada (companhia seguradora).

Entretanto, não se pode negar que existem situações muito específicas que justificam um tratamento diferenciado em matéria de resseguro, a autorizar o acionamento direto do ressegurador pelo segurado. O próprio art. 14 da LC n. 126/2007 menciona as hipóteses de insolvência, liquidação ou falência da seguradora cedente, ou celebração da cláusula do pagamento direto do ressegurador para o segurado (*cut throught*).[335]

Além disso, a experiência brasileira registra casos de acionamento direto envolvendo o IRB – Brasil Re (antigo Instituto de Resseguros do Brasil) na época em que deteve o monopólio do resseguro no Brasil.[336] O IRB manteve o monopólio até a chegada da LC n. 126/2007 e respectiva Resolução CNSP n. 168, de 17 de dezembro de 2007, que regulamentaram a abertura do mercado de resseguro operada pela Emenda Constitucional n. 13, de 21 de agosto de 1996.[337-338] Muito embora

---

[334] O PL n. 8.290/2014, em tramitação na Câmara dos Deputados, que estabelece normas gerais em contratos de seguro privado, propõe que "*A resseguradora não responde, com fundamento no negócio de resseguro, perante o segurado, o beneficiário do seguro ou o prejudicado*" (art. 67).

[335] Eis uma situação excepcional que alguns autores consideram como relativa "quebra" da autonomia entre as duas espécies contratuais. Nesse sentido: PONT, Manuel Broseta. *El contrato de reaseguro*. Madrid: Aguilar, 1961, p. 21; LÓPEZ, Álvaro Muñoz. "Desnaturalización del contrato de reaseguro". *Estudios sobre el contrato de reaseguro*. Madrid: Española de Seguros, 1997, p. 178.

[336] MELO, Gustavo de Medeiros. "O ressegurador na lide securitária". *Revista Brasileira de Direito do Seguro e da Responsabilidade Civil*. São Paulo: MP Editora, 2009, p. 206.

[337] STF, Pleno, ADI 2.223-MC/DF, Min. Maurício Corrêa, j. 10.10.2002.

[338] Sobre o regime monopolista do IRB: ALVIM, Pedro. *Política Nacional de Seguros: Neoliberalismo, Globalização e Mercosul*. São Paulo: Manuais Técnicos de Seguros,

o Decreto-lei n. 73/66 estipulasse que *"o IRB não responde diretamente perante os segurados pelo montante assumido em resseguro"* (art. 68, § 3º), o Instituto de Resseguros até então era o órgão monopolista e regulador do mercado de resseguro, a quem competia proceder à regulação e liquidação de sinistros em determinados casos.[339]

Tal poder hegemônico, em contrapartida, lhe trazia implicações por eventual dano cometido ao segurado na fase de liquidação do sinistro.[340] Observe-se que o IRB responderia não pela garantia securitária em si, mas por algum dano *extracontratual* a que tenha dado causa como interventor no procedimento de regulação e liquidação do sinistro.[341]

Atualmente, mesmo no regime de mercado aberto, determinadas cláusulas de *cooperação* e *controle* na liquidação de sinistros podem chamar

---

1996, p. 319; COMPARATO, Fábio Konder. "Monopólio público das operações de resseguro". *Direito Público:* Estudos e Pareceres. São Paulo: Saraiva, 1996, p. 154; TÁCITO, Caio. "Resseguros .Colocação no exterior. Dispensa de licitação". *RDA*, n. 195/319.

[339] Dec.-lei n. 73/66, art. 44, I, "g", atualmente revogado pela LC n. 126/2007. Na doutrina, Athos Gusmão Carneiro manifestou sua opinião de que quando "o IRB, mercê de avultada responsabilidade como ressegurador, houver assumido o poder/dever de efetuar a regulação do sinistro e fixação do valor indenizatório, a situação apresenta-se bem outra e o Instituto será, não um simples denunciado da lide, mas rigorosamente está obrigado, no plano do direito material, também perante o autor segurado. Portanto, deve ser citado como réu" ("Instituto de Resseguros do Brasil – IRB. Posições que pode assumir no processo. Alegação de nulidade da sentença, por falta de citação do IRB. Resseguro e co-seguro. Posição processual das co-seguradoras". *Temas atuais de direito e de processo*. Brasília: Brasília Jurídica, 1997, p. 106).

[340] Para entender a origem deste poder *hegemônico* do IRB, é preciso recuar no tempo e visualizar o ambiente político, social e econômico que justificou sua criação no Governo Getúlio Vargas, pelo Dec.-lei n. 1.186, de 03.04.1939, produto de um projeto nacionalista de proteção do mercado interno, de intervenção do Estado na economia e de fomento da capacidade técnica que se esperava do órgão ressegurador (MOTTA, Marly Silva da. "A criação e a estruturação de uma instituição-modelo da era Vargas: o Instituto de Resseguros do Brasil". *In:* ALBERTI, Verena (Coord.). *Entre a solidariedade e o risco:* história do seguro privado no Brasil. 2ª ed. Rio de Janeiro: FGV, 2001, p. 82).

[341] TZIRULNIK, Ernesto. *Regulação de Sinistro (ensaio jurídico)*. 3ª ed. São Paulo: Max Limonad, 2001, p. 141. Já aconteceu inclusive de ser acionado pelo segurado para exibir os documentos da regulação sob sua custódia: TJSP, 1ª Câmara de Dir. Privado, AI 596.788-4/2-00, Des. De Santi Ribeiro, j. 07.04.2009.

os resseguradores à responsabilidade por erros cometidos sob sua intervenção (*claims cooperation* e *claims control*).

Uma segunda hipótese de relação direta seria o IRB se recusar injustificadamente, em pleno regime de monopólio, a prestar à seguradora do segurado a garantia ressecuritária a que estava obrigado por lei. Nesse caso, o ressegurador monopolista poderia ser alvo de uma ação cominatória de obrigação de fazer movida pelo segurado. O objeto dessa ação seria a obrigação de formalizar a garantia ressecuritária como única forma de viabilizar, no regime de monopólio, a contratação do seguro pelo segurado junto à sua seguradora.[342]

Por último, uma terceira hipótese de relação direta já se verificou num seguro-garantia para proteção dos interesses de uma empresa que comprou açúcar refinado granulado para exportação com pagamento antecipado do preço. Nesse arranjo contratual, o IRB figurou como ressegurador e *"fiador solidário"* ao lado da seguradora. Consumado o sinistro com a não entrega da mercadoria pelo tomador, tampouco restituído o pagamento, a empresa compradora acionou judicialmente a garantia da seguradora e do IRB, em regime de litisconsórcio, este na condição de *responsável solidário* daquela.[343]

Fora dessas hipóteses que justificariam a participação direta do IRB, o sistema é avesso à ideia do acionamento direto do ressegurador pelo segurado.

Diante desse específico regime jurídico, se o segurado já encontra dificuldades em acionar o segurador do seu segurador (ressegurador), *a posição do terceiro prejudicado é ainda mais distante da companhia resseguradora*. No seguro de responsabilidade civil, a vítima pode acionar o *devedor do segurado*: a seguradora. No âmbito do resseguro, entretanto, o caminho é mais sinuoso. A vítima não estaria acionando o devedor do segurado, mas, sim, o *devedor da seguradora do segurado*: o ressegurador. Além

---

[342] TJRJ, 3ª Câmara Cível, AI 2008.002.11982/Rio de Janeiro, Des. Fernando Foch, j. 05.11.2009.

[343] CARNEIRO, Athos Gusmão. "Seguro-garantia. Ação de execução. Posição processual do IRB". *RePro*, n. 114/223.

do mais, a função social do resseguro não tem relação com a ideia de proteção às vítimas do sinistro.

Portanto, o terceiro não tem legitimidade para demandar o ressegurador vinculado à seguradora do responsável pelo dano. No máximo, o que pode eventualmente acontecer é uma relativa aproximação entre os dois sujeitos na fase de *execução de sentença* (ou acórdão). Se acaso o ressegurador estiver presente no processo como denunciado à lide pela seguradora, o órgão judicial poderá autorizar a chamada *execução direta* do autor da ação em face do denunciado,[344] a fim de facilitar o cumprimento da obrigação de pagar quantia certa, nos limites da responsabilidade do ressegurador.[345]

20. AÇÃO DIRETA COLETIVA

Não há razão para que o instituto da ação direta fique circunscrito ao processo civil individual. A técnica do acionamento direto encontra terreno fértil no sistema de ações coletivas. Entidades legitimadas à defesa dos direitos e interesses individuais homogêneos, coletivos (estrito senso) e difusos, desde que no âmbito específico de suas atribuições, podem fazer uso de ação civil pública para litigar com a seguradora contratada pelo causador do dano (Lei n. 7.347/85, art. 5º).

Em primeiro lugar, a intervenção da seguradora no processo coletivo, como chamado pelo segurado, já representa uma forma de acionamento direto que a coloca na linha de frente da demanda movida pela entidade legitimada.

Além da hipótese de intervenção no processo em curso, entendemos como possível o ajuizamento de *ação direta coletiva autônoma*

---

[344] CARNEIRO, Athos Gusmão. "Resseguro, co-seguro e seguro cumulativo". *IV Fórum de Direito do Seguro José Sollero Filho*. São Paulo: IBDS, 2006, p. 359.

[345] O primeiro precedente do STJ, no regime da LC n. 126/2007, deixou bem clara a ausência de relação entre segurado e ressegurador, vedando até mesmo a *execução direta* que se tentou fazer para penhorar ativos financeiros do IRB, que figurava no processo como denunciado à lide pela seguradora: STJ, 3ª T., REsp 1.178.680-RS, Min.ª Fátima Nancy, j. 14.12.2010.

CAPÍTULO VI – REGIME PROCESSUAL DA AÇÃO DIRETA NO DIREITO...

contra a companhia de seguros. Munido de informações suficientes sobre a existência de um seguro de responsabilidade contratado pela empresa que possivelmente causou o dano ambiental, ou na relação de consumo, o Ministério Público poderia ajuizar ação coletiva contra a companhia de seguros que emitiu a apólice.

A finalidade dessa ação, fundamentalmente, é reconhecer a obrigação da seguradora frente ao evento, à luz do contrato de seguro, a fim de que as vítimas possam se habilitar na fase de liquidação e execução de sentença, observados os limites da garantia. Se houver condenação pelo chamado *dano moral coletivo*,[346] o valor da indenização poderá ser diretamente destinado ao fundo de reparação de bens lesados que vier a ser apontado pela decisão judicial.

Outra forma de demandar a sociedade seguradora pela via do processo coletivo pode ser por meio de uma ação do Ministério Público para declarar a nulidade de determinadas cláusulas abusivas inseridas nas apólices, ou para obter ordem judicial que proíba ou iniba determinadas práticas ilícitas aplicadas no mercado de consumo. No campo dos seguros obrigatórios, por exemplo, isso tem sido feito via ação civil pública ajuizada em favor dos beneficiários da garantia instituída pelo seguro DPVAT, para condenar seguradoras que não indenizam de acordo com os critérios instituídos pela Lei n. 6.194/74.[347]

A Defensoria Pública, por sua vez, pode se manifestar em favor das *vítimas hipossuficientes* de um determinado acidente.[348] Da mesma

---

[346] Uma das primeiras monografias sobre o tema, com excelente abordagem histórica: MEDEIROS NETO, Xisto Tiago de. *Dano moral coletivo*. São Paulo: LTr, 2004, p. 126.

[347] O MP encontrou forte resistência no STJ, frente à Súmula 470, até sobrevir orientação contrária do STF dada no sentido favorável à legitimidade ativa do órgão ministerial (STF, Pleno, RE 631.111-GO, Min. Teori Zavascki, j. 07.08.2014). Após isso, o STJ dobrou-se ao precedente do STF e cancelou a Súmula 470 em julgamento da 2ª Seção (REsp 858.056-GO, Min. Marco Buzzi, j. 27.05.2015).

[348] STJ: "cabe à Defensoria Pública a tutela de qualquer interesse individual homogêneo, coletivo *stricto sensu* ou difuso, pois sua legitimidade *ad causam*, no essencial, não se guia pelas características ou perfil do objeto de tutela (= critério objetivo), mas pela natureza ou *status* dos sujeitos protegidos, concreta ou abstratamente defendidos, os necessitados

forma, uma associação de consumidores, instituída na forma da lei, tem autorização do sistema para demandar da companhia seguradora o reconhecimento de sua responsabilidade pela prestação da garantia devida em função do sinistro que prejudicou seus associados.

A vantagem da ação direta coletiva é obter a *condenação genérica* da companhia de seguros, fixando desde já sua responsabilidade securitária, cujas indenizações poderão ser individualmente liquidadas e executadas pelas vítimas do sinistro, observados, em cada caso, os pressupostos da responsabilidade e o limite máximo de garantia (CDC, art. 95).[349]

21. AÇÃO DIRETA PARA EXIBIÇÃO DE DOCUMENTOS

A técnica processual da ação direta abre caminho para as vítimas acionarem aquele que, sendo um dos corresponsáveis pelo pagamento da indenização, oferece maiores condições de suportar o impacto financeiro do dano. Entretanto, situações da vida prática podem dificultar o exercício desse direito. Muitas vezes, a vítima até sabe que existe um seguro em nome da pessoa que lhe causou o acidente, mas não tem acesso ao *conteúdo* da garantia.

O problema está em saber se existe o direito de ter acesso ao *conteúdo* da garantia e de que *forma* é possível exercer esse direito à informação. À primeira parte da questão respondemos de modo afirmativo, embora o Direito brasileiro não trate desse assunto, o que requer um esforço razoável de construção exegética.

Parte-se da premissa de que o processo de regulação e liquidação do sinistro constitui um *dever* da seguradora, tendo inclusive prazo para

---

(= critério subjetivo). 6. É imperioso reiterar, conforme precedentes do Superior Tribunal de Justiça, que a *legitimatio ad causam* da Defensoria Pública para intentar ação civil pública na defesa de interesses transindividuais de hipossuficientes é reconhecida antes mesmo do advento da Lei 11.448/07, dada a relevância social (e jurídica) do direito que se pretende tutelar e do próprio fim do ordenamento jurídico brasileiro: assegurar a dignidade da pessoa humana, entendida como núcleo central dos direitos fundamentais (2ª T., REsp 1.264.116-RS, Min. Herman Benjamin, j. 18.10.2011).

[349] STJ, 3ª Seção, CC 96.682-RJ, Min. Arnaldo Esteve, j. 10.02.2010.

ser concluído.[350] Esse procedimento consiste num trabalho técnico que procura levantar as possíveis causas do evento, constatar a existência de cobertura e medir a extensão do prejuízo. Os trabalhos de regulação produzem uma série de documentos, como laudos, pareceres, desenhos, planilhas, fotografias, gráficos, depoimentos e outros. O instrumento de apólice, com todas as condições que constituem o clausulado (gerais, especiais e particulares), está inserido nesse conjunto de elementos.

Isso autoriza sustentar que os documentos que compõem o procedimento de regulação são documentos de interesse *comum* às partes, motivo pelo qual têm elas direito à sua exibição por força do art. 399 do CPC/2015. Esse dispositivo dispõe que a recusa não será admitida quando: *a)* o requerido tiver obrigação legal de exibir; *b)* o requerido aludiu ao documento ou à coisa, no processo, com o intuito de constituir prova; *c)* o documento, por seu conteúdo, for *comum* às partes.

Nessa perspectiva, a apólice de seguro e todos os documentos que compõem o processo de regulação e liquidação do sinistro se enquadram nas três hipóteses acima, impondo na seguradora a obrigação de exibi-los ao segurado e aos beneficiários da garantia.[351-352] Em

---

[350] Vida de regra, o prazo é de 30 dias contados da entrega pelo segurado de todos os documentos necessários ao processo de regulação e liquidação do sinistro (Circular SUSEP n. 256/2004, que dispõe sobre a estruturação mínima das Condições Contratuais e das Notas Técnicas Atuariais dos Contratos de Seguros de Danos).

[351] MELO, Gustavo de Medeiros. "O ressegurador na lide securitária". *Revista Brasileira de Direito do Seguro e da Responsabilidade Civil*. São Paulo: MP Editora, 2009, p. 216; TZIRULNIK, Ernesto. *Regulação de Sinistro (ensaio jurídico)*. 3ª ed. São Paulo: Max Limonad, 2001, pp. 114 e 123-125; THEODORO Jr., Humberto. "A regulação do sinistro no direito atual e no projeto de lei n. 3.555, de 2004". *IV Fórum de Direito do Seguro José Sollero Filho*. São Paulo: IBDS, 2006, p. 210; PIZA, Paulo Luiz de Toledo. "O risco no contrato de resseguro". *Seguros: uma questão atual*. São Paulo: Max Limonad, 2001, p. 185; CAVALCANTI, Flávio de Queiroz Bezerra. "Regulação de sinistro no Projeto de Lei n. 3.555/04". *Revista Brasileira de Direito do Seguro e da Responsabilidade Civil*. São Paulo: MP Editora, 2009, n. 2, p. 56.

[352] STJ, 3ª T., REsp 292.046/MG, Min.ª Nancy Andrighi, j. 14.12.2004; TJSP, 1ª Câmara de Dir. Privado, AI 596.788-4/2-00, Des. De Santi Ribeiro, j. 07.04.2009; TJSP, 9ª Câmara de Dir. Privado, AI 2117804-67.2014.8.26.0000, Des. Alexandre Lazzarini, j. 16.09.2014; TJSP, 6ª Câmara de Dir. Privado, Ap. 0176418-61.2012.8.26.0100, Des. Fortes Barbosa, j. 05.09.2013.

seguro de responsabilidade civil, onde existe uma teia de relações conexas à garantia, é preciso ter uma leitura mais ampla sobre o conceito de *interesse comum às partes*. Não se trata estritamente das partes contratantes (segurado e seguradora), mas, sim, das *partes que detêm documentos e informações relacionados com o sinistro*.

Portanto, a vítima – cujo interesse é tutelado pela ordem jurídica para efeito de se habilitar ao recebimento da indenização – passa a ter o direito de acesso a esse conteúdo em demanda que pode ser direcionada não só contra a seguradora, mas também, se for o caso, contra as empresas de regulação (subcontratadas da seguradora e de resseguradores), resseguradores,[353] retrocessionários,[354] corretoras de seguro[355] e de resseguro,[356] agentes de seguro,[357] SUSEP entre outros.[358]

A propósito, o Projeto de Lei n. 8.290/2014, em tramitação na Câmara dos Deputados, que pretende instituir uma lei específica para os contratos de seguro no Brasil (continuação do PL n. 3.555/2004, em

---

[353] LC n. 126/2007, art. 2º, § 1º, III: "resseguro: operação de transferência de riscos de uma cedente para um ressegurador, ressalvado o disposto no inciso IV deste parágrafo".

[354] LC n. 126/2007, art. 2º, § 1º, IV: "retrocessão: operação de transferência de riscos de resseguro de resseguradores para resseguradores ou de resseguradores para sociedades seguradoras locais".

[355] Lei n. 4.594/64, art. 1º: "O corretor de seguros, seja pessoa física ou jurídica, é o intermediário legalmente autorizado a angariar e a promover contratos de seguros, admitidos pela legislação vigente, entre as Sociedades de Seguros e as pessoas físicas ou jurídicas, de direito público ou privado".

[356] LC n. 126/2007, art. 8º, § 2º: "O intermediário de que trata o caput deste artigo é a corretora autorizada de resseguros, pessoa jurídica, que disponha de contrato de seguro de responsabilidade civil profissional, na forma definida pelo órgão regulador de seguros, e que tenha como responsável técnico o corretor de seguros especializado e devidamente habilitado".

[357] CC, art. 775: "Os agentes autorizados do segurador presumem-se seus representantes para todos os atos relativos aos contratos que agenciarem".

[358] Injustificável o entendimento restritivo aplicado em precedente da 7ª Câmara de Direito Privado do TJSP, que negou à vítima o direito de acesso aos documentos da regulação e isentou a empresa reguladora do sinistro da obrigação de exibi-los: Agravos de Instrumento n. 0109038-93.2013.8.26.0000 e 0126747-44.2013.8.26.0000, rel. p/ acórdão Des. Walter Barone, j. 25.11.2015. Com inteira razão, a nosso ver, o lapidar voto vencido do Des. Luís Mário Galbetti, então relator originário do recurso.

paralelo ao PLS n. 477/2013), contém disposições interessantes. O art. 80 do projeto dispõe que "*cabe exclusivamente à seguradora a regulação e a liquidação do sinistro*" e que "*o segurado e o beneficiário poderão participar dos procedimentos de regulação e liquidação*" (art. 80 e 81).[359]

Além disso, o projeto assinala que "*o relatório de regulação e liquidação do sinistro, assim como todos os elementos que tenham sido utilizados para sua elaboração, são documentos comuns às partes*" (art. 87). E o mais importante não deixou de ser registrado: "*negada a garantia, no todo ou em parte, a seguradora deverá entregar ao segurado, ou ao beneficiário, todos os documentos produzidos ou obtidos durante a regulação e liquidação do sinistro*" (art. 89).[360]

No que toca ao conteúdo da garantia, o projeto dispõe, no capítulo do seguro de responsabilidade civil, que "*o segurado e a seguradora devem informar os terceiros prejudicados, sempre que possível, sobre a existência e o conteúdo do seguro contratado*" (art. 106, § 8º).[361]

Na prática, para o terceiro que quiser fazer uso da ação direta, mas que não tem informação suficiente para aparelhá-la, a melhor estratégia talvez seja ajuizar preventivamente uma *ação cautelar de exibição de documentos*

---

[359] Interessante abordagem à luz da boa-fé objetiva e dos *deveres anexos* de colaboração, lealdade, eficiência, celeridade e segurança, pode ser encontrada em: CAVALCANTI, Flávio de Queiroz Bezerra. "Regulação de sinistro no Projeto de Lei n. 3.555/04". *Revista Brasileira de Direito do Seguro e da Responsabilidade Civil*. São Paulo: MP Editora, 2009, n. 2, p. 49.

[360] Talvez seja aqui um campo fértil para análise sobre a aplicação *direta* (imediata) dos direitos fundamentais no plano horizontal das relações particulares: CANARIS, Claus-Wilhelm. *Direitos Fundamentais e Direito Privado*. Coimbra: Almedina, 2012, p. 28. Ou mesmo por aplicação *indireta*, considerando a mediação legislativa que constitui, por meio de cláusulas gerais, a porta de entrada dos direitos fundamentais: SILVA, Virgílio Afonso da. *A constitucionalização do direito:* os direitos fundamentais nas relações entre particulares. São Paulo: Malheiros, 2011, p. 171.

[361] A redação se inspirou no art. 76 da Lei n. 50 da Espanha (1980), que diz "*A los efectos del ejercicio de la acción directa, el asegurado estará obligado a manifestar al tercero perjudicado o a sus herederos la existencia del contrato de seguro y su contenido*". Ali, conta-se que a jurisprudência do Tribunal Supremo estendeu essa obrigação também para o segurador (CALERO, Fernando Sánchez. "La acción directa del tercero damnificado contra el asegurador". *Revista Ibero-latinoamericana de Seguros*. n. 10, Bogotá: Javegraf, 1997, p. 88).

para examinar antes o conteúdo das coberturas de seguro e dos documentos da regulação, deixando para um segundo momento a decisão sobre a conveniência da demanda principal (CPC/2015, art. 301 e 305).[362-363]

Outra maneira de obter informação sobre o conteúdo da apólice, a fim de facilitar o acionamento direto da seguradora, seria por meio de consulta à Superintendência de Seguros Privados (SUSEP), procurando informação nos seus canais de acesso, ouvidorias e outros.

22. VANTAGENS E DESVANTAGENS DO ACIONAMENTO DIRETO

A faculdade de que dispõe o terceiro prejudicado de demandar em juízo somente a companhia seguradora apresenta vantagens e desvantagens do ponto de vista processual.

A *vantagem* da ação direta é a segurança de que eventual sentença condenatória terá todas as condições de ser executada. Salvo em situações

---

[362] É bom lembrar que o fato de não se ter em mãos a *apólice* não significa, necessariamente, que o seguro não existe. A apólice é apenas um dos instrumentos de *prova* do contrato de seguro (*ad probationem*). É a forma mais convencional, mas não a única (CC, art. 758). Sendo um negócio jurídico *consensual*, o seguro existe independentemente do instrumento de apólice, podendo ser provado por outros meios. Abundante doutrina nacional e estrangeira nesse sentido: FRANCO, Vera Helena de Mello. "Breves reflexões sobre o contrato de seguro no novo Código Civil brasileiro". *II Fórum de Direito do Seguro José Sollero Filho*. São Paulo: EMTS, 2002, p. 445; GOMES, Orlando. *Contratos*. 18ª ed. Rio de Janeiro: Forense, 1998, pp. 411 e 413; PEREIRA, Cáio Mário da Silva. *Instituições de Direito Civil*: Fontes das Obrigações. 8ª ed. Vol. 3. Rio de Janeiro: Forense, 1990, p. 329-330; FARIA, Werter R. "A apólice de seguro". *Revista de Direito Mercantil*. n. 54, p. 44. São Paulo: RT, 1984; TZIRULNIK, Ernesto; PIZA, Paulo Luiz de Toledo. "Notas sobre a natureza jurídica e efeitos da apólice de seguro no direito brasileiro atual". *RT*, n. 687/7; STIGLITZ, Rubén S. "La póliza. Condiciones particulares y generales". *Revista del Derecho Comercial*. Año 13, n. 73, Buenos Aires: Depalma, 1980, p. 54; HALPERIN, Isaac; BARBATO, Nicolás H. *Seguros*: Exposición Crítica de las Leyes 17.418, 20.091 y 22.400. 3ª ed. Buenos Aires: Depalma, 2003, p. 372; VIVANTE, Cesare. *Instituições de Direito Commercial*. 2ª ed. Lisboa: Clássica Editora, 1918, p. 278.

[363] A tese do contrato *consensual* é hoje plenamente aceita na jurisprudência brasileira: STJ, 4ª T., REsp 1.306.367-SP, Min. Luis Felipe Salomão, j. 20.03.2014; 4ª T., REsp 1.130.704-MG, Luis Felipe Salomão, j. 19.03.2013; 3ª T., REsp 722.469-PB, Min. Castro Filho, j. 23.08.2007; 4ª T., REsp 79.090-SP, Min. Ruy Rosado de Aguiar, j. 05.03.1996.

CAPÍTULO VI – REGIME PROCESSUAL DA AÇÃO DIRETA NO DIREITO...

muito pontuais, não se corre aqui o risco de encontrar um patrimônio insolvente pela frente. Diferentemente disso, o caminho tradicional voltado contra o segurado pode ser um tanto quanto sinuoso e cheio de acidentes de percurso. Problemas de insolvência, dificuldades de localização do segurado ou de identificação de seu patrimônio deixam as vítimas à mercê dos caprichos de quem causou o dano e reluta em aceitar o decreto condenatório contra si.

A ação direta, ou o pagamento direto, pode evitar que o terceiro se submeta ao concurso de credores do segurado falido,[364] como pode igualmente evitar o risco do segurado receber o valor da indenização e não repassá-lo à vítima.[365] Além disso, sem ação direta, a vítima fica na dependência da boa vontade do segurado em querer chamar ou denunciar sua seguradora para o processo.

Em relação às *desvantagens* do acionamento direto, a primeira seria o risco de a vítima esbarrar no limite máximo de indenização nos casos em que o efetivo prejuízo chegou a ser maior que a garantia. Em situações como essa, a presença do segurado no polo passivo, ao lado da seguradora, é importante para prosseguir com o processo de execução sobre a parcela da condenação que sobejar os limites da cobertura.

Uma segunda *desvantagem* da ação direta seria o fato do terceiro encontrar pela frente um leque maior de matérias de defesa a serem exploradas pela companhia, desde as excludentes de culpa do segurado (*culpa exclusiva da vítima, caso fortuito e força maior*) até problemas ligados ao cumprimento do contrato de seguro, como mora no pagamento de prêmio, agravamento intencional de risco, comportamento doloso ou fraudulento do segurado, contrato inválido ou não mais vigente, ausência de cobertura para o evento, e outras questões do gênero.

---

[364] Como visto, essa foi a preocupação central do STJ ao possibilitar a condenação e execução direta da seguradora denunciada à lide: STJ, 2ª Seção, REsp 925.130-SP, Min. Luis Felipe Salomão, j. 08.02.2012.

[365] CAMPOS, Diogo José Paredes Leite de. *Seguro da Responsabilidade Civil Fundada em Acidentes de Viação:* Da Natureza Jurídica. Coimbra: Almedina, 1971, p. 80.

Por fim, para tentar minimizar tais dificuldades, o melhor caminho eventualmente pode ser o acionamento conjunto de ambos em litisconsórcio passivo (segurado e segurador). Entretanto, vale lembrar que, na hipótese do acionamento conjunto, se o pleito for julgado totalmente *improcedente* ao final o ônus da sucumbência pode representar um problema em dose dupla para o terceiro autor da demanda, então vencido.

23. PROJETO DE LEI DO CONTRATO DE SEGURO – PL N. 8.290/2014

Encontra-se em tramitação na Câmara dos Deputados o Projeto de Lei n. 8.290/2014, que pretende instituir uma lei específica para os contratos de seguro no Brasil (continuação do PL n. 3.555/2004, em paralelo ao PLS n. 477/2013). Existe um capítulo todo dedicado ao seguro de responsabilidade civil, onde se começa dizendo que "*o seguro de responsabilidade civil garante o interesse do segurado contra os efeitos da imputação de responsabilidade e do seu reconhecimento, e o interesse dos terceiros prejudicados à indenização*" (art. 105).

Observe-se que a *função social* do contrato foi claramente prestigiada com a ideia de que o seguro garante o interesse do segurado e também o *interesse dos terceiros prejudicados sobre a indenização*.

O art. 106 do projeto dispõe que "*são credores da garantia o segurado e os prejudicados*", e que "*os prejudicados são os únicos credores da indenização devida pela seguradora, salvo o disposto no § 3º deste artigo, e poderão exercer seu direito de ação contra esta, respeitado o limite garantido pelo contrato, com a faculdade de citar o responsável como litisconsorte*" (§ 1º).

A proposta consiste em conferir à vítima um *direito próprio* de acionar diretamente a companhia de seguros, podendo o autor da ação, se quiser, demandar o segurado como *litisconsorte facultativo*. O reparo que fazemos consiste apenas em excluir a ideia de que os prejudicados seriam os "únicos" credores da indenização. Não há razão para privar o segurado desse crédito, de forma que o § 1º do art. 106 poderia ter a seguinte redação:

CAPÍTULO VI – REGIME PROCESSUAL DA AÇÃO DIRETA NO DIREITO...

> *Art. 106.* São credores da garantia o segurado e os prejudicados.
>
> § 1º Os prejudicados poderão exercer seu direito de ação contra a seguradora, respeitado o limite garantido pelo contrato, com a faculdade de citar o responsável como litisconsorte.

Outro aspecto relevante do projeto, que preencherá uma grande lacuna no Direito brasileiro, diz respeito ao regime de *oponibilidade das exceções*. Aqui, o projeto sugere que "*a seguradora, salvo disposição legal em contrário, pode opor aos prejudicados todas as defesas fundadas no contrato que tiver para com o segurado ou o terceiro que fizer uso legítimo do bem, desde que anteriores ao início do sinistro*" (art. 107).

A proposta legislativa é importante para deixar claro que qualquer problema de ordem contratual, a cargo do segurado, só pode ser acusado pelo segurador se for um *fato anterior* ao evento discutido. Nesse ponto, aproveitamos o ensejo para sugerir mais uma válvula de proteção às vítimas, tal qual a que existe hoje no regime do seguro obrigatório (CC, art. 788). Se o segurador quiser arguir contra o terceiro alguma exceção do contrato não cumprido, deverá requerer a citação do segurado para integrar a relação processual. Desse modo, o art. 107 do projeto poderia ter um parágrafo dizendo o seguinte:

> Art. 107. A seguradora, salvo disposição legal em contrário, pode opor aos prejudicados todas as defesas fundadas no contrato que tiver para com o segurado ou o terceiro que fizer uso legítimo do bem, desde que anteriores ao início do sinistro.
>
> *Parágrafo único. A exceção do contrato não cumprido só será admitida se a seguradora promover a citação do segurado para integrar o contraditório.*

Com isso, haveria duas *condicionantes* para a seguradora poder opor alguma falta contratual do segurado. Primeiro, a falta deve ser *anterior* ao sinistro; segundo, deve ela promover a citação do segurado, sob pena de não ser apreciada sua alegação do contrato não cumprido.

Por fim, o projeto tenta disciplinar a forma de intervenção da seguradora no processo. O dispositivo diz o seguinte:

Art. 109. O segurado, quando a pretensão do prejudicado for exercida exclusivamente contra si, é obrigado a, no prazo de cinco (5) dias, notificar a seguradora a respeito da demanda, judicial ou extrajudicialmente.

§ 1º A notificação deverá conter todos os elementos necessários para o conhecimento da lide e do processo pela seguradora.

§ 2º Feita a notificação, o segurado será substituto processual da seguradora até o limite da importância segurada, quando esta não requerer sua admissão no polo passivo.

§ 3º Descumprido o dever de notificar, a responsabilidade da seguradora deverá ser discutida em ação própria.

Aqui, a proposta merece alguns ajustes do ponto de vista técnico e prático. Poderia ser mais simples. O ato de *notificar* deveria constituir uma obrigação do segurado apenas no plano *extrajudicial*, e ainda assim sem prazo.[366] No âmbito judicial, melhor seria se falar em *citação* da seguradora no lugar de *notificação*. Também não faz sentido a imposição do projeto para que haja uma convocação obrigatória do segurador ao processo.

Do contrário, teremos dois regimes diferentes: *(a)* quando o terceiro aciona diretamente o segurador, este tem a *faculdade* de chamar (citar) o segurado ao processo. No entanto, *(b)* quando o terceiro aciona o segurado, este tem o *dever* de "notificar" (leia-se *citar*) o segurador a respeito do processo.

Do ponto de vista prático, não se vê vantagem nesse tipo de variação. A nossa sugestão vem no sentido de conferir à vítima a *faculdade* de acionar qualquer dos dois – segurado ou segurador, ou ambos em conjunto no mesmo processo –, podendo cada qual chamar o seu corresponsável para compor o polo passivo da demanda.

O *chamamento do segurador* ao processo, como faculdade do segurado, constitui um avanço importante que o Código de Defesa do

---

[366] Na prática, o prazo de 05 dias é inviável. Quando citado, o segurado corre para achar um advogado. Uma vez contratado, se o advogado tiver a boa ideia de envolver a seguradora no litígio, aquele prazo de 05 dias já passou.

Consumidor inaugurou e que poderia ser seguido com harmonia pelo sistema (CDC, art. 101, II). Portanto, a redação que se propõe para o art. 109 do PL n. 8.290/2014 seria a seguinte:

> *Art. 109. O segurado é obrigado a comunicar extrajudicialmente a seguradora tão logo seja citado para responder à demanda ajuizada pelo terceiro prejudicado, fornecendo os elementos necessários sobre o processo.*
>
> *§ 1º O aviso de sinistro pode ser feito mediante preenchimento de formulário eletrônico disponível em sítio da internet, cujo endereço deverá ser obrigatoriamente fornecido pela seguradora, ou por outro canal de comunicação disponibilizado por ela.*
>
> *§ 2º O segurado poderá chamar a seguradora ao processo, na forma da lei processual, observados os limites e condições da garantia.*

Tal nos parece uma forma mais simples de lidar com o fenômeno da intervenção do segurador no processo movido pela vítima. Trata-se de uma hipótese específica de chamamento ao processo. De todo modo, se o PL n. 8.290/2014 for aprovado, o sistema jurídico brasileiro disporá, finalmente, de um regime expresso de ação direta para o seguro facultativo de responsabilidade civil, o que certamente constituirá um avanço formidável em termos de sistema legislativo de proteção às vítimas.

Capítulo VII

FUNDAMENTOS DA AÇÃO DIRETA

1. DIREITO PRÓPRIO DA VÍTIMA

Diante de todo esse cenário normativo, embora não haja previsão clara da ação direta no seguro facultativo, uma leitura sistemática do ordenamento pode superar a aparente dificuldade.[367] O segurador assume a posição de *garante* do seu segurado por danos que este venha a

---

[367] Nesse sentido, merece destaque a análise de Donaldo Armelin: "Por isso a circunstância do novo Código Civil omitir-se no seu art. 787 quanto à admissibilidade de cobrança direta da vítima em face do segurador não deve ser tomada como barreira instransponível à aceitação dessa admissibilidade. Isto porque a interpretação sistemática de tais dispositivos não deve levar em conta apenas o capítulo em que tais dispositivos inserem-se e sim todo tratamento emprestado pelo Código Civil ao seguro. Dele se infere que este se direciona a beneficiar mais a vítima do que o segurado porque é ela quem suporta diretamente as consequências do sinistro. Além do mais se deve considerar que o seguro, como contrato, deve ser interpretado mediante uma ótica que prestigie a sua função social. É, aliás, o que preceitua o parágrafo único do art. 2.035 do novo Código Civil, ao estatuir a ineficácia das convenções direcionadas a fletir normas de ordem pública como aquelas que asseguram a função social do contrato. Portanto, é forte no sistema aberto do novo Código Civil e mesmo no ordenamento jurídico a tendência a reconhecer a presença de direito material propiciador da legitimidade *ad causam* para a vítima do sinistro ingressar em juízo diretamente contra o segurador" ("A ação direta da vítima contra a seguradora de responsabilidade civil: fundamentos e regime das exceções". *III Fórum de Direito do Seguro José Sollero Filho*. São Paulo: EMTS, 2003, p. 179).

causar no patrimônio de terceiros (CC, art. 787). A seguradora não tem vínculo contratual com o terceiro, mas sua obrigação nasce do sistema jurídico que deseja manter *indene a esfera patrimonial do segurado e, ao mesmo tempo, proteger as vítimas do sinistro*.[368]

Se existe *obrigação* de garantir o interesse legítimo do segurado, com a possibilidade de pagar o valor da indenização ao terceiro, existe, em contrapartida, o *direito* do terceiro de exigir do segurador o cumprimento da obrigação. Esse feixe de direitos e obrigações emerge do sistema do Código de Defesa do Consumidor e do Código Civil, ambos em conexão sistemática para responder à finalidade do seguro na sociedade contemporânea.[369]

O sistema é a fonte desse direito quando permite o posicionamento da seguradora na linha diretamente oposta ao terceiro no processo, viabilizando também que a técnica do acionamento direto proporcione mais eficácia ao escopo da garantia, como forma de manter incólume o patrimônio do segurado.[370]

A técnica da ação direta vem ao encontro de tal finalidade. Ela proporciona ao segurado a garantia de que o seu patrimônio não será afetado, *ou afetado o menos possível*, ao possibilitar que a vítima acione diretamente a seguradora responsável pelo pagamento da indenização.[371]

---

[368] MORANDI, Juan Carlos Félix. "Seguro de responsabilidad civil". *Revista Ibero-latinoamericana de Seguros*. n. 08, Bogotá: Javegraf, 1996, p. 10.

[369] "O Código Civil e o Código de Defesa do Consumidor não podem ser considerados diplomas contrastantes senão complementares, no âmbito da complexidade do ordenamento, instrumentos para a promoção da solidariedade e do personalismo constitucionais" (TEPEDINO, Gustavo. "Código de Defesa do Consumidor, Código Civil e complexidade do ordenamento". *Temas de direito civil*. Tomo II. Rio de Janeiro: Renovar, 2006, p. 406).

[370] Entre os argentinos: MORANDI, Juan Carlos Félix. "Seguro de responsabilidad civil". *Revista Ibero-latinoamericana de Seguros*. Javegraf: Bogotá, n. 08, 1996, p. 10; HALPERIN, Isaac. "Acción directa del damnificado en el seguro de la responsabilidad civil". *Revista del Derecho Comercial y de las Obligaciones*. Año 3, n.13 a 18, Buenos Aires: Depalma, 1970, p. 516.

[371] O Min. Eduardo Ribeiro, no voto-vista já referido, consignou que "Há forte tendência a não permitir que os danos injustamente sofridos fiquem sem reparação. E no caso,

CAPÍTULO VII – FUNDAMENTOS DA AÇÃO DIRETA

A técnica processual haverá de preencher a lacuna para satisfazer a vontade do direito material.[372]

Por outro lado, não basta a vontade do sistema. É preciso que haja um contrato de seguro por trás de toda essa discussão. O negócio jurídico celebrado entre segurado e seguradora não deixa de ser uma fonte de direito para a vítima.[373] Isso porque, se o segurado não tiver contratado um seguro, não haverá legitimidade que justifique a colocação da companhia no polo passivo da ação ajuizada pelo terceiro.[374]

À vista desse quadro, pode-se dizer que o sistema jurídico brasileiro admite a chamada *ação direta autônoma* do terceiro prejudicado, uma *técnica processual* a ser utilizada pela vítima (e seus herdeiros) para acionar o segurador daquele que lhe causou dano, para fins de recebimento de indenização.[375]

---

cumpre reconhecer, se o causador do dano for insolvente e a seguradora se recusar a pagar diretamente à vítima, a consequência será ficar essa última sem ressarcimento, enriquecendo-se a seguradora que, a final, haveria realmente de arcar com o pagamento" (STJ, 3ª T., REsp 228.840-RS, rel. Min. Menezes Direito, j. 26.06.2000).

[372] SILVA, Ovídio A. Baptista da. *O seguro e as sociedades cooperativas:* Relações Jurídicas Comunitárias. Porto Alegre: Livraria do Advogado, 2008, p. 102. Nesse sentido, *Cf.* Humberto Theodoro Jr.: "O certo, porém, é que não se pode negar um direito material inconteste da parte por deficiência apenas formal do instrumento manejado. A moderna visão da instrumentalidade e da efetividade do acesso à Justiça e à tutela jurisdicional recomenda não se perder o operador do direito em excessos de tecnicismo processual, quando seja possível realizar o direito material, sem maiores prejuízos para o contraditório e a ampla defesa, ainda que o procedimento inaugurado não tenha sido instituído exatamente para o fim com que é utilizado" ("O seguro de responsabilidade civil: Disciplina material e processual". *Revista de Direito Privado*. n. 46, p. 306. São Paulo: RT, 2011).

[373] CALERO, Fernando Sánchez. "La acción directa del tercero damnificado contra el asegurador". *Revista Ibero-latinoamericana de Seguros*. n. 10, Bogotá: Javegraf, 1997, p. 75.

[374] CONDE, Ma Ángeles Calzada. *El Seguro de Responsabilidad Civil*. Navarra: Aranzadi, 2005, p. 117; MAGALLANES, Pablo Medina. "La acción directa del tercero en contra del asegurador en los seguros del Responsabilidad Civil en México". *1º Fórum de Direito do Seguro José Sollero Filho*. São Paulo: Max Limonad, 2000, p. 252.

[375] MOLARD, Julien. *Dictionnaire de l'Assurance*. 2ª ed. Paris: SÉFI, 2006, p. 23.

2. VALORES CONSAGRADOS PELA TÉCNICA DA AÇÃO DIRETA

A ação direta não constitui um remédio perfeito. Apresenta desvantagens que devem ser ponderadas antes de recorrer a ela. Seu uso adequado, no entanto, a par de constituir uma tendência dos últimos tempos no Brasil e no mundo afora, vem ao encontro de valores importantes consagrados no sistema jurídico constitucional e infraconstitucional.

2.1 Mais eficácia ao sistema de responsabilidade civil

A ação direta proporciona mais eficácia ao sistema de responsabilidade civil voltado primordialmente para a tutela das vítimas. Antes, o elemento *culpa* reinou durante muito tempo como fundamento indispensável da responsabilidade civil. A avaliação dos fatores subjetivos que conduzem o agente à prática do ato lesivo era condição indeclinável para a caracterização do dever de indenizar.[376]

Hoje, os paradigmas da pós-modernidade são outros. Mudou-se o foco.[377] A evolução da sociedade de consumo e de massa, num mundo globalizado e tecnológico, vem reformulando a antiga concepção que girava em torno da culpa do agente causador.[378] A preocupação atual

---

[376] PORTO, Mário Moacyr. "O ocaso da culpa como fundamento da responsabilidade civil". *Temas de responsabilidade civil*. São Paulo: RT, 1989, p. 16.

[377] Em passagem lapidar, Mário Moacyr Porto deixou registrado: "Sucede que o mandamento jurídico, a regra moral, por mais prestigiosos que se apresentem, jamais alcançam a imutabilidade de um advérbio, face às incontornáveis variações do tempo e do espaço. Vivemos hoje a época da crescente mecanização dos nossos hábitos de conviver, da robotização das atividades fabris, do tráfego alucinante das megalópoles, das agressões ao meio ambiente pelos grandes complexos industriais, dos vazamentos catastróficos das usinas nucleares, enfim, da despersonalização do homem, das vicissitudes da luta de Galatéia contra Pigmaleão. A responsabilidade é, hoje, um problema de garantia social e, por isso mesmo, refoge às condicionantes subjetivas da culpa individual ". ("O ocaso da culpa como fundamento da responsabilidade civil". *Temas de responsabilidade civil*. São Paulo: RT, 1989, p. 16).

[378] Sobre a culpa, Pedro Alvim sentencia: "E se ainda resiste, com galhardia, aos vendavais que por sobre ela sopram de todas as direções, insofismável é que vai cedendo, dia a dia,

CAPÍTULO VII – FUNDAMENTOS DA AÇÃO DIRETA

é não só identificar a pessoa do responsável, mas, principalmente, remediar, com relativa urgência, o problema causado nas vítimas do infortúnio.[379] Mais do que punir o transgressor, é preciso reparar o dano através de um patrimônio solvente responsável.[380]

É nesse sentido que se diz ser o seguro ferramenta de *alargamento* da responsabilidade civil, capaz de fomentar a *socialização* do dever de indenizar, despersonalizando a figura do sujeito passivo,[381] uma resposta voltada a suprir a insuficiência das categorias dogmáticas da responsabilidade civil e um instrumento econômico capaz de prover indenizações em dimensão aproximadamente compatível com os prejuízos da infortunística moderna.[382] Nesse contexto, a ação direta representa a busca

---

mais terreno, e tal modo que, ao próprio Jhering, um de seus conspícuos defensores, chegou a parecer que a história da ideia da culpa se resume em sua abolição constante" (*Responsabilidade civil e seguro obrigatório*. São Paulo: RT, 1972, p. 33).

[379] PORTO, Mário Moacyr. "O ocaso da culpa como fundamento da responsabilidade civil". *Temas de responsabilidade civil*. São Paulo: RT, 1989, p. 16 e 17; NERY, Rosa Maria de Andrade. *Introdução ao Pensamento Jurídico e à Teoria Geral do Direito Privado*. São Paulo: RT, 2008, p. 245; CALMON DE PASSOS, J. J. "O risco na sociedade moderna e seus reflexos na teoria da responsabilidade civil e na natureza jurídica do contrato de seguro". *1º Fórum de Direito do Seguro José Sollero Filho*. São Paulo: Max Limonad, 2000, p. 12; CAMPOS, Diogo José Paredes Leite de. *Seguro da Responsabilidade Civil Fundada em Acidentes de Viação:* Da Natureza Jurídica. Coimbra: Almedina, 1971, p. 25.

[380] MOITINHO DE ALMEIDA, J. C. *O Contrato de Seguro no Direito Português e Comparado*. Lisboa: Livraria Sá da Costa, 1971, p. 267; CAMPOS, Diogo José Paredes Leite de. *Seguro da Responsabilidade Civil Fundada em Acidentes de Viação:* Da Natureza Jurídica. Coimbra: Almedina, 1971, p. 40; ARMELIN, Donaldo. "A ação direta da vítima contra a seguradora de responsabilidade civil: fundamentos e regime das exceções". *III Fórum de Direito do Seguro José Sollero Filho*. São Paulo: EMTS, 2003, p. 172; TZIRULNIK, Ernesto. "O futuro do seguro de responsabilidade civil". *Revista dos Tribunais*. Vol. 782, p. 72. São Paulo: RT, dezembro, 2000; JARAMILLO, Carlos Ignacio. "La acción directa en el seguro voluntario de responsabilidad civil y en el seguro obligatorio de automoviles: su proyección en America Latina – radiografia de una lenta conquista". *Revista Ibero-latinoamericana de Seguros*. n. 08, Bogotá: Javegraf, 1996, p. 130; LIAÑO, Miguel Pasquau. *La accion directa en el Derecho Español*. Madrid: General de Derecho, 1989, pp. 54 e 129; CONDE, Ma Ángeles Calzada. *El Seguro de Responsabilidad Civil*. Navarra: Aranzadi, 2005, p. 122.

[381] CAMPOS, Diogo José Paredes Leite de. *Seguro da Responsabilidade Civil Fundada em Acidentes de Viação:* Da Natureza Jurídica. Coimbra: Almedina, 1971, pp. 21-25.

[382] TZIRULNIK, Ernesto. *Seguro de riscos de engenharia:* instrumento do desenvolvimento. São Paulo: Roncarati, 2015, pp. 49/50.

da reparação civil integral a cargo de quem, além de ser responsável, ostenta a solvabilidade adequada para cumprir esse papel perante as vítimas.

2.2 Função social do contrato

A ação direta pode ser utilizada como instrumento a serviço do legítimo escopo do seguro de responsabilidade. Por outro lado, consoante exposto no capítulo III, esse seguro exerce uma *função social* que vai além da própria finalidade da garantia, conforme está assentado no art. 787 do Código Civil. Isso porque pode ele servir como remédio destinado diretamente às *vítimas* que sofreram os efeitos do acidente.

A *função social* do seguro de responsabilidade tem sido cada vez mais acentuada nos meios acadêmicos e nos tribunais. O Centro de Estudos Judiciários do Conselho da Justiça Federal (CEJ/CJF), por ocasião da VI Jornada de Direito Civil (2013), sumulou o entendimento de que "*o seguro de responsabilidade civil facultativo garante dois interesses, o do segurado contra os efeitos patrimoniais da imputação de responsabilidade e o da vítima à indenização, ambos destinatários da garantia, com pretensão própria e independente contra a seguradora*" (Enunciado 544).

A exposição de motivos desse enunciado critica a visão tradicional ainda apegada ao princípio da *relatividade* dos contratos, por força do qual, não havendo relação jurídica *contratual* entre o terceiro e a seguradora, aquele não teria autorização para demandá-la. A crítica também se dirige ao modelo clássico do seguro de *reembolso*, pelo qual a seguradora só estaria obrigada a ressarcir o segurado após o pagamento efetuado por este à vítima por força de decisão judicial definitiva.

Nos tribunais, tem sido cada vez mais comum a afirmação de que a técnica da *execução direta* do terceiro contra a seguradora denunciada à lide amplia o âmbito de eficácia do contrato ao garantir o pagamento efetivo da indenização ao terceiro lesado.[383] Em nível de ação direta

---

[383] STJ, 3ª T., AgRg no REsp 474.921-RJ, Min. Paulo de Tarso Sanseverino, j. 05.10.2010.

CAPÍTULO VII – FUNDAMENTOS DA AÇÃO DIRETA

propriamente dita, fala-se que a demanda voltada contra a companhia de seguros *simplifica* os instrumentos jurídicos de reparação de danos e, ao mesmo tempo, *maximiza* a eficácia social do contrato com a destinação da importância devida para aquele que sofreu diretamente o prejuízo.[384]

Desse modo, no seguro de responsabilidade, o sistema jurídico amplificou o alcance dessa figura contratual na medida em que pode ela também servir de instrumento útil para resolver o problema daqueles que foram prejudicados com o sinistro.[385]

A ação direta, por esse ângulo, vem ao encontro da *função social* do contrato. Representa o ponto alto de um longo processo de adaptação do seguro com os últimos avanços da teoria da responsabilidade civil, muitas vezes a única forma de se obter uma indenização quando o responsável pelo sinistro não dispõe de patrimônio suficiente.[386]

2.3 Acesso à Justiça

Do ponto de vista constitucional, a ação direta simplifica o procedimento e abrevia o tempo da litigância com economia de energia

---

[384] Nesse sentido, *Cf.* passagem do voto da Min.ª Fátima Nancy: "a visão preconizada nesses precedentes abraça o princípio constitucional da solidariedade (art. 3º, I, da CF), em que se assenta o princípio da função social do contrato, este que ganha enorme força com a vigência do novo Código Civil (art. 421). De fato, a interpretação do contrato de seguro dentro dessa perspectiva social autoriza e recomenda que a indenização prevista para reparar os danos causados pelo segurado a terceiro seja por este diretamente reclamada da seguradora. Sem se afrontar a liberdade contratual das partes – as quais quiseram estipular uma cobertura para a hipótese de danos a terceiros – maximiza-se a eficácia social do contrato com a simplificação dos meios jurídicos pelos quais o prejudicado pode haver a reparação que lhe é devida" (STJ, 3ª T., REsp 1.245.618-RS, j. 02.11.2011).

[385] ALVIM, Pedro. *O Seguro e o Novo Código Civil*. Rio de Janeiro: Forense, 2007, p. 144.

[386] MOITINHO DE ALMEIDA, J. C. *O Contrato de Seguro no Direito Português e Comparado*. Lisboa: Livraria Sá da Costa, 1971, p. 272; IRIBARREN, Miguel. "A ação direta da vítima perante a seguradora no seguro de responsabilidade civil, à luz do Projeto de Lei de Seguros Privados n. 3.555/04". *IV Fórum de Direito do Seguro José Sollero Filho*. São Paulo: IBDS, 2006, p. 616.

para a jurisdição. Isso põe o instituto da ação direta em sintonia com a garantia fundamental da *duração razoável do processo* (CF, art. 5º, XXXV e LXXVIII).[387]

Em sistemas com maior experiência no assunto sustenta-se que a ação direta elimina uma série de inconvenientes. Ela permite ao interessado dirigir-se diretamente contra um dos responsáveis na cadeia de responsáveis, tangenciando inclusive o risco da insolvência de quem causou o dano.[388]

Pode-se reconhecer também que a ação direta está afinada com a ideia de *universalidade* da jurisdição. Ela prepara o caminho através do qual o benefício da tutela jurisdicional pode ser esgarçado para favorecer um segmento considerável de pessoas vítimas do acidente.[389]

O espaço situado entre a vontade do sistema e o resultado concreto de satisfação do credor é um caminho dentro do qual as ferramentas do processo haverão de se ajustar à luz das garantias fundamentais do acesso à Justiça. Na linha da instrumentalidade das formas, o processo civil moderno deve oferecer os instrumentos que melhor atendam aos objetivos do direito material. A técnica processual deve ser a mais adequada possível para se atingir os escopos social, jurídico e político da jurisdição.

---

[387] MELO, Gustavo de Medeiros. "A tutela adequada na Reforma Constitucional de 2004". *Revista de Processo*. n. 124, p. 76. São Paulo: RT, junho, 2005; MELO, Gustavo de Medeiros. "O acesso adequado à Justiça na perspectiva do justo processo". *In:* FUX, Luiz; NERY Jr., Nelson; ARRUDA ALVIM WAMBIER, Teresa (Coord.). *Processo e Constituição:* Estudos em homenagem ao Prof. José Carlos Barbosa Moreira. São Paulo: RT, 2006, p. 684.

[388] LIAÑO, Miguel Pasquau. *La accion directa en el Derecho Español*. Madrid: General de Derecho, 1989, p. 129.

[389] A propósito da universalidade da tutela jurisdicional: DINAMARCO, Cândido Rangel. "Universalizar a tutela jurisdiccional". *Fundamentos do processo civil moderno*. 4ª ed. Tomo II. São Paulo: Malheiros, 2001, p. 839; MELO, Gustavo de Medeiros. "A legitimidade ativa na ação popular: Relendo o conceito de cidadania quarenta anos depois". *In:* GOMES Jr., Luiz Manoel; SANTOS FILHO; Ronaldo Fenelon (Coord.). *Ação Popular:* Aspectos relevantes e controvertidos. São Paulo: RCS, 2006, p. 163.

CAPÍTULO VII – FUNDAMENTOS DA AÇÃO DIRETA

Isso confirma uma das premissas da tese. A ação direta constitui uma *técnica a serviço do direito material*. Em termos mais específicos, isso significa que a ação direta trabalha em prol do *escopo* do seguro (proteção dos interesses do segurado), de sua *função social* (proteção das vítimas do sinistro) e do *acesso à Justiça* como programa de garantias e princípios voltados à busca de uma *tutela jurisdicional adequada* (legítima, tempestiva, universal e efetiva).[390]

---

[390] Para uma discussão sobre a ideia de tutela adequada com os quatro ingredientes acima: *Cf.* MELO, Gustavo de Medeiros. "A tutela adequada na Reforma Constitucional de 2004". *Revista de Processo*. n. 124, p. 76. São Paulo: RT, junho, 2005.

CONCLUSÕES

1. O tratamento processual a ser dado aos litígios que emergem do contrato de seguro depende do regime jurídico estabelecido pelo direito material.

2. O processo é um instrumento *ético* comprometido com a concretização de um programa superior de valores consagrados em nível constitucional, devendo se munir de *técnicas* voltadas para facilitar a tutela do direito material.

3. A filosofia do Código Civil de 1916 era de cunho individualista, focada exclusivamente no contrato de seguro entre duas partes, o qual tinha por função o restabelecimento do patrimônio do segurado pela via do reembolso.

4. O seguro de responsabilidade civil fundado na teoria do reembolso representa um instrumento tardio de restauração patrimonial, de duvidosa eficácia e injusta aplicação.

5. O seguro de responsabilidade é um contrato pelo qual o segurador, mediante o pagamento de prêmio, garante o *interesse legítimo* do segurado em relação aos reflexos que sua responsabilidade civil pode lhe acarretar perante terceiros.

6. O seguro facultativo de responsabilidade não representa uma estipulação em favor de terceiro. O escopo da garantia é manter *indene* o

patrimônio do segurado frente ao risco de sofrer imputações de responsabilidade civil. O segurador deve facilitar todos os meios necessários para que o patrimônio do segurado não seja afetado, ou afetado o menos possível, com o pagamento de indenizações.

7. O sistema jurídico amplificou a função social do seguro de responsabilidade para resolver o problema daqueles que foram diretamente prejudicados com o sinistro: as *vítimas*.

8. O contrato de seguro, para bem cumprir seu escopo de manter indene o patrimônio do segurado, depende de *técnicas* a serem aplicadas no plano extrajudicial e judicial.

9. Uma técnica consiste no pagamento da indenização pela seguradora diretamente ao terceiro lesado, de forma que o segurado não precise desembolsar dinheiro do seu orçamento pessoal (*pagamento direto à vítima*). Outra técnica consiste em autorizar o terceiro a acionar a companhia seguradora, deixando o segurado à margem desse constrangimento (*ação direta*).

10. Em matéria securitária, a forma de intervenção de terceiros mais comum nos tribunais era a *denunciação da lide*, a qual não admitia houvesse relação direta entre o autor da ação e o denunciado trazido ao processo pelo réu.

11. A denunciação da lide, típica espécie de intervenção de terceiros para assegurar o exercício de pretensões de regresso, não corresponde mais ao escopo e à função social do seguro de responsabilidade civil.

12. Nos processos em que houve denunciação da lide, a jurisprudência brasileira passou a aceitar a *execução direta* da vítima contra a seguradora denunciada, como técnica de cumprimento de sentença para facilitar o pagamento da quantia devida na fase de execução.

13. A *execução direta* da vítima contra a companhia de seguros trazida ao processo na condição de denunciada à lide foi um passo significativo na construção do caminho que vinha se abrindo rumo à *ação direta* do terceiro prejudicado.

CONCLUSÕES

14. O sistema do CDC instituiu uma espécie de responsabilidade *solidária* entre segurado e seguradora, sendo que esta só responde até o limite da importância prevista na apólice.

15. O CDC estabeleceu que o instituto processual adequado ao sistema material de proteção do consumidor é o *chamamento* do segurador ao processo, colocando-o na linha de frente como alvo potencial da eficácia da sentença e da coisa julgada que serão produzidas no processo.

16. O CDC prevê a chamada *ação direta* da vítima contra o segurador do responsável pelo dano, a qual *não está condicionada* à declaração de falência do segurado.

17. O Código Civil qualifica a responsabilidade do segurado como sendo *subsidiária* em relação à da seguradora, colocando esta em situação de *preferência* para efeito de cumprimento da prestação indenizatória.

18. A posição de preferência estabelecida para a seguradora implica sua *corresponsabilidade* ao lado do segurado, podendo ela ser chamada a litigar no polo passivo do processo em situação *diretamente* oposta ao autor da ação (vítima).

19. O Código Civil possibilita o *chamamento* do segurador ao processo, o qual não se enquadra perfeitamente nas hipóteses tradicionais do art. 130 do CPC/2015.

20. O regime de corresponsabilidade disciplinado no Código Civil equivale, na prática, ao regime de responsabilidade solidária previsto no Código de Defesa do Consumidor, porque em ambos a seguradora pode ser *chamada* ao processo, o litisconsórcio ali formado é *facultativo* e sua responsabilidade está *limitada* ao teto das coberturas contratadas.

21. Sugerimos que a próxima alteração que vier a ser feita na disciplina do chamamento ao processo seja para incluir no art. 130 do CPC/2015 o inciso IV previsto no início das discussões do PLS n. 166/2010 e PLC n. 8.046/2010, que admitia o chamamento "*daqueles que, por lei ou contrato, são também corresponsáveis perante o autor*".

22. A seguradora pode intervir no processo a título de *assistente simples* do segurado em razão do interesse jurídico que tem ela na vitória dele perante o terceiro.

23. A orientação jurisprudencial do STJ, hoje cristalizada na Súmula 529, é firme no sentido de aceitar o acionamento direto pelo terceiro, desde que condicionado à citação do segurado para integrar a relação processual (*ação direta condicionada*).

24. No Direito brasileiro não há justificativa para se exigir o litisconsórcio passivo entre segurado e segurador nos litígios que envolvem o seguro facultativo de responsabilidade, seja porque a lei não prevê, seja porque a natureza da relação jurídica de direito material não exige.

25. A tese de que a citação do segurado é necessária para preservar o seu direito de defesa constitui um *falso problema* na medida em que ele não é atingido pela eficácia condenatória da sentença proferida no regime da ação direta, assim como não está vinculado à coisa julgada material ali constituída.

26. O sistema permite que o segurado participe do processo, seja como assistente simples da seguradora, seja como chamado ao processo por ela para participar da discussão como litisconsorte.

27. O litisconsórcio formado entre segurado e seguradora é do tipo *facultativo simples* por conexão entre as causas de pedir e afinidade entre questões de fato.

28. A *ação direta autônoma* também não ofende o direito de defesa da seguradora quando esta já procedeu à regulação do sinistro, possuindo todas as informações necessárias à discussão da causa em juízo. Sua defesa perante o terceiro pode conter todas as excludentes de responsabilidade do segurado como causador do sinistro, assim como as faltas contratuais relevantes cometidas por este que possam insentá-la do pagamento da prestação securitária.

29. Por analogia com a disciplina do seguro obrigatório, o segurador pode *chamar* o segurado ao processo se quiser acusar alguma falta

CONCLUSÕES

contratual dele a título de exceção do contrato não cumprido, no âmbito do seguro facultativo.

30. O Direito brasileiro não contém a regra de *inoponibilidade das exceções posteriores*, mas a lógica do sistema impõe que determinadas faltas contratuais só poderão surtir algum efeito sobre a garantia se tiverem ocorrido *antes* do sinistro.

31. É cabível ação direta no regime do cosseguro a ser dirigida contra a seguradora líder, que representará as demais cosseguradoras para todos os efeitos, falando em nome próprio e também em nome das demais.

32. Não há responsabilidade solidária entre cosseguradoras, salvo se houver relação de consumo, ou se a listagem de cosseguradores não estiver claramente discriminada com os percentuais de garantia.

33. A seguradora contratada pela vítima do sinistro, após sub-rogada nos direitos e ações desta, pode acionar o autor do dano e sua respectiva companhia de seguros, numa espécie de *ação direta de ressarcimento* de seguradora contra outra seguradora.

34. Nao é cabível ação direta do terceiro contra o ressegurador.

35. As entidades legitimadas no sistema de ações coletivas podem demandar diretamente a companhia de seguros contratada pelo responsável que cometeu o dano de âmbito coletivo.

36. O terceiro pode fazer uso da ação cautelar de exibição para exigir da seguradora os documentos comuns que integram o processo de regulação e liquidação de sinistro, entre os quais a apólice de seguro ou qualquer outro documento que informe sobre o conteúdo da garantia.

37. Sugerimos um parágrafo único para o art. 107 do Projeto de Lei n. 8.290/2014, com a regra segundo a qual a exceção do contrato não cumprido só será admitida se a seguradora promover a citação do segurado para integrar o contraditório.

38. Sugerimos que o art. 109 do Projeto de Lei n. 8.290/2014 preveja o chamamento da seguradora ao processo, na forma da lei processual, observados os limites e condições da garantia.

39. O instituto da ação direta do terceiro não depende de texto expresso de lei. O sistema jurídico legitima o acesso direto da vítima como *técnica* que se harmoniza com o escopo do seguro e com a função social por ele desempenhada.

40. Do ponto de vista constitucional, a ação direta simplifica o procedimento e abrevia o tempo da litigância com economia de energia para a jurisdição, o que coloca o instituto em sintonia com a garantia fundamental do *acesso adequado à Justiça*.

REFERÊNCIAS BIBLIOGRÁFICAS

AGUIAR Jr, Ruy Rosado de. "Teoria do Interesse, Engineering e o Dano Físico no Seguro de Danos". *I Congresso Internacional de Direito do Seguro do Conselho da Justiça Federal e Superior Tribunal de Justiça:* VI Fórum de Direito do Seguro José Sollero Filho. São Paulo: Roncarati, 2015.

ALVIM, Eduardo Arruda. *Direito Processual Civil*. 3ª Ed. São Paulo: RT, 2010.

ALVIM, Pedro. *O Contrato de Seguro*. 3ª Ed. Rio de Janeiro: Forense, 1999.

_____. *O Seguro e o Novo Código Civil*. Rio de Janeiro: Forense, 2007.

_____. *Política Nacional de Seguros:* Neoliberalismo, Globalização e Mercosul. São Paulo: Manuais Técnicos de Seguros, 1996.

_____. *Responsabilidade civil e seguro obrigatório*. São Paulo: RT, 1972.

ALVIM, Thereza. *Questões prévias e os limites objetivos da coisa julgada*. São Paulo: RT, 1977.

AMARAL SANTOS, Moacyr. *Primeiras linhas de direito processual civil*. 15ª Ed. vol. 2. São Paulo: Saraiva, 1993.

ARMELIN, Donaldo. "A ação direta da vítima contra a seguradora de responsabilidade civil: fundamentos e regime das exceções". *III Fórum de Direito do Seguro José Sollero Filho*. São Paulo: EMTS, 2003.

_____."A prova indiciária da fraude". *II Fórum de Direito do Seguro José Sollero Filho*. São Paulo: IBDS, 2002.

ARRUDA ALVIM, J. M. *Manual de direito processual civil:* Parte geral. 7ª Ed. vol. 1. São Paulo: RT, 2001.

_____. *Manual de Direito Processual Civil:* Processo de conhecimento. 10ª Ed. São Paulo: RT, 2006.

_____. *Manual de Direito Processual Civil:* Segunda Parte. 14ª Ed. São Paulo: RT, 2011.

ARRUDA ALVIM WAMBIER, Teresa. "O que é abrangido pela coisa julgada no direito processual civil brasileiro: a norma vigente e as perspectivas de mudança". *Revista de Processo,* São Paulo: RT, n. 230, abril, 2014.

ASCARELLI, Tullio. "O conceito unitário do contrato de seguro". *Problemas das Sociedades Anônimas e Direito Comparado.* São Paulo: Saraiva, 1945.

ATAÍDE Jr, Jaldemiro Rodrigues de. *Precedentes vinculantes e irretroatividade do direito no sistema processual brasileiro:* Os Precedentes dos Tribunais Superiores e sua Eficácia Temporal. Lisboa: Juruá, 2012.

BARBOSA MOREIRA, J. C. *Litisconsórcio unitário.* Rio de Janeiro: Forense, 1972.

_____. "O novo Código Civil e o direito processual". *Temas de Direito Processual:* Nona Série. São Paulo: Saraiva, 2007.

_____. "Intervenção Litisconsorcial Voluntária". *Direito Processual Civil:* Ensaios e Pareceres. Rio de Janeiro: Borsoi, 1971.

_____. "Questões prejudiciais e coisa julgada". *Revista de Direito da Procuradoria Geral do Estado da Guanabara*, Vol. 16, Rio de Janeiro, 1967.

_____. "Os limites objetivos da coisa julgada no sistema do novo Código de Processo Civil". *Temas de Direito Processual:* Primeira Série. 2ª Ed. São Paulo: Saraiva, 1988.

BARBOSA DE OLIVEIRA, Marcia Cicarelli. (2011) *O interesse segurável.* Dissertação de Mestrado, USP.

BEDAQUE, José Roberto dos Santos. *Direito e processo:* influência do direito material sobre o processo. 2ª Ed. São Paulo: Malheiros, 2001.

_____. "Garantia da amplitude de produção probatória". *In:* CRUZ E TUCCI, José Rogério (Coord.). *Garantias constitucionais do processo civil:*

REFERÊNCIAS BIBLIOGRÁFICAS

Homenagem aos 10 anos da Constituição Federal de 1988. São Paulo: RT, 1999.

_____. "Os elementos objetivos da demanda examinados à luz do contraditório". *In:* CRUZ E TUCCI, José Rogério; BEDAQUE, José Roberto dos Santos (Coord.). *Causa de pedir e pedido no processo civil:*questões polêmicas. São Paulo: RT, 2002.

_____. *Poderes instrutórios do juiz.* 3ª Ed. São Paulo: RT, 2001.

BERCOVICI, Gilberto. "Seguro como instrumento de política de desenvolvimento produtivo". *I Congresso Internacional de Direito do Seguro do Conselho da Justiça Federal e Superior Tribunal de Justiça:* VI Fórum de Direito do Seguro José Sollero Filho. São Paulo: Roncarati, 2015.

BERNAL, Jose Manuel Martin. *La estipulacion a favor de tercero.* Madrid: Editorial Montecorvo, 1985.

BESSON, André & Picard, M. *Le contrat d'assurance.* 5ª Ed. Tomo 1. Paris: L.G.D.J., 1982.

BETTI, Emilio. *Teoría general del negocio jurídico.* Granada: Editorial Comares, 2000.

BEVILÁQUA, Clovis. *Código Civil dos Estados Unidos do Brasil.* 3ª Ed. vol. V, Tomo 2. Rio de Janeiro: Francisco Alves, 1934.

BEZERRA DA SILVA, Washington Luiz. "O seguro de responsabilidade civil, algumas formas de contratação e sua inserção no desenvolvimento das empresas e para o consumidor". *In:* CARLINI, Angélica L.; SANTOS, Ricardo Bechara (Org.). *Estudos de Direito do Seguro em Homenagem a Pedro Alvim.* Rio de Janeiro: Funenseg, 2011.

BORDALÍ SALAMANCA, Andrés. "El debido proceso civil". *La constitucionalizacion del derecho chileno.* Santiago: Juridica de Chile, 2003.

BORGES, Nelson. "Os contratos de seguro e sua função social: A revisão securitária no novo Código Civil". *Revista dos Tribunais,* São Paulo: RT, n. 826, 2004.

BRAGA, Francisco de Assis. "Bases técnicas da empresa securitária". *Seguros:* uma questão atual. São Paulo: Max Limonad, 2001.

_____. *Contrato de Seguro:* A Técnica do Risco ao Sinistro. São Paulo: EMTS, 2005.

BREHM, Roland. *Le contrat d'assurance RC:* Nouvelle édition, Bâle: Helbing & Lichtenhahn, 1997.

BUENO, Cassio Scarpinella. *Partes e terceiros no processo civil brasileiro.* São Paulo: Saraiva, 2003.

_____. *Curso Sistematizado de Direito Processual Civil:* Procedimento comum: ordinário e sumário. 6ª Ed. vol. 2, tomo 1. São Paulo: Saraiva, 2013.

_____. *Manual de Direito Processual Civil.* São Paulo: Saraiva, 2015.

CABRAL, Antonio do Passo. *Coisa julgada e preclusões dinâmicas:* Entre continuidade, mudança e transição de posições processuais estáveis. Salvador: JusPodivm, 2013.

CALERO, Fernando Sánches. "El reaseguro en la ley española de contrato de seguro". *Estudios sobre el contrato de reaseguro.* Madrid: Española de Seguros, 1997.

_____. "La acción directa del tercero damnificado contra el asegurador". *Revista Ibero-latinoamericana de Seguros.* Bogotá: Javegraf, n. 10, 1997.

CALLEWAERT, Vicent. "O novo projeto de lei brasileiro sobre o contrato de seguro. Comentários sobre os artigos 114 a 119: o seguro de responsabilidade civil". *IV Fórum de Direito do Seguro José Sollero Filho:* Contrato de Seguro. Uma Lei para todos. São Paulo: IBDS, 2006.

CALMON DE PASSOS, J. J. *Direito, poder, justiça e processo:* Julgando os que nos julgam. Rio de Janeiro: Forense, 1999.

_____. "Instrumentalidade do processo e devido processo legal". *RF*, Rio de Janeiro: Forense, ano 96, vol. 351, jun/ago/set, 2000.

_____. "O risco na sociedade moderna e seus reflexos na teoria da responsabilidade civil e na natureza jurídica do contrato de seguro". 1º Fórum de Direito do Seguro José Sollero Filho. São Paulo: Max Limonad, 2000.

CAMPOS, Diogo José Paredes Leite de. *Seguro da Responsabilidade Civil Fundada em Acidentes de Viação:* Da Natureza Jurídica. Coimbra: Almedina, 1971.

REFERÊNCIAS BIBLIOGRÁFICAS

CANARIS, Claus-Wilhelm. *Direitos Fundamentais e Direito Privado*. Coimbra: Almedina, 2012.

CAPPELLETTI, Mauro. "L'accesso alla giustizia dei consumatori". *Dimensioni della giustizia nelle società contemporanee:* Studi di diritto giudiziario comparato. Bologna: Il Mulino, 1994.

_____. "La dimensione sociale: l'accesso alla giustizia". *Dimensioni della giustizia nelle società contemporanee:* Studi di diritto giudiziario comparato. Bologna: Il Mulino, 1994.

_____. "Aspectos sociais e políticos do processo civil: Reformas e tendências evolutivas na Europa Ocidental e Oriental". *Processo, ideologias e sociedade*. Porto Alegre: *safE*, 2008.

CARNEIRO, Athos Gusmão. "Instituto de Resseguros do Brasil – IRB: Posições que pode assumir no processo. Alegação de nulidade da sentença, por falta de citação do IRB. Resseguro e co-seguro. Posição processual das co-seguradoras". *Temas atuais de direito e de processo*. Brasília: Brasília Jurídica, 1997.

_____. *Intervenção de Terceiros*. 15ª Ed. São Paulo: Saraiva, 2003.

_____. "Resseguro, co-seguro e seguro cumulativo". *IV Fórum de Direito do Seguro José Sollero Filho*. São Paulo: IBDS, 2006.

_____. "Seguro-garantia. Ação de execução. Posição processual do IRB". *Revista de Processo*: RePro, São Paulo, vol. 29, n. 114, mar./abr. 2004.

CARNELUTTI, Francesco. "Profilo dei rapporti tra Diritto e Processo". *Três Conferências*. Lisboa, 1962.

_____. *Instituciones del proceso civil*. vol. 1. Buenos Aires: EJEA, 1973.

CARTER, R. L. *El Reaseguro*. Edição Espanhola, Madrid: Mapfre S.A., 1979.

CARVALHO, Fabiano; BARIONI, Rodrigo. "Eficácia da sentença na denunciação da lide: execução direta do denunciado". *In:* DIDIER Jr., Fredie; ARRUDA ALVIM WAMBIER, Teresa (Coord.). *Aspectos polêmicos e atuais sobre os terceiros no processo civil (e assuntos afins)*. São Paulo: RT, 2004.

CARVALHO, Gustavo Marinho de. *Precedentes Administrativos no Direito Brasileiro*. São Paulo: Contracorrente, 2015.

CARVALHO SANTOS, J. M. *Código Civil Brasileiro Interpretado:*Direito das Obrigações (arts. 1.363-1.504). 10ª Ed. vol. XIX. Rio de Janeiro: Freitas Bastos, 1981.

CASTRO FILHO. "Do litisconsórcio na denunciação da lide". *In:* FUX, Luiz; NERY Jr., Nelson; ARRUDA ALVIM WAMBIER, Teresa (Coord.). *Processo e Constituição:* Estudos em homenagem ao Prof. José Carlos Barbosa Moreira. São Paulo: RT, 2006.

CAVALCANTI, Flávio de Queiroz Bezerra. "Regulação de sinistro no Projeto de Lei n. 3.555/04". *Revista Brasileira de Direito do Seguro e da Responsabilidade Civil.* São Paulo: MP Editora, n. 2, 2009.

CAVALIERI FILHO, Sergio. *Programa de Responsabilidade Civil.* 2ª Ed. São Paulo: Malheiros, 2000.

COELHO, Fábio Ulhoa. "A aplicação do Código de Defesa do Consumidor aos contratos de seguro". *1º Fórum de Direito do Seguro José Sollero Filho.* São Paulo: Max Limonad, 2000.

COELHO, Gláucia Mara. "Partes e terceiros no Novo Código de Processo Civil". *Revista do Advogado.* São Paulo: AASP, n. 126, maio, 2015.

COMOGLIO, Luigi Paolo. "Garanzie costituzionali e giusto processo: Modelli a confronto". *Revista de Processo*: RePro, vol. 23, n. 90, São Paulo: Revista dos Tribunais, abr/jun. 1998.

COMPARATO, Fábio Konder. *O seguro de crédito.* São Paulo: RT, 1968.

_____. "Monopólio público das operações de resseguro". *Direito Público:* Estudos e Pareceres. São Paulo: Saraiva, 1996.

_____. "A reforma da empresa". *Direito Empresarial:* Estudos e Pareceres. São Paulo: Saraiva, 1990.

_____. "Seguro de garantia de obrigações contratuais". *Novos Ensaios e Pareceres de Direito Empresarial.* Rio de Janeiro: Forense, 1981.

_____. "Notas retificadoras sobre seguro de crédito e fiança". *Direito Empresarial:* Estudos e Pareceres. São Paulo: Saraiva, 1990.

_____. "Seguro de responsabilidade civil: Ação direta da vítima do dano contra o segurador. Inadmissibilidade". *Revista de Direito Mercantil.* n. 01. São Paulo: RT, 1971.

REFERÊNCIAS BIBLIOGRÁFICAS

_____. "Substitutivo ao capítulo referente ao contrato de seguro no anteprojeto de Código Civil". *Revista de Direito Mercantil,* São Paulo: RT, n. 05, 1972.

_____. "Obstáculos Históricos à Democracia em Portugal e no Brasil". *Rumo à Justiça.* São Paulo: Saraiva, 2010.

CONDE, Mª Ángeles Calzada. *El Seguro de Responsabilidad Civil.* Navarra: Aranzadi, 2005.

COSTA, José Maria da. "As obrigações solidárias". *In:* NETTO, Domingos Franciulli; MENDES, Gilmar Ferreira; MARTINS FILHO, Ives Gandra da Silva (Coord.). *O novo Código Civil:* Estudos em homenagem ao Professor Miguel Reale. São Paulo: LTr, 2003.

COSTA, Moacyr Lôbo da. "Origem romana da assistência". *Revista de Direito Processual Civil.* vol. 5, n. 5, jan /jun, 1962.

_____. "Da sub-rogação legal em favor do segurador terrestre no Direito Civil Comparado". *Revista dos Tribunais.* São Paulo: RT, n. 198, abril, 1952.

COUTO E SILVA, Clóvis do. *A obrigação como processo.* Rio de Janeiro: FGV, 2006.

_____. "O seguro no Brasil e a situação das seguradoras". *In:* FRADERA, Vera Maria Jacob de (Org.). *O Direito Privado brasileiro na visão de Clóvis do Couto e Silva.* Porto Alegre: Livraria do Advogado, 1997.

CUNHA, Leonardo José Carneiro da. "Algumas Regras do Novo Código Civil e sua Repercussão no Processo: Prescrição, Decadência etc". *Revista Dialética de Direito Processual,* São Paulo: Dialética, n. 05, agosto, 2003.

_____. "Breves notas sobre a denunciação da lide ao agente público pela Fazenda Pública". *In:* Didier Jr., Fredie *et al* (Coord.). *O terceiro no processo civil brasileiro e assuntos correlatos:* Estudos em homenagem ao Professor Athos Gusmão Carneiro. São Paulo: RT, 2010.

DELGADO, José Augusto. *Comentários ao novo Código Civil:* Das Várias Espécies de Contrato. Do Seguro – Arts. 757 a 802. *In:* TEIXEIRA, Sálvio de Figueiredo (Coord.). vol. XI, tomo I. Rio de Janeiro: Forense, 2004,

DIAS, José de Aguiar. *Da Responsabilidade Civil.* 5ª Ed. vol. II Rio de Janeiro: Forense, 1973.

DIDIER jr., Fredie. *Curso de Direito Processual Civil:* Teoria geral do processo e processo de conhecimento. 11ª Ed. vol. 1. Salvador: JusPodivm, 2009.

_____. *Regras Processuais no Novo Código Civil.* 2ª Ed. São Paulo: Saraiva, 2004.

DINAMARCO, Cândido Rangel. *A instrumentalidade do processo.* 10ª Ed. São Paulo: Malheiros, 2002.

_____. *Instituições de Direito Processual Civil.* 6ª Ed. vol. II e III. São Paulo: Malheiros, 2009,

_____. *Intervenção de terceiros.* São Paulo: Malheiros, 1997.

_____. *Litisconsórcio.* 7ª Ed. São Paulo: Malheiros, 2002.

_____. "Coisa julgada, assistência e eficácia da intervenção". *Processo Civil Empresarial.* São Paulo: Malheiros, 2010.

_____. "Universalizar a tutela jurisdicional". *Fundamentos do processo civil moderno.* 4ª Ed. tomo II. São Paulo: Malheiros, 2001.

DIRUBE, Ariel Fernández. *Manual de Reaseguros.* 3ª Ed. vol. 2. Buenos Aires: Biblioteca General Re, 1993.

DONATI, Antigono. *Trattato del Diritto delle Assicurazioni Private.* vol. 3. Milano: Giuffrè, 1956.

FAORO, Raymundo. *Os donos do poder:* Formação do patronato político brasileiro. 3ª Ed. São Paulo: Globo, 2001.

FARIA, Juliana Cordeiro de. "O Código Civil de 2002 e o novo paradigma do contrato de seguro de responsabilidade civil: a viabilidade do direito de ação da vítima contra a seguradora". *IV Fórum de Direito do Seguro José Sollero Filho. Contrato de Seguro:* Uma Lei para todos. São Paulo: IBDS, 2006.

FARIA, Werter R. "A apólice de seguro". *Revista de Direito Mercantil Industrial, Econômico e Financeiro,* São Paulo: Revista dos Tribunais, n.54, Nova série, 1984.

FERREIRA, Santos William; JORGE, Flávio Cheim. "Denunciações da lide sucessivas. Possibilidade. Condenação direta e exclusiva dos denunciados". *Revista de Processo,* São Paulo: RT, n. 82, abr/jun, 1996.

REFERÊNCIAS BIBLIOGRÁFICAS

FIGUEIRA, Andrade. J. G. de. "A ação direta da vítima contra a companhia seguradora de responsabilidade civil". *RT*, São Paulo: Revista dos Tribunais, vol. 31, n. 139, 1942.

FIGUEIRA Jr., Joel Dias. "Intervenção de terceiro nos Juizados Especiais Cíveis". *In:* DIDIER Jr., Fredie *et al* (Coord.). *O terceiro no processo civil brasileiro e assuntos correlatos:* Estudos em homenagem ao Professor Athos Gusmão Carneiro. São Paulo: RT, 2010.

FIGUEIREDO, Helena Lanna. "O contrato de seguro". *In:* BUENO, Cassio Scarpinella (Coord.). *Impactos processuais do direito civil.* São Paulo: Saraiva, 2008.

FRANCO, Vera Helena de Mello. "Breves reflexões sobre o contrato de seguro no novo Código Civil brasileiro". *II Fórum de Direito do Seguro José Sollero Filho.* São Paulo: EMTS, 2002.

_____. *Lições de Direito Securitário:* Seguros Terrestres e Privados. São Paulo: Maltese, 1993.

GALLARDO, Leonardo B. Pérez. (2013) *La acción directa del tercero perjudicado contra el asegurador de responsabilidad civil.* Tese de Doutorado, Universidad de La Habana.

GODOY, Claudio Luiz Bueno de. *Código Civil Comentado:* Doutrina e jurisprudência. *In:* PELUSO, Ministro Cezar (Coord.). Barueri: Manole, 2007.

GOMES, Orlando. *Contratos.* 12ª Ed. Rio de Janeiro: Forense, 1987.

_____. *Transformações gerais do direito das obrigações.* São Paulo: RT, 1967.

_____. *Raízes históricas e sociológicas do Código Civil brasileiro.* São Paulo: Martins Fontes, 2006.

GROUTEL, Hubert. "O interesse segurável e os danos materiais no Direito francês". *I Congresso Internacional de Direito do Seguro do Conselho da Justiça Federal e Superior Tribunal de Justiça:* VI Fórum de Direito do Seguro José Sollero Filho. São Paulo: Roncarati, 2015.

HAGOPIAN, Mikaël; LAPARRA, Michel. *Aspectos teóricos y prácticos del reaseguro.* Madrid: Mapfre, 1996.

HALPERIN, Isaac. *Lecciones de seguros.* Buenos Aires: Depalma, 1997.

_____. *La accion directa de la victima contra el asegurador del responsable civil del daño.* Buenos Aires: La Ley, 1944.

_____. "Acción directa del damnificado en el seguro de la responsabilidad civil". *Revista del Derecho Comercial y de las Obligaciones.* ano 3, ns. 13 a 18, Buenos Aires: Depalma, 1970.

_____. *Seguros:* Exposición crítica de las leyes 17.418 y 20.091. 2ª Ed. vol. II. Buenos Aires: Depalma, 1983.

_____. *Seguros:* Exposición crítica de las leyes 17.418, 20.091 y 22.400. 3ª Ed. Buenos Aires: Depalma, 2001.

_____; BARBATO, Nicolás H. *Seguros:* Exposición Crítica de las Leyes 17.418, 20.091 y 22.400. 3ª Ed. Buenos Aires: Depalma, 2003.

HARTEN, Carlos. "A Ação direta da vítima contra a seguradora em caso de responsabilidade civil". *I Congresso Internacional de Direito do Seguro do Conselho da Justiça Federal e Superior Tribunal de Justiça:* VI Fórum de Direito do Seguro José Sollero Filho. São Paulo: Roncarati, 2015.

IRIBARREN, Miguel. "A ação direta da vítima perante a seguradora no seguro de responsabilidade civil, à luz do Projeto de Lei de Seguros Privados n. 3.555/04". *IV Fórum de Direito do Seguro José Sollero Filho.* São Paulo: IBDS, 2006.

JARAMILHO, J. Carlos Ignácio. *Distorsión funcional del contrato de reaseguro tradicional.* Bogotá: Pontificia Universidade Javeriana, 1999.

_____. "La acción directa en el seguro voluntario de responsabilidad civil y en el seguro obligatorio de automoviles: su proyección en America Latina: radiografia de una lenta conquista". *Revista Ibero-latinoamericana de Seguros.* Bogotá: Javegraf, n. 08, 1996.

JORGE, Flávio Cheim. *Chamamento ao processo.* 2ª Ed. São Paulo: RT, 1999.

LIAÑO, Miguel Pasquau. *La accion directa en el Derecho Español.* Madrid: General de Derecho, 1989.

LIEBMAN, Enrico Tullio. *Manuale di diritto processuale civile:* principi. 5ª Ed. Milano: Giuffrè, 1992.

REFERÊNCIAS BIBLIOGRÁFICAS

_____. *Eficácia e Autoridade da Sentença e outros escritos sobre a coisa julgada.* 3ª Ed. Rio de Janeiro: Forense, 1984.

LÓPEZ, Álvaro Muñoz. "Desnaturalización del contrato de reaseguro". *Estudios sobre el contrato de reaseguro.* Madrid: Española de Seguros, 1997.

MAGALLANES, Pablo Medina. "La acción directa del tercero en contra del asegurador en los seguros del Responsabilidad Civil en México". *1º Fórum de Direito do Seguro José Sollero Filho.* São Paulo: Max Limonad, 2000.

MALACHINI, Edson Ribas. "Seguro, resseguro, litisconsórcio e denunciação da lide". *RePro*, São Paulo, vol. 21, n. 81, jan/mar,1996.

MARINONI, Luiz Guilherme. *Julgamento nas Cortes Supremas:* precedente e decisão do recurso diante do novo CPC. São Paulo: RT, 2015.

MARTÍNEZ, Hernán J. *Citación en garantia del asegurador:* Ley 17.418, art. 118. Buenos Aires: Ediciones La Rocca, 1990.

MARTINS, João Marcos Brito; MARTINS, Lídia de Souza. *Resseguros:* fundamentos técnicos e jurídicos. Rio de Janeiro: Forense Universitária, 2008.

MARTINS-COSTA, Judith. "O co-seguro no Direito brasileiro: entre a fragilidade da prática e a necessidade de reconstrução positiva do instituto". *II Fórum de Direito do Seguro José Sollero Filho.* São Paulo: IBDS, 2002.

_____. "Contrato de seguro e contrato de resseguro. Sinistro complexo e cláusula de interdependência. Defeito no fornecimento. Interpretação contratual. A prática ("usos individuais") e as relações interempresariais. Comportamento posterior das partes. Comportamento deslealmente contraditório e proteção da confiança legítima. Prescrição e pretensão de direito material". *Revista dos Tribunais,* São Paulo: RT, n. 948, outubro, 2014.

_____; BRANCO, Gerson Luiz Carlos. *Diretrizes Teóricas do Novo Código Civil Brasileiro.* São Paulo: Saraiva, 2002.

MAURÍCIO, Ubiratan de Couto. *Assistência simples no Direito Processual Civil.* São Paulo: RT, 1983.

MAZEAUD, Henri; MAZEAUD, Leon; TUNC, André. *Tratado Teórico y práctico de la responsabilidad civil delictual y contractual.* vol. II. tomo 3. Buenos Aires: Europa-América, 1993.

MEDINA, José Miguel Garcia. "Chamamento ao processo: questões polêmicas". *Revista de Processo:* Repro, São Paulo: RT, n. 101. 2001.

MEILIJ, Gustavo Raúl. *Seguro de responsabilidad civil.* Buenos Aires: Depalma, 1992.

MELO, Gustavo de Medeiros. "O acesso adequado à Justiça na perspectiva do justo processo". *In:* FUX, Luiz; NERY Jr., Nelson; ARRUDA ALVIM WAMBIER, Teresa (Coord.). *Processo e Constituição:* Estudos em homenagem ao Prof. José Carlos Barbosa Moreira. São Paulo: RT, 2006.

_____. "A tutela adequada na Reforma Constitucional de 2004". *Revista de Processo,* São Paulo: RT, n. 124, junho, 2005.

_____. "O princípio da fungibilidade no sistema de tutelas de urgência: um departamento do processo civil ainda carente de tratamento adequado". *In:* WAMBIER, Luiz Rodrigues; ARRUDA ALVIM WAMBIER, Teresa (Coord.). *Doutrinas Essenciais:* Processo Civil. vol. V. São Paulo: RT, 2011; *Revista de Processo,* São Paulo: RT, n. 167, jan. 2009.

_____. "Limites à retroatividade do precedente uniformizador de jurisprudência". *Revista Forense,* Rio de Janeiro: Forense, n. 407, jan /fev, 2010.

_____. "O ressegurador na lide securitária". *Revista Brasileira de Direito do Seguro e da Responsabilidade Civil,* São Paulo: MP Editora, 2009.

_____. "*Ação direta da vítima contra a seguradora no seguro de responsabilidade civil*". *Revista de Processo.* n. 243, p. 55. São Paulo: RT, maio, 2015.

_____. "Ação direta do terceiro prejudicado no seguro de responsabilidade civil: Uma análise do sistema jurídico brasileiro". *In:* DIDIER Jr., Fredie *et al* (Coord.). *O terceiro no processo civil brasileiro e assuntos correlatos:* Estudos em homenagem ao Professor Athos Gusmão Carneiro. São Paulo: RT, 2010.

_____. "Seguro garantia judicial: Aspectos processuais e materiais de uma figura ainda desconhecida". *Revista de Processo,* São Paulo: RT, n. 201, novembro, 2011.

_____. "A legitimidade ativa na ação popular: Relendo o conceito de cidadania quarenta anos depois". *In:* GOMES Jr., Luiz Manoel; SANTOS FILHO, Ronaldo Fenelon (Coord.). *Ação Popular:* Aspectos relevantes e controvertidos. São Paulo: RCS, 2006.

REFERÊNCIAS BIBLIOGRÁFICAS

MENEZES CORDEIRO, António. *Direito dos Seguros*. Coimbra: Almedina, 2013.

MOITINHO DE ALMEIDA, J. C. *Contrato de Seguro:* Estudos. Coimbra: Coimbra, 2009.

_____. *O Contrato de Seguro no Direito Português e Comparado*. Lisboa: Livraria Sá da Costa, 1971.

MOLARD, Julien. *Dictionnaire de l'Assurance*. 2ª Ed. Paris: SÉFI, 2006.

MONTESANO, Luigi. "Questioni attuali su formalismo, antiformalismo e garantismo". *Rivista Trimestrale di Diritto e Procedura Civile.*, Milano, Anno XLIV, n. 1.

MORANDI, Juan Carlos Félix. "La acción directa del damnificado contra el asegurador en el seguro de responsabilidad civil". *Revista del Derecho Comercial y de las Obligaciones*, Buenos Aires: Depalma, Año 3, ns. 13 a 18, 1970.

_____. "Seguro de responsabilidad civil". *Revista Ibero-latinoamericana de Seguros*. Bogotá: Javegraf, n. 08, 1996.

MOREIRA ALVES, José Carlos. *A Parte Geral do Projeto de Código Civil Brasileiro: subsídios históricos para o novo Código Civil brasileiro*. 2ª Ed. São Paulo: Saraiva, 2003.

MOTTA, Marly Silva da. "A criação e a estruturação de uma instituição-modelo da era Vargas: o Instituto de Resseguros do Brasil". *In:* ALBERTI, Verena (Coord.). *Entre a solidariedade e o risco:* história do seguro privado no Brasil. 2ª Ed. Rio de Janeiro: FGV, 2001.

MOURÃO, Luiz Eduardo Ribeiro. *Coisa julgada*. Belo Horizonte: Fórum, 2008.

NEGREIROS, Teresa. *Teoria do Contrato:* Novos Paradigmas. 2ª Ed. Rio de Janeiro: Renovar, 2006.

NERY Jr., Nelson; NERY, Rosa M. de Andrade. *Código Civil Comentado*. 9ª Ed. São Paulo: RT, 2012.

_____. *Código de Processo Civil Comentado e legislação extravagante*. 12ª Ed. São Paulo: RT, 2012.

NERY Jr., Nelson. "Responsabilidade civil da administração pública. Aspectos do direito brasileiro positivo vigente: CF 37, § 6º, e CC 15". *Revista de Direito Privado,* n. 01, São Paulo: RT, jan/mar, 2000.

_____. 'Aspectos do processo civil no Código de Defesa do Consumidor". *Revista de Direito do Consumidor,* n. 01, São Paulo: RT, 1992.

_____. "Contratos no Código Civil: Apontamentos gerais". *In:* NETTO, Domingos Franciulli; MENDES, Gilmar Ferreira; MARTINS FILHO, Ives Gandra da Silva (Coord.). *O novo Código Civil:* Estudos em homenagem ao Professor Miguel Reale. São Paulo: LTr, 2003.

_____. "Citação e arbitragem: Anti Injunction Jurisdiction ou Anti-Suit Injunction". *Soluções Práticas de Direito,* vol. 5, São Paulo: RT, setembro, 2014.

NERY, Rosa Maria de Andrade. *Introdução ao Pensamento Jurídico e à Teoria Geral do Direito Privado.* São Paulo: RT, 2008.

MEDEIROS NETO, Xisto Tiago de. *Dano moral coletivo.* São Paulo: LTr, 2004.

NEVES, José Roberto de Castro. "O contrato de seguro, sua perspectiva civil-constitucional e sua lógica econômica". *I Congresso Internacional de Direito do Seguro do Conselho da Justiça Federal e Superior Tribunal de Justiça:* VI Fórum de Direito do Seguro José Sollero Filho. São Paulo: Roncarati, 2015.

OLIVEIRA, Carlos Alberto Alvaro de. *Do formalismo no processo civil.* 2ª Ed. São Paulo: Saraiva, 2003.

OLIVEIRA, Rafael Alexandria de. "Notas sobre a decisão que acolhe exceção substancial dilatória". *Revista de Processo,* São Paulo: RT, n. 223, setembro, 2013.

PAREDES, José María Muñoz. "O co-seguro tradicional e o contemporâneo: questões fundamentais do co-seguro moderno". *II Fórum de Direito do Seguro José Sollero Filho.* São Paulo: IBDS, 2002.

PEREIRA, Cáio Mário da Silva. *Instituições de Direito Civil:* Fontes das Obrigações. 8ª Ed. vol. III. Rio de Janeiro: Forense, 1990.

_____. *Instituições de direito civil:* Fontes das Obrigações. 10ª Ed. vol. III. Rio de Janeiro: Forense, 1996.

REFERÊNCIAS BIBLIOGRÁFICAS

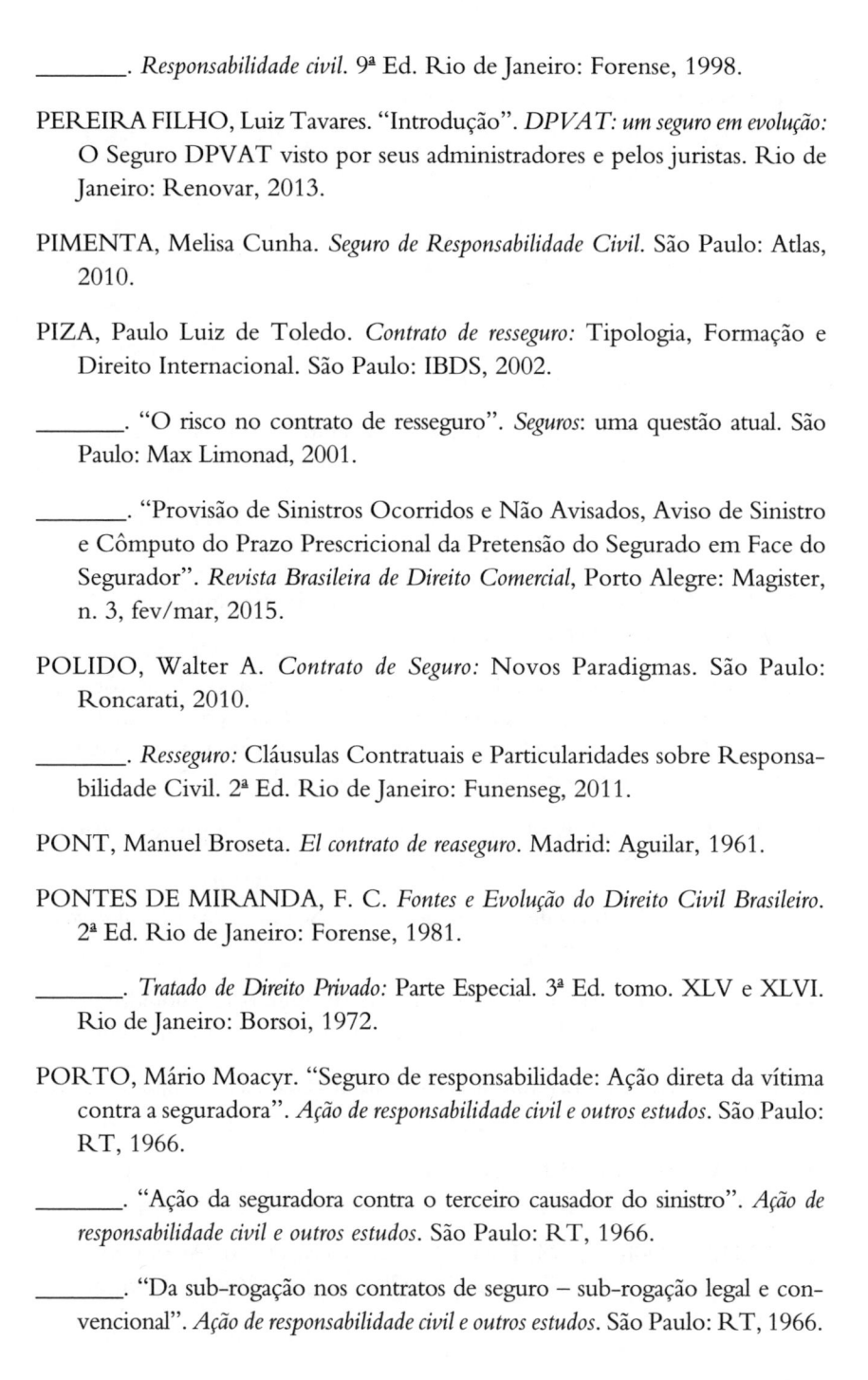

_____. *Responsabilidade civil*. 9ª Ed. Rio de Janeiro: Forense, 1998.

PEREIRA FILHO, Luiz Tavares. "Introdução". *DPVAT: um seguro em evolução:* O Seguro DPVAT visto por seus administradores e pelos juristas. Rio de Janeiro: Renovar, 2013.

PIMENTA, Melisa Cunha. *Seguro de Responsabilidade Civil*. São Paulo: Atlas, 2010.

PIZA, Paulo Luiz de Toledo. *Contrato de resseguro:* Tipologia, Formação e Direito Internacional. São Paulo: IBDS, 2002.

_____. "O risco no contrato de resseguro". *Seguros*: uma questão atual. São Paulo: Max Limonad, 2001.

_____. "Provisão de Sinistros Ocorridos e Não Avisados, Aviso de Sinistro e Cômputo do Prazo Prescricional da Pretensão do Segurado em Face do Segurador". *Revista Brasileira de Direito Comercial*, Porto Alegre: Magister, n. 3, fev/mar, 2015.

POLIDO, Walter A. *Contrato de Seguro:* Novos Paradigmas. São Paulo: Roncarati, 2010.

_____. *Resseguro:* Cláusulas Contratuais e Particularidades sobre Responsabilidade Civil. 2ª Ed. Rio de Janeiro: Funenseg, 2011.

PONT, Manuel Broseta. *El contrato de reaseguro*. Madrid: Aguilar, 1961.

PONTES DE MIRANDA, F. C. *Fontes e Evolução do Direito Civil Brasileiro*. 2ª Ed. Rio de Janeiro: Forense, 1981.

_____. *Tratado de Direito Privado:* Parte Especial. 3ª Ed. tomo. XLV e XLVI. Rio de Janeiro: Borsoi, 1972.

PORTO, Mário Moacyr. "Seguro de responsabilidade: Ação direta da vítima contra a seguradora". *Ação de responsabilidade civil e outros estudos*. São Paulo: RT, 1966.

_____. "Ação da seguradora contra o terceiro causador do sinistro". *Ação de responsabilidade civil e outros estudos*. São Paulo: RT, 1966.

_____. "Da sub-rogação nos contratos de seguro – sub-rogação legal e convencional". *Ação de responsabilidade civil e outros estudos*. São Paulo: RT, 1966.

_____. "O ocaso da culpa como fundamento da responsabilidade civil". *Temas de responsabilidade civil.* São Paulo: RT, 1989.

_____. "Algumas notas sobre seguros de indenização e seguros pessoais". *Temas de responsabilidade civil.* São Paulo: RT, 1989.

QUINTANA, Enrique J. "La citación en garantía del asegurador: aspectos doctrinales y jurisprudenciales". *Revista Ibero-latinoamericana de Seguros,* Bogotá: Javegraf, n. 08, 1996.

REALE, Miguel. "Sentido do Novo Código Civil". *Filosofia e teoria política:* Ensaios. São Paulo: Saraiva, 2003.

_____. *Anteprojeto de Código Civil.* Brasília: Ministério da Justiça, Comissão de Estudos Legislativos, 1972.

_____. "A equidade nos contratos de seguro". *Teoria e Prática do Direito.* São Paulo: Saraiva, 1984.

RIBEIRO, Amadeu Carvalhaes. *Direito de Seguros:* Resseguro, Seguro Direito e Distribuição de Serviços. São Paulo: Atlas, 2006.

RIBEIRO DE OLIVEIRA, Eduardo. "Contrato de seguro: alguns tópicos". *In:* NETTO, Domingos Franciulli; MENDES, Gilmar Ferreira; MARTINS FILHO, Ives Gandra da Silva (Coord.). *O novo Código Civil:* Estudos em homenagem ao Professor Miguel Reale. São Paulo: LTr, 2003.

RODRIGUES, Silvio. *Direito civil:* dos contratos e das obrigações unilaterais da vontade. 28ª Ed. Vol. 3. São Paulo: Saraiva, 2002.

_____. "Locação. Incêndio no prédio locado: Seguro". *Direito civil aplicado.* vol. 1. São Paulo: Saraiva, 1981.

RODRIGUEZ, Luis de Angulo. "O sinistro, sua regulação e liquidação". *IV Fórum de Direito do Seguro José Sollero Filho.* São Paulo: IBDS, 2006.

ROITMAN, Horacio. *El seguro de la responsabilidad civil.* Buenos Aires: Lerner, 1974.

ROSÁRIO, Abelardo Barreto do. "Ação da Vítima contra o Segurador". *Revista Forense:* RF, vol. 89, n. 463/465, jan/mar, 1942.

SAAVEDRA, Domingo M. López; PERUCCHI, Héctor A. *El Contrato de Reaseguro y Temas de Responsabilidad Civil y Seguros.* Buenos Aires: La Ley, 1999.

REFERÊNCIAS BIBLIOGRÁFICAS

SALOMÃO FILHO, Calixto. "Regulação econômica e novo Código Civil: o contrato de seguro". *III Fórum de Direito do Seguro José Sollero Filho*. São Paulo: IBDS, 2003.

SANTOS, Ricardo Bechara. "O seguro de responsabilidade civil do empregador e a nova Carta Constitucional de 1988: Dolo e culpa". *Revista Forense:* RF, Rio de Janeiro, vol. 84, n. 304, out/dez, 1988.

_____. "Seguro de responsabilidade civil. Ação direta do terceiro contra o segurador. Inviabilidade". *Direito de Seguro no cotidiano*. 3ª Ed. Rio de Janeiro: Forense, 2000.

SILVA, Ovídio A. Baptista da. *O seguro e as sociedades cooperativas:* Relações Jurídicas Comunitárias. Porto Alegre: Livraria do Advogado, 2008.

_____. "Ação direta da vítima contra o segurador". *In:* DIDIER Jr., Fredie *et al* (Coord.). *O terceiro no processo civil brasileiro e assuntos correlatos:* Estudos em homenagem ao Professor Athos Gusmão Carneiro. São Paulo: RT, 2010.

_____. "Natureza jurídica do monte de previdência". *II Fórum de Direito do Seguro José Sollero Filho*. São Paulo: EMTS, 2002.

SILVA, Virgílio Afonso da. *A constitucionalização do direito:* os direitos fundamentais nas relações entre particulares. São Paulo: Malheiros, 2011.

SOUZA, Marcelo Alves Dias de. *Do Precedente Judicial à Súmula Vinculante*. Curitiba: Juruá, 2008.

STIGLITZ, Rubén S. & Stiglitz, Gabriel. *Seguro contra la responsabilidad civil*. 2ª Ed., Buenos Aires: Abeledo-Perrot, 1994.

STIGLITZ, Rubén S. "El tercero en el contrato de seguro de responsabilidad civil". *Revista del Derecho Comercial y de las Obligaciones*. Año 3, n.ᵒˢ 13 a 18, Buenos Aires: Depalma, 1970.

_____. "La póliza. Condiciones particulares y generales". *Revista del Derecho Comercial y de las Obligaciones*. Año 13, n. 73, Buenos Aires: Depalma, 1980.

_____. "Controle do Estado sobre a atividade seguradora". *II Fórum de Direito do Seguro José Sollero Filho*. São Paulo: EMTS, 2002.

_____. *El siniestro*. Buenos Aires: Astrea, 1980.

TÁCITO, Caio. "Resseguros. Colocação no exterior. Dispensa de licitação". *Revista de Direito Administrativo*, Rio de Janeiro, n. 195, jan./mar, 1994.

TARUFFO, Michele. "Precedente e jurisprudência". *Revista de Processo*, São Paulo: RT, n. 199, setembro, 2011.

TEPEDINO, Gustavo. "Código de Defesa do Consumidor, Código Civil e complexidade do ordenamento". *Temas de direito civil*. tomo II. Rio de Janeiro: Renovar, 2006.

THEODORO Jr., Humberto. "A regulação do sinistro no direito atual e no projeto de lei n. 3.555, de 2004". *IV Fórum de Direito do Seguro José Sollero Filho*. São Paulo: IBDS, 2006.

_____. *Curso de Direito Processual Civil*. 48ª Ed. vol. I. Rio de Janeiro: Forense, 2008.

_____. *O contrato e sua função social*. 3ª Ed. Rio de Janeiro: Forense, 2008.

_____. "O Novo Código Civil e as Regras Heterotópicas de Natureza Processual". *In:* DIDIER Jr., Fredie; MAZZEI, Rodrigo (Coord.). *Reflexos do novo Código Civil no direito processual*. 2ª Ed. Salvador: JusPodivm, 2007.

_____. "Partes e terceiros na execução. Responsabilidade patrimonial". *O processo civil brasileiro no limiar do novo século*. Rio de Janeiro: Forense, 1999.

_____. "O seguro de responsabilidade civil: Disciplina material e processual". *Revista de Direito Privado*, São Paulo: RT, n. 46, 2011.

_____. "Uma novidade no campo da intervenção de terceiros no processo civil: a denunciação da lide per saltum (ação direta)". *In:* DIDIER Jr., Fredie et al (Coord.). *O terceiro no processo civil brasileiro e assuntos correlatos*: Estudos em homenagem ao Professor Athos Gusmão Carneiro. São Paulo: RT, 2010.

_____. "Contrato de seguro. Ação do segurado contra o segurador: Prescrição". *In:* MARTINS-COSTA, Judith; FRADERA, Véra Jacob de. (Org.). *Estudos de direito privado e processual civil:* Em homenagem a Clóvis do Couto e Silva. São Paulo: RT, 2014.

TZIRULNIK, Ernesto; PIZA, Paulo Luiz de Toledo. "Notas sobre a natureza jurídica e efeitos da apólice de seguro no direito brasileiro atual". *Revista dos Tribunais*, vol. 82, n. 687, p. 7–22, jan., 1993687.

TZIRULNIK, Ernesto. *Regulação de Sinistro:ensaio jurídico*. 3ª Ed. São Paulo: Max Limonad, 2001.

REFERÊNCIAS BIBLIOGRÁFICAS

_____; CAVALCANTI, Flávio de Queiroz B.; PIMENTEL, Ayrton. *O contrato de seguro de acordo com o Código Civil brasileiro*. 3ª Ed. São Paulo: Roncarati, 2016.

_____. *Seguro de riscos de engenharia:* instrumento do desenvolvimento. São Paulo: Roncarati, 2015.

_____. "O contrato de seguro". *In:* COELHO, Fábio Ulhoa (Coord.). *Tratado de Direito Comercial:* Obrigações e Contratos Empresariais. vol. 5. São Paulo: Saraiva, 2015.

_____. "El seguro de responsabilidad civil, su función social y la acción directa en el derecho brasileño contemporáneo". *In:* GALLARDO, Leonardo B. Pérez (Coord.). *El derecho de contratos en los umbrales del siglo XXI:* memorias de las Jornadas Internacionales de Derecho de Contratos Celebradas en La Habana, Cuba, en el período 2001-2007. São Paulo: MP Editora, 2007.

_____. "Em torno do interesse segurado e da responsabilidade civil". *Seguros:* uma questão atual. São Paulo: Max Limonad, 2001.

_____. "O futuro do seguro de responsabilidade civil". *Revista dos Tribunais*, São Paulo: RT, vol. 782, dezembro, 2000.

VASQUES, José. *Contrato de Seguro:* notas para uma teoria geral. Coimbra: Coimbra, 1999.

VITERBO, Camilo. *El seguro de la responsabilidad civil*. Buenos Aires: Depalma, 1944.

VIVANTE, Cesare. *Instituições de Direito Commercial*. 2ª Ed. Lisboa: Clássica Editora, 1918.

WALD, Arnoldo. "A prescrição da ação de recebimento do seguro DPVAT ocorre no prazo legal específico de três anos, não se lhe aplicando a regra geral que fixa o prazo em dez anos". *Revista Forense*, Rio de Janeiro: Forense, n. 415, jan/jun, 2012.

WARDE Jr, Walfrido Jorge. "Os contratos de seguro de grandes riscos como contratos de adesão". *I Congresso Internacional de Direito do Seguro do Conselho da Justiça Federal e Superior Tribunal de Justiça:* VI Fórum de Direito do Seguro José Sollero Filho. São Paulo: Roncarati, 2015.

WATANABE, Kazuo. *Da cognição no processo civil*. 2ª Ed. Campinas: Bookseller, 2000.

WATANABE, Kazuo *et al*. *Código de Defesa do Consumidor:* Comentado pelos Autores do Anteprojeto. 8ª Ed. Rio de Janeiro: Forense Universitária, 2004.

A Editora Contracorrente se preocupa com todos os detalhes de suas obras! Aos curiosos, informamos que esse livro foi impresso no mês de Dezembro de 2016, em papel Polén Soft, pela Gráfica R.R. Donnelley.